左文襄公在西北

秦翰才　著

商務印書館

本書係依據商務印書館 1947 年版《左文襄公在西北》重排

責任編輯：徐昕宇
裝幀設計：郭梓琪
排　　版：周　榮
責任校对：趙會明
印　　務：龍寶祺

左文襄公在西北

作　　者：秦翰才
出　　版：商務印書館（香港）有限公司
香港筲箕灣耀興道 3 號東匯廣場 8 樓
http://www.commercialpress.com.hk
發　　行：香港聯合書刊物流有限公司
香港新界荃灣德士古道 220–248 號荃灣工業中心 16 樓
印　　刷：美雅印刷製本有限公司
九龍觀塘榮業街 6 號海濱工業大廈 4 樓 A 室
版　　次：2025 年 11 月第 1 版第 2 次印刷

ISBN 978 962 07 6770 8
Printed in Hong Kong

左宗棠像

1875 年，拍攝於甘肅蘭州陝甘總督府

拍攝者：【俄】Boiarskii, Adolf-Nikolay Erazmovich

目 錄

弁言——作者之緣

這本書可說是成於一個緣。

我最初知道左文襄公，在二十多年前讀了《陽湖史氏家藏文襄公手札》以後。其中有一篇跋，對於文襄公不無微詞。後來又讀了《文襄公家書》，覺得和《曾文正公家書》別有一番氣味。又後來讀到《文襄公年譜》，讀到《文襄公詩文集》，對於文襄公，認識也漸多，那詩文集是在武昌冷攤發現的。民國二十六年（1937），抗戰軍興，我從上海而杭州，而南京，而南昌，撤退到長沙。一天晚上，有一個偶然的機會，見到了文襄公的遺宅。那地方就是南宋詞人辛棄疾練兵所在，寨名飛虎，橋名司馬。這使我興奮，我想再讀些文襄公的書。第二天，遍訪十多家書肆，知道有一部《文襄公全集》，是一部一百數十冊的巨著。因為去了香港，沒有買。從香港回到長沙，住了幾時，終於在將到漢口的前兩天，買了下來，還買得了一部影印的文襄公給陳湜的手札。可是才到漢口，又要撤退，來不及翻檢。二十七年（1938）秋天，撤退到重慶，方得開始閱讀。為了客中獨居無俚，就把閱讀所得，隨手記出，作為消遣。已而發生了一個野心，想編成一本記述文襄公的書。二十八年（1939）夏天，又到了香港，仍不斷做這消遣工作。三十年（1941）冬天，總算把全書寫成，包括年表、敍傳、嘉言錄、軼事篇和集外文等五部分。更幸見到文襄公一位曾孫，承他允許我再向他家中找些材料。不料太平洋戰爭爆發，倉皇步行至東江回國，只得把這部十多本的稿子和數百本苦心搜集的參考書，丟在香港。在桂林過了半年，得知這部稿子已承一位朋友想法運到上海，不覺喜出望外。這是我和文襄公之緣。

我有一位伯父，在蘭州住上八九年，起先在他老師甘肅學政葉菊裳先生昌熾的幕府，後來進了他友人陝甘總督升吉甫先生允的幕府。他曾寄給我們果丹皮、葡萄乾、杏仁、杏脯。那時我年七八歲，這是我第一次吃到西北的物。在我十五歲上，伯父回來了，帶着兩個當差的，其中一個是回教徒，還有一個丫頭，都是甘肅的土著。這是我第一次見到西北的人。我祖母在我祖父棄養後，也遠遊到了蘭州，這時康強無恙的重返家門。他常在飯後茶餘，告訴我們許多西北的情形，當時最感興趣的是：羊皮筏子、黃河冰橋、土坑燒馬糞。伯父跟老師按試各屬，走遍了甘肅各府、廳、州，他說有幾處不通的文章令人看了笑歪嘴。他又說甚麼“金張掖、銀武威”是甘肅最富的地方。這是我第一次聽到西北的風土人情。伯父和他老師都是研究碑版的，在他行裝中，有許多名貴的拓本，還有一位六朝婦人的墓碑，石色紅潤如瑪瑙；

更有一塊白石，有兩塊煤磚大小，說是和闐進來，中含寶玉。這又是我第一次賞鑒到西北的珍異。升督在任，做得不少事業，有些教伯父託人在南中代辦。記得一次採辦了大批圖書，其中包含着嚴復的《天演論》《群學肄言》等，梁啟超的《飲冰室書》，林紓的譯本小說。蘭州官錢局的鈔券，是上海時中書局印的，記得印錯了一個字，有十幾麻袋的廢鈔運存在吾們家裏。蘭州文廟的樂器，是在蘇州照那邊夫子廟的規模特製的，記得那佾生穿的藍袖袍子，又是在我們家裏僱裁縫做的。這一切使我對於甘肅，覺得並不是一個陌生地方。於是民國三十一年（1942）秋天，承沈君怡先生招我到甘肅水利林牧公司服務，我就很高興地接受。有些朋友說：那邊路太遠不便，生活太苦，不要去吧。但是我想到祖母以六十五歲的高年，在四十年前交通艱阻情形下，還能作萬里壯遊，為甚我就不能呢？我決心走了。這是我和西北之緣。

在我正要到蘭州以前，中央發動建設西北，於是埋沒了六十三年的文襄公的事功，引起人們的回憶，大家爭着研究文襄公。我到了蘭州，因沈君怡先生的介紹，見過甘肅省政府谷主席紀常先生。主席留心文襄公的志業，知道我寫過關於文襄公的一本書，要我對於文襄公的生平，作幾個有系統的講演。自覺短於口才，不願使文襄公這樣一個偉人，在我笨拙的辭令下，說成一個庸人，所以敬謝不敏。後來相商把文襄公在西北的一段事跡，寫成一本小冊子，供給一般的參考。實在拙筆也不夠負起這個使命，不過要我把對於文襄公一些認識表白出來，自問手寫比口說要便利些，不妨勉力試為之。於是在把體裁和要目大體議定後，就於三十二年(1943)四月開始工作，每一篇脫稿，先商承沈君怡先生指示修正，再請谷紀常先生核定。甘肅建設廳張廳長心一先生也常殷勤地給我指導。由於他們不斷的鼓勵和協助，使我不得不奮力卒為之，幸得於十月完功。這又是我寫成《左文襄公在西北》之緣。

我在以往寫《文襄公敍傳》，已極感資料的缺乏。這時，我僅有的一些參考書，既在香港，更覺無從着手。虧得谷紀常先生借給我一部《文襄公全集》，甘肅教育廳楊視導拔英先生借給我一部《文襄公家書》，又得趙敦甫先生給公司搜購的幾十種陝、甘、寧、青、新五省地方志以及一些於我有用的書，再憑我過去編輯前書所記憶的多少事實，才得整理出一個頭緒。我到蘭州，原希望能多得些關於文襄公在西北的資料，以備日後補正我的舊稿。不料為本書開始搜集時，很使我失望。雖然有些資料，為我以前所沒有知道，或雖知而有錯誤的；但也有在我以前所知而這裏竟找不到；至於我所未知而欲知的，這裏也是沒有。因為在我伯父的文集中，見過一篇代升督擬的《〈甘肅新通志〉序》，我早知道這《新通志》修成於光、宣之間，料度其中必有許多文襄公在西北事業的記錄。不料一經檢查，未免感覺詫異。譬如文襄公變更甘肅兵制，我知道有大概章程十條，外辦章程四條。我渴欲得到這兩種章程，但在《新通志》中，只載着一篇空論的奏疏，對於那些具體辦法，反隻字未載。又如文襄公創辦甘肅織呢總局，是西北建設上的一件大事，但在《新通志》中，竟絲毫沒有提到。當時《新通志》的主纂，正是文襄公賞識的弟子安維峻，卻對於文襄公有價值的事業，不能作有價值的記載，不免辜負文襄公一番知遇了。就是文襄公用機器治涇水上源，無論成功失敗，總是很有意義，然而找了許多書，沒有發現一些資料，問人家也不知道。

文襄公經營西北，雖說武功多於文治，實在文襄公對於文治也很有一番作為。如今就只是關於文治的資料最不完備。我現在只把零星記載，排比成篇，不能認為滿足。希望以後續有所得，再為補充。並求讀者見有脫漏錯誤之處，儘量指示，使文襄公在西北的一番事業，完全地和準確地傳佈於後人。

文襄公家書有一段說：

> 士君子立身行己，出而任事，但求無愧此心，不負所學。名之傳不傳，聲稱之美不美，何足計較。"吁嗟沒世名，寂寞身後事"。古人蓋見及矣。爾母在日曾言：我不喜華士，日後恐無人作佳傳。我笑答云：自有我在，求在我，不求之人也。(《家書》下卷三十六頁)

那麼，我如今寫這本書，文襄公有知，必覺得小子多事。不過我想以文襄公的豐功偉業，該有一本寫得十分精采的傳記，可惜沒有見到。除了羅正鈞編的《年譜》，除了《清史稿》中一篇官式的列傳以及幾篇簡略的別傳小傳，只有一位美國人 W.L.Bales 給文襄公寫過一本全傳。作者是軍人，所寫偏於武功，且搜採資料範圍太窄。陳君其田用英文寫過一本傳，考證精詳，可惜只限於福建船政局和甘肅織呢總局等幾樁當初所說洋務的建設。此外卻又見到兩部小說：一部是《左公平回》，當然是荒誕不經，不知作者為甚拈取這樣一個題材；一部是《曾左彭》，其中講文襄公的故事很多，可是有些是顯然的錯誤或不可相信，不知怎樣在那美國人的書中，也引了幾段。在我寫這一本書時，才知戴藹真君新編了一本《左宗棠評傳》，雖作者自言"粗俗疏略，在所難免"，總是空谷足音，可以欣慰。我很希望由此能引起多方的研究文襄公的興趣，多方的搜求文襄公的資料，在不久的將來，更能讀到一部和這偉大的人物配合的傳記，那麼，作者之緣更是非淺了。

最後須得聲明的：本書的編輯，只為滿足下列幾種旨趣：(一) 表揚左公經營西北的功業；(二) 闡發左公認識西北的事實；(三) 喚起今人研究西北的興趣；(四) 鼓動今人建設西北的精神，並不預備寫成一部謹嚴的史傳。

一

左公是怎樣一個人

（甲）家世

清仁宗嘉慶十七年（1812）十月初七日，湖南湘陰東鄉左家塅，有年將八十的老婦，夢見一神人從天空降落他家院子裏，自稱是“牽牛星”，不禁一嚇醒來，聽說他媳婦又生下一個孩子。同時，只見產婦房中一片白光，頓把燈燭形得黯淡不明，不多一會，天就亮了。這在神話中產生的孩子，便是五十五年後，在西北幹下一番偉大事業，結束了中華民國以前經營西域史，名宗棠，字季高的左文襄公。

文襄公有兩個哥哥，三個姊姊，但惟有他是祖父、祖母、父親、母親的寵物。在四歲時，從祖父上山遊玩，採了一把栗子回來，分給哥哥、姊姊，自己卻沒有吃。祖父便歡喜道：這孩子從小能分物均匀，又能不貪，不自私，將來必能成一人物。母親特別歡喜他，說他有萬里封侯的希望；至於那兩個哥哥，只能做教書先生。這些預言，六十年後都應驗了。

祖父和父親都是秀才，平日教幾個學生，有些少束脩收入。也有幾十畝田，每年可收租穀四十石。自己也種一些莊稼。這就是吾們在蘭州郊外常看見人家門上貼着“耕讀第”一類半耕半讀的人家了。可是這清苦的收益，決不能養活一個有兩個五口之家庭。有一年田畝歉收，只好把糠屑充飢了。文襄公生下來時，當然僱不起乳母。母親又乳水不足，只好嚼米成汁來餵他。這是一件苦事，而這孩子還吃不飽，只是哭，把肚臍眼哭得突出。文襄公自己說，以後年長，就這樣腹大而臍不深。母親、父親病重時，沒錢買貴重的藥品，只買得幾錢的西洋參、高麗參，蒸得一羹匙。死後喪葬費用，極力張羅，只有二百幾十兩銀子。這筆債，還過了三五年才償清。他受了這種深刻的刺激，在《二十九歲自題畫像》詩的第四首，表示他深切的沉痛："十數年來一鮮民，孤雛腸斷是黃昏。研田終歲營兒哺，糠屑經時當夕飧。五鼎縱能隆墓祭，隻雞終不逮親存。乾坤憂痛何時畢，忍屬兒孫咬菜根。"(《詩集》三頁）所以後來他雖飛皇騰達，生活仍很儉約。論吃，除非宴客，不用海味；論着，平常只穿布袍。他念着父母的貧苦，不忍過分的享受，更不許子孫有過分的享受。在他生了四個女兒以後，得了第一個兒子，沒有僱乳母；這第一個兒子，得了第一個兒子，就是文襄公的第一個孫子，他也不許僱乳母，這時他已在做浙江巡撫了。

（乙）家風

文襄公的家世，固是清寒的家世。文襄公的家風，卻又是孝義的家風。文襄公的曾祖父，是一個至性過人的書生。當他祖父病在牀上多年，幫同父親早夜服侍，祖父換下的衣服，由他親自攜到河邊洗濯，望着祖父骯髒的衣服，想起祖父疾病的痛苦，便嗚咽流涕，使行路的人也見了感動。文襄公這位曾祖父還在平日節省家用，在高華嶺施茶，供人家解渴；逢荒年，又典去衣服，在袁家鋪施粥，供人家充飢。文襄公的祖父自己捐穀來倡辦一個族倉；父親自己捐錢來倡建一所宗祠。他們都在貧苦生活中，做着慷慨的義舉。在這樣熏陶中長成的文襄公，也就成為一位孝義的典型人物。像上面所說對於父母的深切的戀念，便可說是大孝終身；而就以後從刻苦自勵造成的一番功業說，更是《孝經》上所稱道的顯親揚名的孝。文襄公的二哥早就亡故，他便把祖傳的田地送給了孤姪。文襄公的大姊，婿家窮得沒有飯吃，那時文襄公正要上京會試，沒有盤川，文襄公的夫人給他在自己奩產中設法了一百兩銀子，文襄公卻便全數送給了姊姊。家鄉兩次水災，文襄公捐出他教書的收入，更到處向親友勸募，散米煮粥，救濟難民。他的夫人也出來親自照料，還典去他的衣飾，配藥施送病人。他們盡一家的人力和財力來做這種慈善事業。但這還都是文襄公做寒士時的故事；及至他得意後，依然樂於幫助親族，幫助師友，幫助僚屬，幫助地方義舉。這樣，就常“揮霍”去了他廉俸所入的百分之九十五。他有一句意義深長、千古不朽的名言教訓子孫，便是“惟崇儉乃能廣惠”。

（丙）師友淵源

文襄公幼時，只從祖父和父親讀書。到十九歲上，才在長沙城南書院，從山長賀熙齡（字蔗農，湖南善化人）問學。賀熙齡很喜歡這個學生，曾做詩誇獎他說：“開口能談天下事，讀書先得古人心。”還加着注：“季高談天下大勢，了如指掌。”（《寒香館詩抄》）同時，卻教文襄公讀漢宋先儒的書，要他在“致敬”上用功夫。所以十分豪放的文襄公，在早年有一時期，很埋首研究程朱理學，手抄陸隴其《讀朱隨筆》一本，力行“寡言”和“養靜”二點。後來文襄公在醴陵淥江書院，根據朱子《小學》定學規；在福州重刻張伯行《正誼堂全書》，鼓勵士子參加校讎；在蘭州，刊佈吳榮光（字荷屋，廣東南海人）《吾學錄》，勸人民學禮；可說都是受這位山長的影響。文襄公得子很遲，在他大兒子出世後，老師很高興，便把自己的小女兒許配這小孩子，於是從前的師生，成為今日的親家，這是一段佳話。

賀熙齡的哥哥賀長齡（字耦耕），家中藏書很多。文襄公家貧無力買書，常向賀長齡借書。他也很喜歡文襄公，以為是當今國士，並勸文襄公說：目前國家正苦缺乏人才，應志求遠大，萬勿苟且小就，限制了自己的前途。文襄公每次去借書，賀長齡必親自上樓取給文襄公，不以為麻煩；同時，把上次借的書，和文襄公討論一番。賀長齡便是《皇朝經世文編》的主編者，而這部《皇朝經世文編》便是清代嘉慶以前名臣巨儒關於國計民生的論文的結集。文襄公也把這書丹黃滿紙的圈讀過，批評過。賀長齡還著一部書，叫《區田說》，後來文襄公留心經濟和研究農事，並且想作成一部《廣區田制圖說》，也可說都是受賀長齡的影響。賀長齡做雲貴總督時，曾邀文襄公去進他的幕府。

嘉慶、道光間，赫赫有名的疆吏，要算陶澍（字雲汀，湖南安化人）和林則徐（字少穆，福建侯官人）。陶澍做兩江總督時，一次在他入覲下來，回返他故鄉的小淹。經過醴陵，文襄公剛在那邊淥江書院做山長，知縣給陶澍預備公館，請文襄公做了幾副門聯，其中一副是："春殿語從容，廿載家山，印心石在；大江流日夜，八州子弟，翹首公歸。"上聯是道着仁宗皇帝問起陶澍家中一塊印心石，並題給"印心石屋"四個字一張匾額的故事。陶澍見了大為賞識，問知是文襄公的手筆，便請來相見，一見又許為奇才，特地多留了一天，和文襄公長談。到文襄公第三次入京會試落第回來，也特地繞道過南京見到陶澍，盤桓了幾天。不久，陶澍去世了。因為文襄公和陶澍有這樣一段往來，和陶澍有姻婭之誼的賀熙齡，就要文襄公去給陶澍的年方九歲的孤子教讀，同時照料陶澍家事。以後，又要文襄公把大女兒嫁給了這位陶公子。於是從前的師生，成為今日的翁婿，這也是一段佳話。

林則徐是陶澍所賞拔，曾奏保他才能可以擔當兩江總督的重任。林則徐在雲貴總督任，曾邀文襄公參加他的幕府。文襄公因為要教育陶澍的兒子，沒有就。過後，林則徐辭官回鄉，路經長沙，特約文襄公在湘江舟中一見，林則徐極口稱許他是非常之才。當日一面喝酒，一面談天，直到天色黎明，才悵惘而別。林則徐死後，文襄公寫信給林則徐兒子，描寫這僅有一次的會談的回憶說："江風吹浪，舵樓竟夕有聲；船窗人語，互相響答。"(《書牘》一卷五十三頁）啊！這是何等美妙，令人神往的一幅"瀟湘夜話圖"啊！橘洲之濱，嶽山之麓，又何幸而留得這兩位偉人的鴻爪啊！

陶澍做了十多年的兩江總督，最著的政績，是試辦漕糧海運的成功；是整頓兩淮鹽政，首創改引為票；是興辦全省河工。林則徐在東河總督、兩江總督、湖廣總督任，對於河工也有巨大的貢獻。陶澍做兩江總督時，林則徐先做江蘇布政使，以後升了江蘇巡撫，上面所說的賀長齡就補了江蘇布政使。賀長齡的經濟學問，為陶、林兩公所推服，凡有河、漕、鹽等大政，都要請教他。三人同心，就造成當日江蘇的治績，這也是值得一提的。林則徐生平還有幾件大事：第一便是大眾所知，在廣東的禁煙；其次是在雲南的處理回事。林則徐在謫戍伊犁時期，開鑿伊拉克坎井，教人民紡紗織布；被赦回來，又在甘肅平過一次番亂。文襄公一生景仰陶、林二公，以後一切設施，可說很摹仿這兩人。他在平定陝甘後，變更建置，控制形勢，便是林則徐在雲南處理回事的善後辦法；在新疆開渠和教民飼蠶繅絲，也便是追蹤林則徐在伊犁的往事；在兩江積極舉辦河工，發動導淮入海，推行改引為票的鹽政，也都是依倣陶、林二公的規模。至於文襄公在陝甘嚴厲禁種罌粟，禁販鴉片，更可說是要貫徹林則徐禁煙的主張。文襄公後在江寧省城，特地給陶、林二公合建一座祠堂，並題上一副楹聯道："三吳頌遺愛，鯨浪初平，治水行鹽，如公誠不朽；卌載接音塵，鴻泥偶踏，湘間邗上，今我復重來。"（《聯語》五頁）分明表白他繼承陶、林二公的志事。如果有好事的人，該把文襄公加入兩公祠堂，合成陶、林、左三公祠，以為鍾阜、石頭生色。

林則徐當時，更有兩個真是大膽的議論，無疑的對於文襄公的事業，有重大的影響，至少和文襄公的懷抱或思想契合。如今大家都知道林則徐是鴉片戰爭中的主角，由於這一戰爭的失敗，便使中華民族捱了帝國主義一百年的蹂躪，受了不平等條約一百年的束縛。於是有責備林則徐鹵莽滅裂的。其實林則徐早就認識沒有大炮和輪船，不能和外國戰爭，因此主張運用粵海關的收入，也來造大炮，造輪船。可惜當日朝野沒有響應，以致孤掌難鳴。後來文襄公在林則徐故鄉的福州，創辦福建船政，保舉林則徐的女婿沈葆楨（字幼丹，福建侯官人）充船政大臣，並且進一步倡議擴充鑄造大炮，差不多就是要給林則徐出氣。再從鴉片戰爭以後，英法各國的勢力都從西洋大海湧上東亞大陸，林則徐回答人家今後天下大勢的問題，卻說英法不足慮，只有俄羅斯將是中國的大患。然而那時俄羅斯和中國，正是和好無間。後來俄羅斯果然無理侵據伊犁，而文襄公定欲收復新疆，和俄羅斯周旋，或許也是受着林則徐這一番話的啟誘。

林則徐那裏有三個奇材異能之士：一是黃冕（字南坡，湖南長沙人），為林則徐任兩江總督時的屬吏。林則徐謫戍伊犁時，黃冕也因案被發遣在伊犁，便協助林則徐興辦水利。到兩人被赦釋回時，林則徐奉命留甘肅平番亂，黃冕又便給林則徐造炮應用。黃冕對於造炮，很有經驗，在當日是一位專家。太平軍興，文襄公襄助湖南巡撫戎幕，黃冕主持造炮，文襄公常和他往來研究，發明一種劈山炮。黃冕有三個兒子都奉文襄公為師，其中一人後來在四川做官，便給文襄公幫採西征軍米。一是魏源（字默深，湖南邵陽人），是幫助賀長齡編纂《皇朝經世文編》的。林則徐做兩廣總督，魏源在他的幕府。林則徐曾教人編譯《四洲志》和《造炮圖說》，後來魏源便根據這些資料，再加上旁的中外記錄，在清文宗咸豐二年（1852），編成一部一百卷的《海國圖志》。這是一個中國講外國情形破天荒的大著作，其中包括四部分：一是記述西洋、南洋和東洋各國歷史、地理，和當時最近政治情形；二是記述鑄造和使用西洋大炮的方法；三是記述製造西洋輪船和水雷，還有各種西洋實用技藝的方法；四是輯錄當時朝野人士和魏源本人應付西洋各國的方略。魏源主張："以夷攻夷，師夷長技以制夷。"又主張："守外洋不如守海口，守海口不如守內河。"據說這部書傳入日本，為明治維新諸要人奉為枕中鴻寶；而魏源以夷制夷和守勢的海防的議論，差不多也支配了中國在鴉片戰爭後幾十年中朝野要人的思想或政策。魏源又諳熟西北掌故，主張新疆建省。文襄公和魏源交遊，所以他在福建創設船政局和收復新疆後一意設置行省，也可說有些受魏源的影響。而魏源的族孫魏光燾（字午莊），後來從文襄公西征，為協助建設西北的一個中堅分子。還有一位是王柏心（字子壽，湖北監利人），先和文襄公在張亮基（字石卿，江蘇銅山人）湖廣總督幕府，後來又一度入林則徐雲貴總督幕府。他貫通歷代興亡成敗得失的源委，並曾周歷陝甘各郡縣，認識回、蒙、藏各民族習俗性情。他是一個在野的有心人，寫過一部《樞言》，發抒他的政事主張。文襄公的勇於西征，就是受王柏心的鼓勵；而文襄公在西北興屯等事，也可說有些受王柏心政論的影響。

胡林翼（字詠芝，湖南益陽人）和文襄公是同年生。兩家父親原是好友，又同時產生了一對偉人。胡林翼就是陶澍的女婿，後來胡林翼的妹子嫁給了文襄公的姪子；又後來胡林翼的嗣子娶了陶澍的孫女，也就是文襄公的外孫女。陶澍做兩江總督，胡林翼在他任上，遨遊於甥館；便在這時，認識了林則徐的偉大，要求他老丈重用。後來林則徐做雲貴總督，胡林翼正在貴州做知府，於是胡林翼又做了林則徐的屬吏。也便在這時，把文襄公介紹給林則徐，因此有林則徐邀請文襄公贊襄幕府的一回事。胡林翼和文襄公兩人情投意合，每次相見，必聯牀夜話，上下古今，談個不休。那時的清代，正當經過一個極盛時期而走下坡路，內有川楚白蓮教之亂，外有鴉片戰爭；雖在事定之後，還能彌縫於一時，然而政治的腐敗，民生的憔悴，都是一天深刻一天，真是危機四伏。於是胡林翼和文襄公談話時，常歸結到一點，就是怕天下將有大亂，而文襄公以一個書生，常想怎樣尋找一個深山來避亂。後來張亮基由貴州巡撫調任湖南巡撫，胡林翼又把文襄公介紹於亮基。這時，太平軍已攻入湖南，他們兩人往日所憂慮的大亂，不幸而言中了，並且面臨在故鄉的大門前了，而文襄公卻早已帶領家眷親屬，深隱在本鄉的白水洞，不肯出來。經張亮基的竭誠禮聘，胡林翼的責以大義，文襄公才挺身而出。不久，胡林翼也帶兵回鄉，超授湖北巡撫。於是胡林翼在武昌，文襄公在長沙，胡林翼在陣前，文襄公在幕後，左提右挈，在以後數年內，造成洞庭湖流域一個穩固的局面，據長江上游，和太平軍爭一日之短長。而後任湖南巡撫駱秉章（字籲門，廣東花縣人）舉劾永州鎮總兵樊燮（字鑿庭，湖北恩施人），就是晚清一代文人樊樊山（增祥）的父親的案子，不幸挑起了湖廣總督官文（字秀峰，漢軍旗人）因素不滿意於文襄公，想藉此傾陷文襄公的野心，文襄公只得退出駱秉章幕府。仗義憐才的胡林翼多方給文襄公營救，最後和曾國藩策劃，於是又使文襄公以運籌帷幄的書生，一躍而為決勝疆場的大將，這是後話。總之，胡林翼最能認識文襄公，知道文襄公脾氣太大，所以向不和他抬杠，遇事爭執，總是退讓三分。

我在以上說了許多話，只想表明一點，便是文襄公的師友淵源，對他以後一生事業的關係；更想表明一點，由於這種淵源，文襄公一生在歷史上的地位，是別成一個系統，和曾國藩及其餘同時名人不同。

（丁）學問

在幾千百個讀書人大家都在咿唔呫嗶，鑽研八股文和五言八韻詩的時候，獨有三五人在講典章文物的破紙堆中討生活，豈不要驚世而駭俗呢！然而文襄公便是這三五人中的一人，他在潛心研究着驚世駭俗的學問。這些驚世駭俗的學問是甚麼呢？吾們可以把他分做三部分說。

一部分是地學。文襄公在十八歲上，就閱讀顧炎武的《天下郡國利病書》、顧祖禹的《讀史方輿紀要》、齊召南的《水道提綱》，分別做成札記。他還自己繪地圖。他的計劃：橫的方面，先繪一張全國的圖，分開來再成各省的圖；縱的方面，先繪成一張清代的圖，推上去再成明代的圖，成元代、宋代，乃至《禹貢》的圖。以外更把山川、道里、疆域沿革和歷代兵事的關係做成說明。他又摘抄各省通志和西域圖志，把山川、關隘、驛道遠近，分門別類，訂成幾十大本，題名《畬餘閣鈔本史部》或《經部》。文襄公這些著作，都沒有刊佈。但是後來胡林翼作成的《讀史兵略》，和詳細注着水道、海疆、道里、都邑、關隘的《大清一統圖》，就含有文襄公所想做的工作的意味。鴉片戰爭發生，文襄公專門閱讀關係海防記載的圖書，同時寫成幾篇建設海防的意見書。這樣文襄公於地學自然很高明的了。有一位俄羅斯人叫做索思諾福齊的，以後訪問文襄公於陝甘總督衙門。這位外賓，帶了一張《康熙輿圖》，常誇稱他對於中國地理的熟悉。文襄公卻拿出《乾隆輿圖》來，向他考問了一番。這位自以為中國通的俄人，從此不敢再在文襄公前吹牛了。不過這還只是一件有趣的小事；實在文襄公一生在軍事上的成功，全靠他對於地理的精熟。

文襄公的第二部分學問是農學。他讀遍了歷代講農事的著作，也是分門別類的抄起來，計劃編成一部《樸存閣農書》。他很注意"區田"一個問題，畫成圖樣，做成說明。還在柳莊親自試驗這種區田的方法，結果是滿意的成功。文襄公對於農事，有特殊的嗜好，因此又種桑、養蠶、種茶、種竹、種其他花木。湘陰原沒有種茶的，文襄公實開風氣之先。他自稱"湘上農人"，在一封給賀瑗（字仲肅，湖南善化人）的信上說："兄東作甚忙，日與傭人緣隴畝，秧苗初茁，田水琮琤，時鳥變聲，草新土潤，別有一番樂意。"（《書牘》二卷二頁）又在一首《催楊紫卿（名季鸞，湖南寧遠人）畫梅》的詩上說："柳莊一十二梅樹，臘後春前花滿枝。"（《詩集》五頁）這真是仙源境界，文襄公大可終老是鄉吧！然而文襄公到底不是桃花源中的陶靖節，卻正是他自比的臥龍崗上的諸葛孔明，這只是他躬耕隴畝之時。而由於這些閱歷，出山以後，到處歡喜教兵士種田，教人民歸耕，說得很在行。

中國自古是一個農業國，老百姓的生命線在水，同時又在天。要是天公不作美，就來一個荒年，也就要官家來救命。官家的財政，主要的是田賦和鹽，而田賦的盈絀又要看年成的豐歉。於是水利、荒政、田賦、鹽政四門，構成了舊中國政治上國計民生的一個環，也就是構成了文襄公的第三部分學問。陶澍收藏這種圖書最多，在那時要算全國第一。文襄公在教讀陶澍兒子的八年中，便飽讀了這些圖書，也就是精熟了這一部分的學問。以後暄赫的政績，更就是運用了這一部分的學問。

文襄公完成了這三部分學問，已是快四十歲的人了。然而文襄公恰如淳于髡口中的大鳥，"不鳴則已，一鳴驚人，"四十一歲起，文襄公就作驚人之鳴了，一直鳴到七十五歲。鳴的資料，就是這三部分學問。文襄公家書給他的大兒子說：

> 古人經濟學問，都在蕭閒寂寞中練習出來，積之既久，一旦事權到手，隨時舉而措之，有一二樁大事辦得妥當，便足名世。（《家書》上卷六十五頁）

這就是諸葛亮"淡泊明志，寧靜致遠"兩句話的注腳，也就是"夫子自道"吧！

於是我們可以作一小小結論：從文襄公四十歲回溯到十八歲的二十三年中的素養，正是從四十一歲到七十五歲的三十五年中的事業的基礎！

（戊）性行

文襄公志大言大，自小有誇大狂。每寫成一篇文章，必自鳴得意，誇示同學。在他二十多歲，正是窮得不得了，依居妻家時，還做了一副對聯張掛起來，道是："身無半畝，心憂天下；讀破萬卷，神交古人。"（《聯語》一頁）這種狂態，現在吾們讀他所作奏摺、函札、詩文，仍可覺得不時流露在字裏行間。文襄公早年誇大的趣事很多，後來做了父親，要管教子女了，於是他的夫人常把文襄公的笑話來羞他。他怪不好意思，只得掩着耳朵，裝做不聽見。真是俗話所說："江山易改，本性難移。"文襄公從陝甘回來，每和人家談話，還是總要誇張他經營西北的功業。這一點很使人家不喜歡。相傳文襄公新到軍機處，恭親王把一個海防的摺子請教他，文襄公每看一頁，因海防而說到塞防，表白他在西北措施之妙，看了幾天，還沒有完。又有蘇州一位紳士見文襄公於兩江總督任上，要談公事，見了三次，沒有談成，因為一見，文襄公就自己談他西北的事，使人無從插嘴。這又是文襄公晚年誇大的趣事，可惜夫人這時已死，沒人再來羞他了。

從一般說來，湖南人的個性特別強吧！文襄公也不能例外，而且格外剛直矯激。心上一不以為然，就可以和人家決裂；並且由於他的誇大狂，也就可以格外說得人家壞。因此一方不易容於人，又一方也不能容人。有些總角之交、患難之交，都弄得凶終隙末。像他和曾國藩的故事，那是大家知道的了。其次則像他和郭嵩燾（字筠仙，湖南湘陰人），和沈葆楨，雖不至決絕，到底感情上總存在着不可彌縫的裂痕。他和李鴻章（字少荃，安徽合肥人）始終是話不投機的，卻還勉強維持着同寅之誼。文襄公的個性，實在太強，真不好和他相處。就是他最所親信的老友劉典（字克庵，湖南寧鄉人），在陝西的當兒，也弄成一個督撫不和的局面，雖經吳大廷（字桐雲，湖南沅陵人）調解，不至鬧翻，但是劉典不久就告歸，文襄公也允許他告歸，或許仍不免有芥蒂於心吧。至於劉典的後來又到蘭州幫忙，已隔三五年，那時大家又心平氣和了。再就是他所倚重的健將劉錦棠（字毅齋，湖南湘鄉人），在新疆的當兒，也有一度幾至分手。又再像文襄公和吳可讀（字柳堂，甘肅皋蘭人），忽合忽離，是何原因，終成疑案。但只要使文襄公以為是好人時，他便可以始終認定是好人，又是發揮他的誇大狂，必至說得過分的好。例如他對於駱秉章和王鑫（字璞山，湖南湘鄉人）的推崇，實在這兩人都不是十分了不起的人物。不過駱秉章能重用文襄公，相處得這樣好，卻是一個意外的奇跡。

文襄公才氣縱橫，精力充沛，就不免予智自雄，事事喜專斷，事事要躬親。因此他雖當了三十多年大權，部下極少出類拔萃的人物。吾們讀了薛福成（字叔耘，江蘇無錫人）敍《曾文正公幕府賓僚》，就顯得文襄公幕府黯然無色。文襄公部下人才在哪裏呢？因為同是有才氣，有懷抱的人，必不甘只處於唯唯諾諾，隨人俯仰的地位；但是要有甚主張，或有甚表顯，便極易和文襄公衝突。於是文士像吳觀禮（字子儁，浙江仁和人）和施補華（字均甫，浙江歸安人），都見機而作，託故而行。更像嚴咸（字秋農，湖南漵浦人）是湖外才人，在文襄公處因鬱鬱不得志而自殺。李雲麟（字雨蒼，漢軍旗人）是八旗名士，本是文襄公招去，卻不歡而散。武人像蔣益澧（字薌泉，湖南湘鄉人），一次幫了文襄公的忙，就不肯再為他所用；鮑超（字春霆，四川奉節人）也不肯從文襄公西征。當然這些人的所以不能和文襄公相處，也有在他們方面的缺點；但是文襄公的氣度不夠大，實在是一個遺憾。還有文襄公遇可用之才而意氣飛揚的，歡喜先給他一些挫折，然後再給他發展，希望他樂為己用。不過這個手法，對於已有名位，或已有年紀的人，是不適用的；換句話，文襄公這個用人方式，遇到鮑超和李雲麟而失敗了。說得太遠了，再說文襄公辦事的作風吧！事事專斷，怕只能施之於軍事，那麼所謂："運用之妙，存乎一心"或許倒是需要的；施之於政事，就未必然。事事躬親，怕只能在壯健之時，那麼，目營八表，手揮五弦，盡可應付裕如；要不然，精神一有不能顧到，就難保不出亂子。這樣，文襄公以七十多歲高齡，當兩江總督兼南洋大臣繁劇的重任，便在發行鹽票案內，發生了一個幕府中的黑幕。彭玉麟（字雪琴，湖南衡陽人）奉命查辦，在覆奏中雖還為他老友和要一起去打外國人的同志彌縫，卻不愧他"剛直"的謚法，很不客氣地請求皇太后、皇上訓飭文襄公，要“廣求人才，以為輔佐；採納直言，以通下情”。（《彭剛直公奏稿》三卷）實在文襄公自己未嘗不覺得這些缺點，譬如他在陝甘總督任的末年，就在給幫辦甘肅新疆善後的楊昌濬（字石泉，湖南湘鄉人）信上說：“弟近來於營務處視同虛設，亦苦食少事繁，得良才劻勷，寧非至願。”（《書牘》二十二卷八頁）所惜文襄公性情太剛，氣度太窄，到底不能容人才；真是人才，不願常為文襄公所用；能夠留下的，就餘子碌碌不足數了。越是沒有得力可靠的人，越是只得自己關心，自己動手。在最初，文襄公或許還有幾個較好的腳色，但是經過二三十年，得意的獨當一面去了，不幸的中道喪亡了，於是文襄公到晚年，真可說手下無人了，這是一個慘痛的局面。

諸葛亮自比管、樂，文襄公自比諸葛亮。諸葛先生的自比管、樂，自有他的心事；文襄公的自比諸葛亮，起先原只是和朋友們打趣。至於在一般人心目中，怕只是為他們用兵如神，看做“軍師”樣子吧！其實諸葛先生還是吾國第一流的政治家，只看他“開誠心，佈公道”兩句標語，已夠吾們尋味。如今也不多談，光數他的美德：一是“鞠躬盡瘁，死而後已”；二是“不使內有餘帛，外有贏財”。在太平軍初起時期，曾國藩為文襄公籌餉有功，要保文襄公知府，文襄公很不高興，對人說：滌公何以定要用“藍頂花翎”來換去他的“綸巾羽扇”。他要做官，不是州縣，便是督撫，只有這兩種官，還有事可做。可是他不願做官，他只想在身前自謚“忠介先生”，於願已足。這些，也都是一時的詼諧。不過，按之文襄公一生，“忠介”兩個字的自謚，實在要比“文襄”兩個字的官謚好得多。文襄公在陶澍家中，教他兒子教了八年，至於成立；在駱秉章那邊當幕府，當了六年，把湖南放在一個安定的地位；及至出山，幫同平定了太平軍，平定了捻軍，又獨力平定了西北，垂暮之年還督師來打法國人，終於客死在福州省城。所說“受人之託，忠人之事”，就是諸葛先生“鞠躬盡瘁，死而後已”的精神。至於文襄公的介節，可以深信無疑，不用說得。帶了二十多年的兵，做了二十多年的督撫，傳給四個兒子的財產，每人只有幾千兩銀子 —— 文襄公晚年自己算算，每人可派五千兩；一片夫人和兒媳的墓田；一所在長沙的不很大的住宅。這個住宅，還是當初文襄公在湖南巡撫幕府時，胡林翼看見他家眷在本鄉，照顧不便，和駱秉章湊了五百兩銀子買來送給他的，後來他的第二個兒子花了千把兩銀子，擴充一下，還大受他老人家的申飭。文襄公在日，常喊着一個“不欲以一絲一粟，自污素節”的口號，他是能實踐其言的。綜括說來：文襄公的軍功，大於諸葛；文襄公的政績，不如諸葛；文襄公的忠和介的美德，至少和諸葛相當。

（己）功名

自從滿清開國，文襄公一家也曾產生過十幾輩秀才。文襄公本人卻不是秀才。他在二十歲上，捐了一個監生，和他大哥參加本省鄉試，便同榜中了舉人，哥哥是第一名，俗稱解元，弟弟是第十八名。文襄公的卷子，本已給同考官擯除，後由主考檢出，認是佳作，要求同考官補薦。那位同考官倒是一個硬漢，堅定不肯，他說：中不中由你，薦不薦由我。經過好久的勸說，才勉強薦了。起先大家還疑主考和這份卷子有甚情弊，及至發表，認得是在湘水校經堂書院課考過七次第一名的左宗棠，才信服主考是有眼光的。這位主考，是陝西涇陽的徐法績（字熙庵）。事隔三十七年，文襄公西征，經過涇陽，這位老師早已墓有宿草。文襄公追懷青眼之感，特命把墓道修葺一新，立碑紀念。法績的孫子又把當時他老人家記述這件事的家書，檢給文襄公看，文襄公做了一個跋，一併鐫木，以傳後世。文襄公既中了舉人，當然北上會試，可是去了三次，都沒有中，於是文襄公的功名，也就終止於此了。

（庚）到西北前的事業

清宣宗道光三十年（1850）八月，太平軍在廣西的金田村舉事了，這就寫成了文襄公以後三十五年暄赫的歷史。就如上面所說，咸豐二年（1852）四月，太平軍攻入湖南，文襄公接受了湖南巡撫張亮基的邀請，幫同防守長沙省城。太平軍自從起事，到處勢如破竹，只在長沙才算遇到第一個勁敵。相持了三四個月，毫無進展，只得放棄湖南，向北竄過湖北，直下長江。次年五月，張亮基調署湖廣總督，文襄公隨到武昌，幫同佈防田家鎮，阻遏太平軍向上游回竄。團風鎮一仗，把太平軍殺得落花流水，他們的首領自認是出兵以來第一次狼狽的大敗。不久，張亮基去職，文襄公返回他的白水洞，仍做他的隱士。這時，駱秉章回任湖南巡撫，也請文襄公參贊戎機。他老是不肯。直到明年三月，太平軍又竄過湖北而再入湖南，經大家勸說，才又出來，從此一直到咸豐九年 (1859) 底，差不多有六年之久。他幫助秉章的策略，只有八個字："外援五省，內清四境。"那時廣東、廣西、貴州、湖北、江西都有湖南的援兵，並且都由湖南給餉。這樣，太平軍就被迫限制在長江下游。所說："駱秉章之功，皆左宗棠之功。"（用郭嵩燾和王闓運語）"國家不可一日無湖南，湖南不可一日無左宗棠。"（用潘祖蔭語）實在是很公平的評論。

咸豐十年 (1860) 五月，文襄公奉命襄辦曾國藩軍務，在長沙金盆嶺募練楚軍五千人。八月中，帶往景德鎮、浮梁、德興一帶，和太平軍健將綽號黃老虎的黃文金等幾番蕩決，就給他在徽州、饒州兩府站定了腳跟。朱子故鄉，弦歌詩禮之邦的婺源，一時成為文襄公緩帶輕裘，雍容坐鎮之地。本來胡林翼和曾國荃（字沅甫）在攻安慶省城，曾國藩獨守祁門，大局岌岌可危。自從得了文襄公這一枝生力軍，便形勢好轉，卻不幸杭州省城又失陷了。咸豐十一年 (1861) 十一月，文襄公奉命督辦浙江軍務。十二月，受任浙江巡撫。同治二年 (1863) 四月，又受任閩浙總督，仍兼浙江巡撫。他一方面向浙江進發，一方面仍防守徽州、饒州後路；一方面收復各郡縣，一方面就刷新政治。同治三年 (1864) 八月，浙江全省底定。這時曾國荃已把太平天國的天京 —— 江寧省城攻下，李鴻章也已光復蘇州省城，太平軍在沿江勢力，掃蕩無餘。文襄公被封為一等恪靖伯。於是太平軍殘部向江西南部分竄福建、廣東；文襄公親往追剿，奉命節制福建、江西、廣東三省部隊，直到廣東的鎮平駐節。同治四年（1865）十二月，把建國十三年，略地十一省的太平軍，結束在嘉應州的黃沙嶂。

（辛）賢內助

說罷文襄公的英雄事業，再描寫文襄公的兒女風光。文襄公的夫人周氏詒端，號筠心，家裏是很有錢的。訂婚時，文襄公還是一個貧窮的孤兒。於是他在二十歲上鄉試完畢，就入贅周家。鄉試發榜，雖然中了一名舉人，生活還是不能解決。過了一兩年，才向那位孀居的岳母，在另外一個院落，借所房子，自立門戶。那地方在湘潭辰山，那屋子叫做西樓。周夫人博通書史，還繼承家學，長於吟詠。有一時，文襄公關在西樓上，潛研地學，打好圖底，周夫人給他摹繪。文襄公忘了某一個典故，就由周夫人給他在某書某函某卷檢出。又過了十二年，文襄公積了一些教書的收入，在湘陰東鄉柳莊，買了七十畝田，於是和周夫人等搬往居住，這才算是他們自有之家了。文襄公種田，周夫人育蠶，文襄公詩有句："嬌女七齡初學字，稚桑千本乍堪蠶。不嫌薄笨妻能逸，隨分齏鹽婢尚諳。"（《詩集》五頁）周夫人和詩有句："清時賢俊無遺逸，此日溪山好退藏。樹藝養蠶皆遠略，由來王道重農桑。"又是尋梁鴻、孟光的韻事。

周夫人閒常總是一碗茶，一爐香，端坐着讀書，或做詩。文襄公在外教讀，周夫人怕他客館淒清，做一個枕頭寄給文襄公，繡的是“漁村夕照圖”，題的是一首七絕：“小網輕舠繫綠煙，瀟湘暮景個中傳，君如鄉夢依稀候，應喜家山在眼前。”文襄公懷才未遇，不免時形消極，周夫人常安慰他，還記得在《秋夜偶書寄外》七律一首中有兩句說：“書生報國心常在，未應漁樵了此生。”（周夫人詩並見《慈雲閣詩鈔》《飾性齋遺稿》）像這樣兒女深情，怕也是只有英雄的文襄公消受得起吧！然而周夫人還是文襄公的知己。周夫人很能了解文襄公心情，在文襄公沒有發跡時，從沒把世俗富貴利祿的話來絮聒他；在文襄公已經得意後，也從沒把家庭生計瑣屑的事來麻煩他。還有在吾們覺得周夫人的可敬的：當夫婿名位漸隆之日，正母族家業式微之時，然而周夫人從沒為自己弟姪輩要求文襄公的幫助或提拔。這些都是文襄公坦白地道出的。吾們讀周夫人詠史詩，洋洋數十篇，從秦始皇帝批評到明代的張居正，足見周夫人還不是一個平凡的女子。但是他對於文襄公的治軍施政，從不過問。至多只問問糧餉夠不夠。當然，文襄公也決不把軍國大事謀及婦人。更難得的，周夫人初先嫁了一個寒士的文襄公，並不因為自己是一個富室千金而覺得辱沒了；到得文襄公開府封爵，也並不因為自己做了一位一品伯夫人而覺得了不起。周夫人始終保持他一種幽嫻貞靜的態度，給文襄公盡其內助之責。自從文襄公督師離家，周夫人只在文襄公閩浙總督任上去過短短的六個月，其餘時間都沒有隨行。到五十九歲上，周夫人一病身亡在長沙里第，文襄公卻在數千里外的平涼軍次，“珍禽雙飛失其儷，繞樹悲鳴淒以厲。”（用文襄公作《周夫人墓誌銘語》）往事追尋，不堪回首，難怪文襄公也要一掬英雄老淚了。

二

為甚來到西北

（甲）糜爛之局

清穆宗同治紀元（1862—1874），史家以為實啟中興機運。那時，太平軍在東南已有十年，捻軍在中原已有八年，文襄公正規復浙江。在這十多年之中，西北原是比較一個乾淨土，一個安樂土，卻不幸發生了漢回肇釁的變局。“東南萬里紅巾擾，西北千群白帽來。”黃檗禪師的預言未必可靠，而這兩句歌詞恰可引來描寫當日的情形。可是發動這個變局的，還是太平軍和捻軍。變局的起點，誠然是在陝西，後來卻蔓延到了甘肅，擴大到了新疆，更從新疆波動到了陝、甘。陝西的變局，發生於同治元年（1862），結束於八年（1869）；甘肅的變局，也發生於同治元年，結束於十二年（1873）；新疆的變局，發生於同治三年（1864），結束於德宗光緒四年（1878）。文襄公是在同治五年（1866）奉命西征的，六年才到達西北在東方第一重門戶的潼關。吾們就把同治五年作一個界劃，先把同治五年以前，就是文襄公未到以前的西北糜爛之局，概括的敍述一下：

這裏先說太平軍和捻軍。

同治元年四月，太平軍因為眼看安徽的廬州府城又失掉，在大江以北沒有立足之地；就由扶王陳得才結合捻軍，想在西北另闢出路。從河南闖入陝西武關，一度直逼西安省城，一度竄陷渭南縣城。這是一方面。在先，翼王石達開既給文襄公幫助湖南巡撫駱秉章逐出湖南，便經過廣西、貴州、雲南，竄入四川，也想在西北另闢出路。石達開本人以後雖在大渡河的老鴉漩地方——這渡口據說便是民國二十五年（1936）中國共產黨的紅軍二萬五千里長征通過之處——給那時已調任四川總督的駱秉章所擒殺，而石達開的別部藍大順和藍二順兄弟等卻早已在同治元年八月中，從四川闖入陝西洋縣、商州（今商縣）、山陽和商南等地；而更有一枝繞道河南南陽，闖入陝西雒南，他們又一度進攻潼關，一度包圍鳳翔達十四個月之久。這又是一方面。自從楊秀清和韋昌輝互相殘殺，這兩枝太平軍原已分家；這時異地重逢，又互相呼應搭救。這樣，陳得才一枝便常出沒陝西、河南和湖北之間，也曾先後襲據荊紫關，攻陷興安府城（今安康縣）、漢中府城（今南鄭縣）和城固縣城，聲勢很盛。藍大順一枝又曾竄入甘肅，先後攻陷兩當縣城和秦州（今天水縣）的三岔分州城。同治二年（1863）十月，藍大順陷據盩厔縣城；三年（1864）五月，藍二順撲打西安省城。翼王餘部的勢力，似乎還比扶王為強。

這裏再說西捻。

上面所說捻軍的竄擾陝西，還是附和太平軍而被動的。太平軍既失去天京，陳得才隨於同治三年七月，在僧格林沁（蒙古人）追擊之下，自殺於河南和湖北的邊界，餘眾都投降，捻軍也散夥。至於藍大順一股先已於五月間全被撲滅。及至同治五年秋天，捻軍給李鴻章剿截為兩段，那綽號小閻王張總愚的一股才再竄陝西，這就是史家所稱“西捻”，盤旋於陝南而還往來於河南和湖北。

太平軍和捻軍在西北的情形交代過，可以說到西北變局中之回事了。為方便起見，先說陝甘，後說新疆。

陝甘兩省漢和回，伊斯蘭教中老教和新教，偶有紛爭，本只是雙方械鬥性質。這一次，不幸特別擴大了。在陝西方面，最初發生於渭源。這是同治元年五月的事。接着就影響到鳳翔、涇陽、三原、同州（今大荔縣）、朝邑、鄜州（今鄜縣）和延安（今膚施縣）等處。同時，各地土寇，也紛紛竊發。概括當時大勢：捻軍在陝南，土寇在陝北，其餘地方為陝回。在甘肅方面，最初發生於固原州（今固原縣）的預望城，這是同治元年八月間的事。接着就影響到秦安、寧夏、河州（今臨夏縣）、狄道（今臨洮縣）、西寧，最後到了肅州（今酒泉縣）。兩省的變局，起先是沒有多大關涉，後來竟互相結合了。而比較下來，甘肅局勢格外嚴重，全省先後被陷落的郡縣城池，約有三十個；先後被圍攻的郡縣城池，也有十多個。平涼府城三度陷落，原來平涼是陝甘交通要道，勢在必爭，而固原正是古時的蕭關，所以掩護平涼。狄道州城、河州城和洮州廳（今臨潭縣）城也都是三次陷落。因此，三面和河州接壤的蘭州省城，也曾兩度被攻，常在戒嚴狀態之下。當時甘肅有三個地帶，幾等於淪陷區：由平涼而北至寧夏，南至秦安，這是一個；由河州而西至西寧，東至狄道，這又是一個；肅州以東的河西走廊，這又是一個。河西走廊是陝、甘、新交通要道，寧靈一帶為左翼，河湟一帶為右翼，這幾個地方也都是中華民族在過去爭生死存亡的據點。沒有河西走廊，不能保新疆，也不易保陝甘；沒有寧靈和河湟，也不能或不易保河西走廊。那麼，整個西北不是等於全丟了麼？

這樣一個滔天大禍，足足歷時十二年，才算平定。不但西北元氣大受摧殘，就是東南財賦也為接濟西北很受損失。顧祖禹在《讀史方輿紀要》中說：

> 陝西據天下之上游，制天下之命者也。是故以陝西而發難，雖微必大，雖弱必強，雖不能為天下雄，亦必浸淫橫決，釀成天下之大禍。……陝西之為陝西，固天下安危所繫也，可不畏哉！

顧氏時代所說的陝西，還包括甘肅在內。吾們看到由於赤眉和李闖的發難，漢、明兩朝就此傾覆，他們始起便在陝西。吾們又看到五胡十六國，倒有十一國在陝甘。吾們又看到西夏在陝甘之交，竟立國達一百九十六年之久。這就可證實顧氏之言，陝甘兩省雖在西北偏隅，而一治一亂，關係全中國太大了。當時幸得文襄公來負責收拾，不然，糜爛之局，怕還不止於此吧！

說起西北變局，或許大家以為凡是回人都參加的。其實大大不然。秦州和徽縣的回人，在這樣一個十多年的大混沌時期中，始終沒有動。因此，在平涼沒有收復以前，虧得秦州一線交通，使蘭州省城和陝西省外各方，還有保持聯絡的機會。此外，各地回人表顯他們忠良的態度的，也很多。姑舉幾個例：張保隆幫同官軍設法收復固原州城。法守愚發覺丹噶爾（今青海省湟源縣）回人陰謀，先任調解；調解不成，協助城守。更像涼州（今武威縣）回人舉事，回籍游擊米殿標、其弟把總米殿清不願附從，一家眷屬四十餘口，闔門自殺。便是在形同割據一方的回人中，馬桂源在西寧修葺孔廟，又把藏人所用方法教漢人改良畜牧，增加生產和收益。馬化隆在金積堡（今寧夏省金積縣），派回目馬占魁做靈州（今寧夏省靈武縣）知州，卻教他：少殺人，重農事；又因糧食不夠，聽任漢人入山採髮菜充飢。這些都不失為賢明的舉動，也是不容一筆抹煞的。

新疆的變局，似乎該分做三部分說，較為清楚。

第一，是新疆南路。同治三年（1864）四月，庫車（漢龜茲國。回語：“庫”謂“此地”，“車”謂“智井”；便是說：此地有智井）漢回首先舉事，阿克蘇（漢溫宿國。回語：“阿克”謂“白”，“蘇”謂“水”；便是說：其地河水色白）隨即響應，推黃和卓為首領，於是東取喀喇沙爾（漢焉耆國，今焉耆縣。回語：“喀喇”謂“黑”，“沙爾”謂“城”；便是說：黑城），西併烏什（漢尉頭國。回語：“烏什”謂“峰巒飛峻”；便是說：此地有高山），新疆南路東四城，完全淪陷。六月，葉爾羌（漢莎車國，今莎車縣。回語：“葉爾”謂“土地”，“羌”謂“廣大”；便是說：“其地廣大”）漢回也舉事，推阿布都拉門為首領。八月，喀什噶爾（漢疏勒國。今疏勒縣。回語：“喀什”謂“各色”，“噶爾”謂“磚屋”；便是說：其地富庶多磚屋）回目金相印、和闐（漢于闐國，漢任尚棄其部屬於此地，回人稱漢人為“于闐”，便以為地名）回目馬福迪等都響應，於是南路西四城，除了英吉沙爾（漢依耐國，今英吉沙縣。回語：“英吉”謂“新”，“沙爾”謂“城”；便是說：其地有一新城）也都淪陷。這時，喀什噶爾境外有一個叫做浩罕的小國，就是張騫西征的終點，出產汗血馬的大宛，以前也曾歸隸清朝，給俄羅斯吞滅其三部，光剩安集延一部還在。金相印想利用安集延人，便迎他的帕夏——安集延稱將軍——叫做阿古柏的進來，幫同抵抗清軍。阿古柏居然攻陷了英吉沙爾，但也奪踞了喀什噶爾。安集延是一個伊斯蘭教國家，南路纏回認阿古柏為同族，多附和他，還擁護他。阿古柏就不費多大力量，又趕走了葉爾羌的阿布都拉門、和闐的馬福迪、東四路的黃和卓，統一南路而獨立，自稱為畢條勒特汗。

第二，是新疆北路。同治三年八月，陝西回人妥得璘——一名妥明——突然襲踞烏魯木齊（今迪化縣。回語謂"格鬥"，便為準回兩部曾在這裏格鬥）。妥得璘在先販賣其星命之術，往來金積堡、河州和西寧之間。及陝西變局發生，就出關到烏魯木齊，住在烏魯木齊提標參將索煥章（甘肅固原人）家裏。索煥章的父親索文做過甘肅提督。索煥章向有野心，奉妥得璘為師，這時便聯合舉事。烏魯木齊既陷落，哈密（漢伊吾廬）、吐魯番（漢車師前王庭）、呼圖壁（準噶爾語：謂其地有鬼）和庫爾喀喇烏蘇（漢烏孫國，今烏蘇縣。準噶爾語："庫爾"謂"雪"，"喀喇"謂"黑"，"烏蘇"謂"水"；蓋其地產煤油，故雖為雪水，其色多黑）等地都響應。妥得璘自稱清真王。十月，妥得璘派人聯絡纏回邁孜木雜特在伊犁（漢烏孫國，今伊寧縣）自立。四年正月，塔爾巴哈台（漢匈奴右地，今塔城縣）也陷入回目伊瑪木等之手。

第三，是安集延人侵入新疆北路。同治五年（1866）正月，阿古柏遣安集延人奪得伊犁。安集延人的勢力從此侵入新疆北路，妥得璘也給阿古柏所脅服，這是後話。原來浩罕素稱強悍，故俗語道是：“百回兵不如一安集延。”

從以上所說幾個變局看來，陝、甘、新一片大地，早非清政府所有。而文襄公卻已把太平軍作最後的收束，東南半壁仍歸之清政府。這又可算得收之東隅，失之桑榆了。誰料這桑榆也要文襄公來收呢！

（乙）癥結所在

吾們如還記得郭子儀單騎見回紇一個故事，便可知道回紇一族入居中國西北，遠在一千二百年以前的唐代。其在陝甘兩省的，語言文字早和土著同化。他們也考科舉，做文武官吏，實在已是一家。伊斯蘭教傳入中國西北，遠在六百六十年以前的元代。吾們讀《馬哥孛羅遊記》，就得知在如今甘肅的河西一帶，早有伊斯蘭教和基督教、佛教一同存在。事實上，回人也有少數不奉伊斯蘭教的，而漢人和蒙人也儘有奉伊斯蘭教的。那麼，雙方還為甚不能完全“耦俱無猜”呢？當然由於宗教教規造成的若干生活上很不同的習慣，使他們不易通婚，使他們不易雜居，都不失為一種癥結；但最大的癥結，怕還在清政府在西北的政治不良。

甘肅原是邊地。自從清政府收服了蒙古、青海和新疆，甘肅卻早已成為腹地。可是清政府的設施，還着重在軍事。

高級官吏大抵都用文襄公所謂“豐鎬世家”的滿人（包括漢軍旗和蒙軍旗）。我們看寧夏將軍、寧夏副都統、涼州副都統、莊浪（今永登縣）城守尉，這都是八旗駐防，照例用滿人；辦理青海事務大臣駐紮西寧，管理蒙、番、回，也照例用滿人。至於各省總督、巡撫人選，雖沒有滿漢限制，可是在甘肅卻也常用滿人。在同治以前，甘肅巡撫共有四十人，其中滿人倒有三十人；陝甘總督共有四十一人，其中滿人倒有三十四人。這般滿洲官吏，可說多數都是紈絝子弟，不知政治、軍事為何物。他們只知道弄錢耍樂。譬如咸豐晚年的陝甘總督樂斌（字彥亭，滿洲正黃旗人），西寧正在鬧番亂，他還是選色徵歌，胡帝胡天，實踐他貴姓的“樂”字。並且甘肅地處僻遠，交通不便，許多人不願意到這裏做官。可是也有很希望的，那只為“天高皇帝遠”，容易弄錢。由於這些原因，甘肅的吏治向來不很清明。例如乾隆朝，王亶望由甘肅布政使升任浙江巡撫，認捐修理海塘工款五十萬兩。高宗皇帝一想，不是大家說甘肅是苦地方麼，這王亶望做了三年一任布政使，哪裏便有這麼多錢呢？一查便查出王亶望“侵吞賑糧，冒銷公帑”的罪案。通同舞弊的還有大小官吏十多名，他們的贓款，也是少則數千兩，多則數萬兩。試想乾隆朝的政治，總算好的，而還有王亶望一班人的植黨營私；那麼，乾隆朝以後，那些貪官污吏，沒有發覺的，必然不少，實在可以推想而知。就在西北變局發生後，還有烏魯木齊提督成祿（字子英），逗留高台七年，不出玉門一步，苛索民間供應三十萬兩；最是“豈有此理”的，誣良為盜，殘殺二百多命。

這三十萬兩一個數目，看似不大，但要在兵荒馬亂、地瘠民貧的高台搜括起來，已極剝膚吸髓的能事。經文襄公據實參劾，並引起吳可讀"十可斬，五不可緩"的一篇震動一時的奏疏。然而吳可讀還因此落職。這種政治的黑暗，真不能想像。再像甘肅這樣一個漢、回、蒙、番雜處的地方，怎樣調和融洽，使大家安居樂業，一般官吏也向少注意。對於漢人和回人的糾紛，對於伊斯蘭教徒中新舊兩派的爭執，更是向來很少衡情酌理，秉公判斷解決。不是雙方彌縫，便是偏袒一方；不是顢頇辦不了，便是任意武斷。所以這一次變局，實是積有許多政治上的因素，並不是憑空爆發。

清政府自把新疆南北路收入版圖，雖曾想好好經營，實在沒有好好經營。政治上的組織，差不多還是採取軍府制度。有伊犁將軍，有喀什噶爾、塔爾巴哈台等地參贊大臣，有烏魯木齊都統。其餘較大的地方，設辦事大臣；較小的地方，設領隊大臣。重重疊疊，職權也不很分明。總之，目的是在鎮壓，不是在撫治。各種大臣之下，還有各級章京和筆帖式。這些職員，照例都用滿人。他們貪財納賄，過他們豪奢的生活。看見回籍婦女有姿色的，便劫去做姬妾。像伊犁這樣一個極邊地方，安置罪人的處所，可是伊犁將軍一缺，要算全國將軍缺份中第一個優缺。每一位伊犁將軍卸任，無不滿載而歸。這般滿洲官員的作威作福，可想而知。烏魯木齊以東，本已設置郡縣，就是把鎮迪道劃歸陝甘總督管轄，可是這地區的官員，事實上還在烏魯木齊都統控制之下。直到文襄公才揭穿這個黑幕說：要不是他在文書中見到一兩個姓名，正還不知誰是那邊的地方官吏。這般滿洲官員的操縱政治，也就可想而知。在滿洲官員之下，以回官治理回民，叫做伯克。這般伯克也多是不良分子，壓迫回民，榨取財物，窮凶極惡，無所不至。他們和滿洲大員狼狽為奸，滿洲大員以伯克為鷹犬，伯克靠滿洲大員為泰山。在這種情形之下，當然談不到政治清明。就是武備，也因那般滿洲官員的顢頇，無形廢弛。吾們盡可以說新疆的幾次事變，差不多沒有一次不是貪官污吏違法殃民所造成。例如嘉慶、道光間張格爾之案，起因便是為南路參贊大臣斌靜荒淫無度，有失眾心。安集延人為甚常到西路滋擾，為的是硬不許他們通商，在通商上受許多壓迫。而這一次妥得璘在北路舉事，也為烏魯木齊都統平瑞（字祥齋，滿洲正黃旗人）藉口籌劃防餉，濫徵畝捐。

（丙）上下窮於應付

甘肅既認是一個軍事要區，而陝西當然也有相當武備，何以事變一起，就無所措手足呢？原來自從太平軍興，這兩省兵隊抽調出征的，也很不少，兵力自然不足。還有甘肅是靠各省協餉的，也為太平軍興，各省自顧不暇，就無力再協濟甘肅。宣宗皇帝總算有遠見，在道光七年（1827），特命在甘肅布政使庫封存銀二百萬兩，以備不時之需。可是到咸豐中，已經花完，只得發鈔紙，鑄鐵錢。其時每餉銀一兩，只照時價發八錢五分，還要緩發兩成。河西各郡，搭放一半麥子。財政上的窘態如此，原有的兵已常怕飢潰，怎樣再能添兵；而捱到咸豐十年（1860），還被迫只好裁兵。所以兩省變局發生，本身實在沒有實力應付。

陝西變局發生在前，最初情形比較複雜嚴重，所以清政府起先也只顧到陝西。調荊州將軍多隆阿（字禮堂，蒙古正白旗人）補西安將軍，督辦陝西軍務。多隆阿原在安徽一帶攻剿太平軍。因為這時廬州府城已經收復，不再需要大軍，就教多隆阿入陝，一面命直隸提督成明（滿洲鑲藍旗人）帶素稱精銳的京兵，從山西馳援。不料成明才渡黃河，便吃了一個大敗仗，僅僅能退保朝邑，使京兵英名掃地。多隆阿部隊也給太平軍和捻軍在隨縣和棗陽一帶絆住，沒法迅速西進。於是清政府又派勝保（字克齋，滿洲鑲白旗人）督辦陝西軍務，先代替多隆阿入陝。這位勝保，以前在江南征討太平軍常吃敗仗，所以曾國藩戲呼他做“敗保”。不料勝保到了陝西，不把兵事放在心上，還作威作福起來，種種驕恣不法，人民怨聲載道。於是清廷就以“賜令自盡”的處分，結束了他的一生。無論如何，這時的清政府還能維持綱紀。一面仍命多隆阿督辦陝西軍務。多隆阿不愧為一位健將，帶了十八營，從潼關西進，把陝境寇氛掃蕩無餘，只剩一個盩厔縣城給太平軍藍大順佔領，圍攻好久不能下。清政府既嚴厲詰責，多隆阿也覺丟臉，一天命令大舉進攻，決心非攻下不可。果然城給攻下了，多隆阿頭部卻受了槍子傷，一命嗚呼。這是同治三年（1864）四月間事。陝回和太平軍受了多隆阿的壓迫，在陝不能存身，都竄入甘肅。甘肅本身正苦甘回鬧得不了，何堪再加上這一批外來的暴力，當然格外難以應付。於是多隆阿又受命督辦甘肅軍務，準備俟盩厔事了，再向西攻剿。可惜"志決身殲"，不但救不得甘肅，便是陝西也更起了變化。

甘肅的變局，清政府起先只命當地官吏負責收拾。陝甘總督是熙齡（字挹雲，滿洲鑲黃旗人）；熙齡沒有到任以前，由甘肅布政使恩麟（字仁峰，滿洲鑲黃旗人）護理；寧夏將軍是慶瑞；辦理青海事務大臣是玉通（滿洲鑲黃旗人）。這四位都是所說"豐鎬世家"，卻又都是很怯懦。他們的政策，只是"撫"。原來撫是不失為弭亂的一種辦法。可是總要靠自己有實力，庶幾可撫則撫，不可撫則剿，撫剿之權在自己。不然，反給人家所愚弄。當時局面的越撫越壞，就是這個道理。不過實在講來，他們的撫，誠然多半由於苟且偷安的心理；可是就像前面所說，無兵可用，無餉可籌，實在也是最大的原因。這一點，恩麟是明白的，所以對於撫，自認是一時權宜之計。不過玉通和慶瑞是一味畏葸，只想省事。眼看光是撫不中用了，那麼，只得剿。恩麟也練起了宣武三軍，可惜全都是監犯，怎樣能有力量。現在就東路說：熙齡行抵慶陽，向平涼進攻，便在半途失利。多隆阿死後的部隊，歸穆圖善（字春岩，滿洲鑲黃旗人）接統。穆圖善補了寧夏將軍。都興阿（字直夫，滿洲人）補了西安將軍，督辦甘肅軍務。雷正綰（字緯堂，四川中江人）幫辦。雷正綰和曹克忠（字藎臣，直隸天津人）、陶茂林（字鶴亭，湖南長沙人）也是多隆阿部將。他們於是帶了接着家眷的部隊，分批入甘。他們確曾收復了若干城池，不是全不中用。可是雷軍一潰於寧夏，再變於涇州（今涇川縣）；陶軍一潰於通渭，再變於安定（今定西縣）；曹軍也敗退於金積堡，都興阿軍也失利於花馬池（今寧夏省鹽池縣）。再就西路說：安肅道黎獻（字彤雲，湖南瀏陽人）用兵河西，起先很得手，不料戰勝而驕，大敗於肅州，一蹶不振。上邊所說的烏魯木齊提督成祿——原是勝保舊部——過河西出關，清政府命他順便平亂，不料亂平不得，卻就此盤踞高台，不肯出關，實在也是不敢出關。文襄公曾說：

> 甘肅之軍，不能衛民，反以擾民；甘肅之官，不能治民，反激民為亂。（《批札》二卷六十二頁）

擺在眼前的事實，確是這樣。

這時，各地人士也紛紛練團自衛。因為沒有賢明的領袖督導組織，不能發生巨大的實力，結果只成為烏合之眾。有的還藉團練為名，自相魚肉。有的團眾，由官收編，雖力量可用，而管理不行。所以文襄公批評他們：

> 似團非團，似勇非勇，似匪非匪。（《批札》二卷六十二頁）

清政府看着陝甘情勢，不免着急，明知那班官軍和民團，除了多隆阿外，都不中用，就想到利用那時的"天之驕子"的湘軍。可是太平軍還沒有肅清，不便抽調。可巧劉蓉

（字霞仙，湖南湘鄉人）在做四川布政使，川境太平軍已結束，便先就近擢遷陝西巡撫，命他帶着湘軍和也照湘軍組織訓練的川軍入陝。劉蓉曾參贊曾國藩和駱秉章軍務，和文襄公同樣有諸葛孔明的雅號。當初清政府破格重用漢人，文襄公由一舉人而便做巡撫，劉蓉由一秀才而便做布政使，便是一對有趣的例子。及江西境內的太平軍快要結束，又調楊岳斌（字厚庵，湖南善化人）來做陝甘總督，帶着所部湘軍西征。楊岳斌原從曾國藩督帶水師，和彭玉麟齊名而是不很合得來。文襄公保他也能陸戰，於是一度奉命督辦江西、皖南軍務。可是楊岳斌到了甘肅，也弄得左支右絀。他撤去恩麟的宣武軍，用督標兵來擔任蘭州城守。因為湘軍和督標兵待遇不同，一天，在楊岳斌督師鞏昌（今隴西縣）途中，督標兵便作亂，戕殺了好多楊岳斌的幕府中人。楊岳斌回來，把督標兵大加懲創，又株連了許多無辜。同時，他和曹克忠發生意見，曹克忠因此引退。劉蓉在陝，起先剿太平軍等，也很是得手，後來西捻蜂擁而至，灞橋一戰，劉蓉指揮的部隊差不多全軍覆沒。楊岳斌自己辦不了，請招湘軍大將鮑超，可是鮑超已有在中原剿捻的使命，不能西來。只有曾國藩派了劉松山（字壽卿，湖南湘鄉人）帶了一批湘軍西上，協助他的兒女親家劉蓉支持危局。這一批軍隊和文襄公後來規復西北最有關係，留待以後再說。

現在放過陝甘，再看看新疆怎樣呢？烏魯木齊都統平瑞、提督業布沖額、喀什噶爾辦事大臣奎英、庫車辦事大臣薩淩阿、阿克蘇辦事大臣富珠哩、葉爾羌幫辦大臣武臣布、英吉沙爾領隊大臣文藝等，都在變亂中殉職。伊犁連死了兩個將軍，常清（滿洲鑲藍旗人）和明緒（滿洲鑲黃旗人）；塔爾巴哈台連死了兩個參贊大臣，錫霖（滿洲正藍旗人）和武隆阿（滿洲正藍旗人）。可說已成群龍無首之局。清政府的佈置：派了榮全（字潤庭，滿洲正黃旗人）做伊犁將軍，就是上邊所說的成祿做烏魯木齊提督，德興阿做塔爾巴哈台參贊大臣，庫克吉泰（字仁庵）以西安將軍督辦新疆北路軍務，德興阿幫辦。可是肅州淪陷，河西一路盡是荊棘，要不是打開一條路，怎樣能出嘉峪關呢，只好無形放棄了。況且給與庫克吉泰的使命，分明只是督辦新疆北路的軍務；那麼，對於南路，分明更是有心放棄的了。

（丁）最後由左公來收拾

正在西北緊張之時，僧格林沁剿捻軍陣亡，於是清政府調曾國藩北上剿捻。不久，文襄公也奉調陝甘總督，挽回西北危局。曾國荃奉調湖北巡撫，擔當中原的一面。又不久，曾國荃參去了湖廣總督官文，李鴻章調補遺缺；未到任以前，由他哥哥李瀚章（字筱荃）代理。原來，清政府是不輕易把軍權放在漢人手中的。太平軍興，最初督師的，像賽尚阿、烏蘭泰、勝保等都是滿人或漢蒙旗人。因為他們辦不了，才重用了曾國藩兄弟、李鴻章兄弟、胡林翼和文襄公一輩人。這是說江南方面。至於江北方面，也是這樣，就像前面所說，剿捻的中心是僧格林沁；剿太平軍的中心是官文；剿回的中心是多隆阿等。現在僧格林沁死了，官文撤了，於是湘軍和淮軍首領全部在江北登台。官文本是一個庸才，文襄公叫他做“媪相”。官文常恨文襄公在湖南巡撫幕府辦公事，不給他面子，一次為了樊燮案子，就想傾陷文襄公，已在前面表過。這時，官文既罷職，清政府便命把官文所帶欽差大臣關防交與文襄公。胡林翼當初曾對文襄公說：吾輩也要做些事業出來，使他們滿洲人知道吾們漢人不全是不中用的。於今胡林翼的話兌現了。文襄公旌旗所指，從西南的長沙，直到東南的嘉應州；更從東南的嘉應州，直到西北的喀什噶爾。而文襄公在西北的一番建樹，尤為偉大，所以曾國藩表示十分敬佩，以為不但他自己辦不到，就是起胡林翼於九原也趕不上。文襄公曾說：一個人受了人家知遇，而做出來的事，不能滿足這人的期望，這是最為負心。像文襄公的這一番建樹，可說無負於心吧！

三

怎樣經營西北

（甲）一番抱負

同治五年（1866）九月，文襄公忽由閩浙總督調任陝甘總督。其時，文襄公正在福州省城，興高采烈地提出他比蘇聯要早半世紀的“五年計劃”，便是創辦福建船政局，在五年之中，自造兵輪十六艘。進一步，還想鑄造西洋新式大炮。一面，整理台灣軍政、財政和民政，加固東南沿海各省的屏藩。原來吾國自從鴉片戰爭受了英法等國侵略的痛苦，認為當務之急只有怎樣來應付西洋的敵人。於是文襄公也要負起責任，整頓東南的海防。怎料到現在卻要他換一個方向，到陝甘去，平定變亂，負起整頓西北塞防的重任呢？

我在前面已經說到當時陝甘局勢怎樣嚴重。先是陝甘的幾位滿洲大員弄得沒有辦法，以後調來了兩位湘軍領袖，也沒有辦法，最後才找到文襄公。這樣一副千斤重擔，實在是不容易挑的。但是文襄公奉到命令，就毫不遲疑，毫不推託，忍勞忍怨地幹去。文襄公在同治九年（1870）閏七月，金積堡戰事正當十分緊張時，對家人說：

> 西事敗壞至極，我以一身承其敝，任其難，萬無退避之理，盡其心力所能到者為之。近時頗多不諒者，然直道自在人心，聽之而已。（《家書》下卷二十六頁）

這是何等有擔當！到十二月，攻下金積堡，他的西征使命告一小段落時，又嘘着一口氣，對家人說：

我移督陝甘，有代為憂者，有快心者，有料其必了此事者，有怪其遲久無功者，我概不介意。天下事總要人幹。國家不可無陝甘，陝甘不可無總督。一介書生，數年任兼圻，豈可避難就易哉！（《家書》下卷二十七頁）

這又是何等有抱負！

這樣，陝甘大局平定，文襄公再來解決新疆問題，完固了西北整個的塞防。那時，俄羅斯佔領伊犁，英國護持安集延。新疆的局勢，牽涉外交，這是當日朝野人士為西洋各國威力所脅，認為最頭痛的。然而文襄公對清政府說：

臣本一介書生，辱蒙兩朝殊恩，高位顯爵，出自逾格鴻慈，久為平生夢想所不到。豈思立功邊域，覬望恩施？況臣年已六十有五，正苦日暮途長。乃不自忖度，妄引邊荒艱巨為己任。雖至愚極陋，亦不出此。而事顧有萬不容已者：伊犁為俄人所踞，喀什噶爾各城為安集延所踞，事平後，應如何佈置，尚待綢繆。若此時即便置之不問，似後患環生，不免日蹙百里。區區愚忱，竊有不敢不盡者。（《奏稿》四十八卷三十五頁）

又對兒子說：

我年已衰暮，久懷歸志。特以西事大有關係，遽爾抽身，於心未盡，於義未安。（《家書》下卷五十四頁）

這又是何等有擔當！可是事情並不這樣簡單。清政府並不要文襄公來收回新疆。像應付陝甘變局一般，到了沒奈何，才來找到文襄公。這些曲折，留待以後再說，先看看文襄公對於新疆的前途，更有怎樣的抱負。

文襄公在二十二歲上進京會試出闈後，把平日對於時局的觀念，吟成《癸巳燕台雜感》八首，就中第三首說："西域環兵不計年，當時立國重開邊。橐駝萬里輸官稻，砂磧千秋此石田。置省尚煩他日策，興屯寧費度支錢。將軍莫更紓愁眼，生計中原亦可憐。"(《詩集》二頁) 吾們在第三、四句中，可見文襄公在當時早早了解西北運輸和給養的困難。在第五、六句中，可見文襄公在當時早早意識到新疆該建行省，該興屯墾。後來，在二十七歲上，文襄公又很細心研究有關西域的圖書，更可見文襄公對於新疆一切情形，也早有深切的印象。這一首詩，並不是無病而呻，正是有所見而云然。這就是文襄公的抱負。

大家爭着研究新疆史地，原是嘉慶和道光年間一種風氣。其主因由於清代學者最歡喜考據。可是所以大家歡喜研究新疆的史地，則有三種不同的動機：一種是為閱讀《漢書·地理誌》《西域傳》和《元史》，便要研究到新疆的史地。一種是為乾隆年間平定準噶爾部和回部，事先計劃用兵，事後計劃施政，便要研究到新疆的史地。還有一種是自從準回兩部收入版圖，就有官吏被派前往，也有官吏被謫前往，而在這般官吏中，儘有長於學問的人，對當前聞見，欲有所寫作，也便要研究到新疆的史地。由於這種研究，隨後便有關於新疆史地的著述陸續產生。開其端的，要推洪亮吉（字稚存，江蘇陽湖人）的《伊犁日記》和《天山客話》。最有價值的，要推祁韻士（字諧庭，山西壽陽人）的《西陲總統事略》《西域釋地》《西陲要略》；徐松（字星伯，直隸大興人）的《西域水道記》和《漢書西域傳補注》；松筠（字湘浦，蒙古正藍旗人）的《新疆識略》—— 事實上也是徐松主編。文襄公早年也曾和徐松在北京認識，徐松還把他有關新疆的著作送給文襄公。再像前面所說文襄公的師友，林則徐是到過伊犁的，著有《荷戈記程》，他還預言俄羅斯是當時中國最可能的敵人；魏源是研究《元史》的，著有《聖武記》一書，在這書中，記着康熙、雍正、乾隆和道光四朝用兵準部、回部和甘肅的方略，他還主張新疆設置郡縣。同時，有一位文豪龔自珍（字璱人，號定盦，浙江仁和人），對於西北史地，也研究很精；並且對於改革當日政事，有着偉大的懷抱。他曾寫成一篇《西域置行省議》，對於區劃郡縣、實施富教、改良屯田和革新財政，都有具體的計劃。這時，宣宗皇帝正要整頓新疆，卻反對普置官吏。所以龔自珍的主張，也是大膽的議論。他在《己亥雜詩》中說："文章合有老波瀾，莫作鄱陽夾漈看。五十年中言定驗，蒼茫六合一微官。"便是自信他的主張必會實現，而又自恨官卑位微，這一番抱負沒法由自己來實現。文襄公對於龔自珍所擬郡縣的建置，不很贊同；對於他所提建省的原則，卻很欽佩。龔自珍的抱負，於是也可說就是文襄公的抱負，由文襄公來實現。龔自珍"五十年中言定驗"的預測，不為無見。然而文襄公後來在給他女婿陶桄（字小雲，湖南安化人）的信中說：

“五十年間志願，到今尚行之不盡。”(《書牘》二十四卷十八頁）這是文襄公也自恨他的抱負沒有完全實現了。

吾們對於當時研究新疆史地的人們，又可分做兩種：一種是為學術興趣而研究的，又一種是為經世致用而研究的。文襄公則屬於後一種。可惜這一部分研究工作，到了咸豐和同治以後，慢慢衰落。這是因為新疆一隅之地，變遷太多，記載不詳，加以人名、地名、官名有蒙古語，有準噶爾語，有回回語，有滿洲語，很是複雜，譯成漢文，又是參差不一。考索整理，不免多勞而少味。最奇怪的，就在咸、同以後，外國人士卻常歡喜到吾國西北邊疆，調查研究。毗鄰的俄羅斯人，“近水樓台先得月”，常在甘、新一帶來往，果然不必說；其餘各國，也都爭着先鞭，惟恐落後。最著名的，便是英國的斯坦因、法國的伯希和、瑞典的斯文海定、德國的勒柯克，而日本的橘瑞超也居然佔得一席地。他們為的學術興趣呢？還是為的他們的經世致用呢？吾們在學術上雖一時不更能發輝光大，而在經世上還有文襄公在新疆的一番成就，這也是足以自豪的。大凡一種學問的研究，風氣一經鼓動，常能產生一種事業。所以我們可說：因有嘉、道間研究新疆史地的風氣的鼓動，於是有文襄公在新疆的一番建樹。最近幾年，研究西北邊疆的空氣又很濃厚；在不久的將來，必更有和文襄公懷有同樣抱負的偉人，在西北有一番偉大的建設，這也是可以預測的。

文襄公中式湖南本省鄉試舉人時，有一篇《選士厲兵簡練俊傑專任有功》的八股文，最為主考所賞識，曾經進呈宣宗皇帝御覽。文中最後一段說：

至於膺專閫之奇，受中外之託，則必有緩急可恃之人焉：其在開創之日，披墾草萊，以起皇圖；削平群奸，以襄王事。若此者，可多得哉！德能服眾，位列元戎之上而人不爭，職居親戚之前而尊莫貴，故能總群力群才以赴功名之會，而舉動繫天下之安危。其在中興之時，神州著光復之勛，孤忠可託；宗社有靈長之慶，安不忘危。如此者，有幾人哉！端凝者其度，無故犯之而不驚；神妙者其心，多方感之而悉應。故能立業樹功，以應乾坤之運，而進退每關天下之樂憂。

像文襄公對於當日西北嚴重的局面，始終獨力承當，不因險阻艱難，規避責任，自己便是"孤忠可託"，"緩急可恃之人"吧！雖然，"如此者，有幾人哉！"

（乙）幾點認識

文襄公在西北十多年的事業，包括武功和文治，關係國計和民生。但這種種，都有他理論上的根據，執持着一個未來的目標。所以我在分別詳細報告之前，先把文襄公對於西北認識的幾個要點，約略介紹一下：

西北軍事，文襄公以為："籌餉難於籌兵，籌糧難於籌餉，籌轉運又難於籌糧。"（文襄公像這樣一番言論很多。這一段見《書牘》十卷二十七頁。）文襄公這一番認識，最是重要，該和上面所引詩中橐駝、砂磧一聯相參照。以前西北幾位主兵大員的失敗，就為對於這幾點沒有認識清楚；或雖能認識而沒有解決辦法。文襄公的所以成功，就是為對於這幾點，不但有徹底的認識，還有經過徹底研究而提出的因時、因地的對策。

怎麼說是籌兵之難呢？西北事變初起，陝甘兵力確是不夠。後來各方調撥，又嫌太多。除了本省原有的制兵和臨時招募的勇營外，有湖北軍，有四川軍，有貴州軍，有湖南軍，有安徽軍；又有吉林馬隊、黑龍江馬隊。系統紛歧，指揮不易。且這些軍隊，按編制說，多數並不足額；按素質說，多數沾染軍營惡習，不堪作戰。至於新疆原駐之兵，有錫伯、索倫、達呼爾、察哈爾、蒙古、厄魯特、沙畢納爾及綠營攜眷兵、換防番戍兵之分。及經事變，更是雜亂無章。也有土著編成的團丁，一般的冗雜。而南方的兵又往往不樂意到西北去。所難就在沒有可用的兵。

怎麼說是籌餉之難呢？西北地方，自來貧乏。甘肅和新疆的政費，便在平時，也要靠江蘇、浙江和四川等省接濟。可是這些省份，都新經太平軍的破壞，自己財力也很支絀。對於別省需要，大抵漠不關心，這是人情之常。更大的問題是：經過五年兵事後的西北，物價高漲。依文襄公調查，本來稻米二十餘文一斤，麥麵十餘文一斤，那時，每斤都已在一錢（按：指銀子。定制十錢為一兩，一兩約為銅錢一千文）內外。單是陝甘兩省部隊餉項，每年已缺五百萬兩，而軍裝和軍火等項價款和運費還不在內。所難就在便是有了可用的兵，沒有可支的餉。

怎麼說是籌糧之難呢？原來西北糧食生產，本是不夠。兵燹之後，人民逃亡，田畝荒蕪，生產格外減少。怎樣還能供給大量兵馬的消費？文襄公也主張舉辦屯田，以求自給自足，但不能隨時隨地就有收穫，還得多方採購。文襄公是不贊成只在一兩個地區搜括的。他以為在短時期內，在一地方上採購大批糧食，必致糧價暴漲，影響當地人民生活。並且搜括一空以後，軍隊果然有得吃了，教老百姓怎樣過活？再在西北地方，便是把一兩個縣鎮存糧統通搜括下來，還無濟於事。所難就在便是有了餉，未必有糧可購。

怎麼說是籌轉運又難於籌糧呢？西北為地勢所限，舟楫不通。原是地廣人稀，一經兵禍，喪亡流徙，勞力更為缺乏。不比東南水鄉，人煙稠密，遠距離大量運輸，可靠船舶；短距離少量運輸，可靠挑負。西北的運輸工具，只有車馱。過高的山地又是不便行車的；沙漠是只能行駝的，駝在夏天是要歇廠的。而這些牲口，也為歷年變亂而減少，僱購兩窮。還有些交通線路，必須找有水可喝的地方歇腳。總之，種種的艱阻使運輸量受種種的限制。再則牲口本身就要食料，不能就地取給，須得隨身裝載。這樣，長程搬運，所得實在有限。所難就在便是有了糧，還未必能儘量轉運，儘快轉運。西北的運輸問題，真太嚴重了！照文襄公精密的計算：要花兩石的糧價，才能運到一石的糧。因此，要花一名半的餉，才能養活一名的兵。這還是光就關內說，至於在關外，那要十石的糧價，才能運到一石的糧了。最有趣的：

> 計一駝負糧二百斤，日行一站，越二十站，駝之料，駝夫之糧，已將所負者啖盡，尚有何供軍食乎？（《書牘》十三卷四十三頁）

這就好比如今在長程的公路上，用汽油車運汽油了。更有一點，吾們該記着的：文襄公當日用兵西北，已儘量使用新兵器。這些新兵器有些還從上海向外國採運而來。所以要轉運的，不光是大量的糧食芻秣，還有大量的槍炮藥彈。

在以上一套連環式的理論之下，文襄公更有一個基本的認識：他以為自古在西北邊塞用兵，決不能人數太眾，最好只使用最少的精兵。兵數越少，消費也越少，餉、糧、運都比較容易解決了。

文襄公用兵西北的對象，除新疆的安集延外，可說都是中國一家人。換句話，這是一個內亂。應付內亂的方式，中外古今，不外"剿""撫"兩個字。所以文襄公一到西北，就劈頭聲明：只問是好人還是壞人，不問是漢民還是回民。文襄公把怎樣行動該剿，怎樣情形可撫，定了幾個標準；又把怎樣方可求撫，撫後該怎樣處置，也定了幾個條件。一併宣佈出去，聽對方自己選擇，願受撫，還是願受剿。不過文襄公堅決主張：

> 必我能剿，然後伊肯甘心就撫。必我誠心辦撫，然後伊之就撫亦出誠心。否則我以撫聊示羈縻，伊亦以此故相侮弄。（《奏稿》二十三卷二十一頁）

文襄公又以為：

> 撫之為難，尤甚於剿。剿者，戰勝之後，別無籌畫。撫者，受降之後，更費綢繆。各省受降，惟籌給資遣散，令其各歸原籍而已。陝甘則釁由內作，漢、回皆是土著，散遣無歸，非籌安插之地，給牲畜籽種不可。其未及安插與安插之先，非酌籌口食之資不可。（《奏稿》二十八卷四十八頁）

吾們在文襄公這些議論裏，可以特別指出一點，他實在運用着"攻心"政策。所以文襄公在批答回目李德昌文中：

> 當剿則剿，可撫則撫。説剿就剿，説撫也就撫。明明白白的話，確確實實的事。（《批札》二卷五十四頁）

乾脆爽快，一些不含糊。文襄公是希望"一了百了"，徹底解決的。他反對：在一方呢，先是因為沒有兵力，故一味撫，撫不了，又剿，剿不成，又來撫；在又一方呢，只是以求撫來避剿，以避剿來作惡。大家都不是誠意。這一個區別，就是文襄公的所以成功，而起先幾位主兵大員的所以失敗。其中主要關鍵，還在文襄公握有實力，取得剿撫的主動。

以上兩點，是說文襄公在軍事上的認識。下面再說文襄公在政事上的認識。

現在的陝、甘兩省，就是古昔雍、梁兩州之地（梁州南部，現在屬於四川）。照《書經．禹貢》一篇上說：雍州土色黃，梁州土色黑。按當初大禹所定田地等級：梁州列在下上，雍州列在上上。地方物產，都有“織皮”一種。甚麼叫做織皮呢？便是把獸毛織成的材料。這可見四千多年前的西北，本有肥美的土壤，並且早已發明了毛織物。

現在陝西的邠縣，就是周朝發祥之地的豳國。唐明皇見得“豳”和“幽”易於錯認，才改了“邠”。照《詩經．豳風．七月》一篇上說：黃鸝鳴而育蠶治絲，伯勞鳴而積麻為布。這些絲，這些麻，還染成黑色，染成黃色。這可見二千多年前的西北，已有蠶桑、麻枲和染色，並且早已發明了絲織物和毛織物。在《豳風．七月》一篇詩上，又有兩句說：“無衣無褐，何以卒歲？”“褐”是甚麼東西呢？便是把獸毛織成的布，大概就像如今的褐子。或許也就是《禹貢》上所說的“織皮”，這又可見三四千年以前的西北，也早已發明把褐子做衣。

我依文襄公的說法，引這三個古典，便是要指出中國文化，原是發生於西北。那時的東南，卻還是洪荒世界，沒有開發。然而開化最早的西北，後來怎樣呢？文襄公在給那時做陝西巡撫的譚鍾麟（字文卿，湖南茶陵人）信上，喟然歎息道：

> 蓋自周初王跡以次東指，二千餘年不霑聖化，隴右淪於戎狄，遂致別為風氣耳。崔實《五原記事》謂：“窮民自土穴出，下體不蔽。”今甘（今張掖縣）、涼一帶及笄之

女，且無襦褌，猶如昔時。吁，可駭也！大抵官如傳舍，得地不能得人，無以久遠之計存於胸臆者。因循相繼，遂至此極。（《書牘》十三卷五頁）

在又一封給朋友的信上說：

周文武以來，王跡日趨日東，遂視西極為荒裔禽獸之居，數千年未霑聖人之化。然蚩蚩者何非人類，可鄙夷之耶！度隴以後，漸思效法古治，度可為者，見諸措施。（《書牘》十三卷四十五頁）

文襄公認識西北是中國文化的發源地，認識西北文化之衰落由於政治不良。文襄公決心要刷新西北政治，復興西北文化。他常回想《豳風》的詩句，要推廣西北蠶桑事業；他又常回想《禹貢》上織皮的貢物，進一步要用機器來織呢。你道崔實是甚麼樣的人呢？他是漢桓帝時的五原太守。五原就在如今寧夏的鹽池地方。他因為對着婦女沒有褲穿，目擊而心傷，便教民紡績。文襄公也曾為此在西北倡導植棉織布。然而吾們都知道現在甘肅有些地方，還有十多歲的大姑娘沒有褲穿。這是甚麼現象啊！這是甚麼一個緣故呢？

新疆事變發生，很有人以其地處僻遠，師行困難，加上內地新經十多年的用兵，元氣大傷，籌款不易，又加上英俄兩國聲勢洶洶，難於應付，多想暫以度外置之。文襄公銳敏的眼光，獨以為：

欲杜俄人狡謀，必先定回部；欲收伊犁，必先克烏魯木齊。

蓋不得烏魯木齊，無駐軍之所，不僅陝甘之憂，即燕、晉、內外蒙古將無息兵之日。

是故：

重新疆者，所以保蒙古。保蒙古者，所以衛京師。西北臂指相聯，形勢完整，自無隙可乘。若新疆不固，則蒙部不安；非特陝、甘、山西各邊時慮侵軼，防不勝防，即直北關山亦將無晏眠之日。而況今之與昔，事勢有殊：俄人拓境日廣，由西而東萬餘里，與我北境相連，僅中段有蒙部為之遮閡。徙薪宜遠，曲突宜先，尤不可不預為綢繆者也。（《奏稿》五十卷七十五頁）

文襄公又以為：

烏魯木齊各城縱克，重兵巨餉，費將安出？康熙、雍正兩朝為之旰食者，準部也。乾隆中，準部既克，續平回部，始於各城分設軍府，然後九邊靖謐者百數十年，是則拓邊境腴疆以養兵之成效也。（《奏稿》四十八卷三十五頁）

綜括文襄公對於新疆的認識，就有兩點：一是以維持新疆的安全，鞏固中國西北各地區；二是以運用新疆南路的富源來保養北路，但文襄公還有一個卓越的認識，就是：向時新疆的設施，治軍之官多，治民之官少，不足以言開發。這是文襄公以後力主新疆建省的基本論據。

（丙）湘軍的歷史和特色

文襄公來到西北的第一個使命，是平定變亂。執行這一個使命的主力部隊，便是文襄公的楚軍。楚軍的來歷甚麼樣呢？楚軍的編制甚麼樣呢？楚軍成功的要素在哪裏呢？下面的報告，可供給一個概念。

同治中興，湖南省的一批勇丁，在當日官文書上，多叫做“楚軍”；在後世史家，又多叫做“湘軍”。實在從湖南各部隊本身看來，其中大有派別，不能一概而論。湖南勇丁自己所說湘軍，是指湘鄉一縣人所編，好比平江一縣人所編，叫做平江勇；寶慶一府人所編，叫做寶勇；辰州一府人所編，叫做辰勇。都是把郡縣的名稱，來稱呼一個部隊。至於史家所稱的湘軍，則是把湖南省簡稱的“湘”字來概括所有湖南各郡縣的勇丁。而像官文書上所稱的楚軍，又是把湖南省另外一個簡稱的“楚”字來概括所有湖南各郡縣的勇丁，而這個“楚”字有時更代表湖北。若在湖南勇丁眼光中的楚軍，該只限於文襄公所募練的一批勇丁。文襄公當日，自以為他的勇丁籍貫，不限於湘鄉一縣，所以叫做楚軍。換句話，這個楚軍，不就是官文書上所說的楚軍；而史家所說湘軍，卻包括這個楚軍在內。這一個界限，是該弄清的。便是就湘鄉一縣的勇丁說，也不光是一個系統。通常只知道曾國藩所指揮的是湘軍，實在還有王鑫的一枝，蔣益澧的一枝。王鑫的一枝，是組織最早的湘軍。同時，還有羅澤南（字羅山，湖南湘鄉人）的一枝。太平軍起，曾國藩奉命治軍，這兩枝同歸指揮。後因王鑫和曾國藩意見不合，王鑫的一枝湘軍便和曾國藩分家，直接歸湖南巡撫駱秉章指揮，實在就歸文襄公指揮。王鑫死後，所部才又歸曾國藩調度，這叫做“老湘軍”。蔣益澧原在羅澤南部下，羅澤南死後，蔣益澧和接統羅澤南部隊的人不合，脫離而去，由駱秉章命他另編一枝湘軍，協助廣西剿匪，實在也就歸文襄公指揮。所以文襄公最初募練楚軍五千人，其中約有四分之一，原是王鑫舊部；名為楚軍，起先仍另照老湘軍編制 —— 單位稱旗，每旗三百六十名。至於王鑫死後再歸曾國藩節制的老湘軍呢，又分成兩部分，其中一部分，正是後來劉松山所統帶，被曾國藩派援陝西，以後也就歸了文襄公指揮。劉松山陣亡，由他姪子劉錦棠接統。這樣，王鑫的老湘軍，無形中有大部分歸了文襄公。蔣益澧一枝，先由文襄公調往浙江、福建和廣東，協征太平軍，立下大功。文襄公到西北，又調其中高連陞（字果臣，湖南寧鄉人）一部分隨征。所以文襄公在西北的主力部隊，骨子裏還是湘軍，特別是老湘軍。這些湘軍，後來也都改照楚軍編制。吾們須知，湖南的勇丁，派別很嚴，甲所募練，不容易由乙來管理。文襄公西征時，指揮部隊，比較複雜，這種情形，也稍減少其嚴重性。不過文襄公的所以能運用這兩枝湘軍，還全為原是他在湖南巡撫幕府中所實際指揮；特別是為文襄公和王鑫深厚的友誼，以後文襄公第四子又娶了王鑫的女兒。因此，吾們可以明白，文襄公在軍隊中的淵源，和他對於師友的淵源，一般的和曾國藩不同，自成一個系統。

楚軍和湘軍、淮軍派系雖各別，辦法則大同小異。原來清代的軍制，只有兩種：一種是旗營，滿洲人（包括漢軍旗和蒙古旗）組織的；一種是綠營，漢人組織的——就明代的軍隊改編，因旗章尚綠，故叫綠營，這是經常的軍隊，叫做制兵。楚軍和湘、淮軍是臨時招募，任務達成，就該遣散，叫做勇營。所以他們各有一種制度，並不劃一。不過這些制度，有幾個一致的要求，都是為糾正制兵的缺點而特別規定的。因為我現在說文襄公，所以也只說楚軍。第一，制兵是駐定在一個地點的，只有兵官常照一定的規例在調來調去。遇到出征動員，就在這一地方抽一枝，那一地方抽一枝，聯合起來，再派一位兵官去統帶。結果：兵和兵不相熟，將和兵也不相識，不能合作，不便指揮。所以楚軍的辦法：先由統領自己去找營官，營官自己去找哨官，哨官自己去找什長。然後由什長按照規定條件，在某一地區，自己去找勇丁。於是這些勇丁常是同鄉，或許還是親戚，大家肯彼此照應。既是某人找來，也就看做主人一般，肯聽吩咐。心志齊一，利害相共。反過來，那位統領或營官死了或走了，這個勇營，只好解散。要不是和這個勇營有相當淵源，沒法接管。說到這裏，我想插幾句閒話：楚軍這種慣例，雖是由於兵官自己找勇的原則，用意在糾正制兵缺點，或許還是適合於湖南人一般的國民性和心理。不過任何制度，有利必有弊。從前的制兵，還是兵為國有；如今的勇營，變成兵為將有。以後的將心術不正，擁兵自重，以兵劫財，以財豢兵，軍閥政治就此產生。第二、制兵的動員要在經過地方，向老百姓捉差拉夫。結果：攪得雞犬不寧，喪失社會的同情。楚軍以積極的衛民，消極的不擾民為原則。自僱長夫，步隊一營勇丁五百人，就可有長夫二百名之多。馬隊一營勇丁二百五十人，馬二百五十匹，也可有長夫五十名。每遇動員，所有闔營東西，都歸長夫搬運。這些長夫，也歸什長等自己去找，所以也就像家裏當差的一般。至於一路所需米、鹽、柴草，預先關照經過地方官吏，代為買辦，價款和運費，由營中隨時隨地照付。不許勇夫直接和商民交易，免釀糾葛。在西北轉運，需用車馱，一部分也由營中自己購僱。購僱無着，託地方官代辦，由營給价。第三、制兵待遇太薄，例如步隊戰兵月餉只有一兩五錢，守兵只有一兩，另外各月給米三斗。不肖的兵官當然還要克扣。真不夠維持一人生活，莫說一家。不能不做些生意，補充收入。結果：平日訓練較差，上陣沒有鬥志。楚軍規定：步隊勇丁，每名每月給餉四兩二錢銀子。長夫也有三兩銀子。管一排十二人的什長，每月四兩八錢銀子。管九排一百零八人的哨官，每月十二兩銀子。這在當時，確是很優厚的待遇，希望他們除了自己過活，還可養家。至於營官每月薪水五十兩，另加辦公費一百五十兩，希望他們除去開銷，還有盈餘，不必再剝削部下。

楚軍的軍紀是謹嚴的。文襄公開始募練楚軍，便嚴切聲明“五禁”。現在看文襄公在西北更定的《楚軍營制》，有“行軍必禁”一則：

凡犯奸擄燒殺者，查明即行斬示，決無寬貸。即打牌、聚賭、吹煙、酗酒、行凶、宿娼、私出營盤、聚眾盟誓、妄造謠言揭貼之類，詐索民財、封擄民船、強買民貨，皆當嚴禁。軍中兵勇、長夫，衣服只許穿青藍兩色，不許結拜哥、弟等會，並不准辮搭紅線。如有犯禁，查實定行分別嚴懲。

這裏所說哥、弟等會，哥指哥老會，弟指添弟會，原是天地會，因為會名天地，顯有野心，當初臣下不敢明白向皇帝報告，硬給他改做不通的添弟會。這些幫會以後不幸滲入文襄公西征軍中，是當初很嚴重的問題。不過在楚軍中的，是哥老會，不是添弟會，下面再詳細報告。

總之，楚軍風紀，除維持士兵生活的紀律外，文襄公特別注意不許欺侮老百姓。現在更把《楚軍營制》所規定，摘抄幾條：

凡吾勇夫人眾，務宜體恤百姓。概不准搬民家門片板料，不准拿民家桌椅、衣服、小菜、桶碗等項。倘有不遵，仰營官隨時查辦。（《體恤百姓》）

營中買備一切食物等件，必須按照市價，平買平賣。賣者固不得高抬時價，買者亦不得短价勒買。如各勇夫以及買辦倘有短少價值，勒令強買，以致滋生事端者，查明虛實輕重，分別懲辦。（《買賣務宜公平》）

長夫人等不得在外砍柴。但屋邊、廟邊、祠堂邊、墳邊、園內竹木以及果木樹，概不准砍。並不准封擄民

船裝載，拆毀民房作柴。倘有不遵，一經查出，重者即行正法，輕者從重懲辦。並仰營官、哨官隨時訪查，隨時教戒。(《教長夫》)

馬夫宜看守馬匹，切不可踐食百姓生芽。如踐食百姓生芽，無論何營人見，即將馬匹牽至該營稟報。該管營官即將馬夫口糧錢文拿出四百，立賞送馬之人。再查明踐食若干，值錢若干，亦拿馬夫之錢賠償。如下次再犯，將馬夫重責二百，加倍處罰。營官亦宜隨時告戒，不徒馬夫有過也。(《教馬夫》)

這些都是就勇夫平常最易犯的過失，反復叮嚀。看似太瑣屑，可是吾國老百姓慾望本低，他們平凡的要求，不過如此。倘能一一做到，已是節制之師，使老百姓受無窮之惠。但是這裏有一個前提，定要運輸和給養有辦法。兵勇也是老百姓，如果有得吃，決不強賒硬買；如果有柴燒，決不白白把人家樹木砍掉，桌椅門窗拆掉；如果有人幫搬東西，也決不硬把人家舟車驢馬捉去。不然，飯是總要吃的，米麵必要柴燒的，軍裝是不能不搬的；營中不能給勇丁整個解決，他們只好自己來各個解決。事實所迫，絕對不是空話可以禁止。所以文襄公在平定陝甘後，對於清政府，有一個由得他誇口的報告：

綜計師行八省，以至關隴全境，無論經過何地，所需軍食、軍用夫馬一切，均自行備辦覓僱，概照民价發給，

未嘗以絲毫供支，累及地方；亦不准各省地方官藉口支應兵差，為開銷張本。（《奏稿》四十四卷六十八頁）

從來軍營有一通病，是“吃空”。在楚軍是絕對不許的。文襄公規定：每營要造勇丁名冊三份，分存本營營官、統領和做大帥的文襄公處。幫辦每夜點名一次；營官每月點名三次；統領每月親自點名一次；文襄公也隨時點驗。點驗如有不足，怎麼辦呢？對於丁太洋的處置，就是一個例。丁太洋帶勇一營，隨文襄公西征。一天，文襄公查得他缺額達一百九十多名。實在那個月的餉沒有領到，丁太洋未及侵蝕，不過丁太洋是分明準備吃空。文襄公親自調操驗明，便把丁太洋軍前正法，毫不容情。吾們不是在前邊說過，西北原有各部隊多數不足額麼？後來，文襄公也毫不客氣，都要他們按實歸併營頭。文襄公堅決主張：

一營短一哨，即撤去一哨。一哨短十名，即撤去一棚。如各營皆有短缺，即併兩營為一營。隨時稟報，庶無冒銷之弊。而打仗派隊，亦較便當。營哨勇夫亦無異言。（《批札》一卷四十八頁）

文襄公自以為是老農出身，對於農事很有經驗。實在文襄公對於農事，確有濃厚的興趣，而楚軍勇夫又都是鄉農。所以文襄公遇他們在某一個地方駐防時，便常教他們就路旁、河邊、屋角種樹種菜。如有片段的沒有耕種的田地，還種莊稼。文襄公治軍治政之餘，常參觀他們工作，和他們閒話桑麻，暢敍鄉親。文襄公在陝甘總督衙門，也常自己灌園種菜。他更歡喜把家鄉蔬菜種子在西北試種，如今有種菜蔬，原是西北沒有而從文襄公傳入，可續“諸葛菜”的嘉話。勇夫們種的菜蔬和莊稼，成熟時，由營中作價收買，供營中饈食，價款就分給種田的勇夫。文襄公倡導這件事，不光是滿足他的興趣，歸納他的言論，還有四種旨趣：一使勇夫沒有空閒的時候，免得因為無事可做，以致為非作惡；二使勇夫從這種勞作，鍛煉身體；三使勇夫有些額外收入，補助生計；四使勇夫飯菜可以就地取給，省得在外邊購運。文襄公凡遇地方公共工程，象開河、築路、造橋、修城，也常派勇夫去做。如今的蘭州城，在文襄公手中，經過一次大修，便是楚軍的成績。這樣，文襄公在西北的建設，有一部分就是運用勇夫的勞力而成。文襄公部下，魏光燾一枝兵，可說最善於築路；王德榜（字朗青，湖南江華人）一枝兵，可說最善於開河。文襄公這種主張，這種精神，由於他以身作則，也由於他不斷的鼓勵，終於貫澈到他直系各部隊，成為楚軍獨特的一種風氣。

湖南人應募勇丁，常想過幾時回家一次。文襄公督師，也常過幾時把所部舊勇遣撤，換募新勇。其用意：一是防免舊勇暮氣隳壞軍聲，二是使他們各自回去有室家之好。正是一方面迎合了對方的心理，一方面保持了自己的士氣，一舉兩得。這也是楚軍特色，值得附帶一提。

（丁）用兵謹慎

諸葛亮用兵，一生謹慎。或以為太過謹慎，所以成功不大。自比諸葛亮的文襄公，也始終主張和徹底實行一個“慎”字。大家看到文襄公的雄才大略，或許要料想其人是粗心浮氣的麼？實則大大不然，文襄公用兵，非常精細，非常謹慎。他最注意後路，必要防護得十分周密穩妥，使得敵人沒法抄襲，才肯前進。他又最注意前路，逢到出發，或向敵人追擊，特別需要穿越山林深密地帶，必要搜索得絕對沒有敵人埋伏攔截，才肯前進。他又極注意認真偵探，對於敵人一舉一動，都要透澈和準確的明了，不許絲毫放鬆。他又極注意當前的敵將，先要察看他的性情，料度他的力量，認識清楚，再和他開仗。這些在《楚軍營制》中都有條規，解釋明白。文襄公常把“慎”字教戒將領。在每一個作戰快要完成時，必更提醒前敵將領要“慎之又慎”。這些語句在文襄公函牘批札中，常可見到。他報告軍情，在奏摺中，也常說“當慎以圖之”，或說“惟有慎以圖之”。他對於糧料和轉運，向來十分把細。因為像上面所說，在西北格外困難，他也格外操心。有多少兵，歷多少時，要吃多少糧？用多少車，行多少站，可運多少糧？他都要計算十分準確，準備十分充足。至軍隊在行進時的給養，文襄公不但要求後路能有接濟，還要求前途就得補充。文襄公的打算，總是多方面的。文襄公每次用兵，必要把許多有關係的問題，逐一考慮解決，然後發動，所以他常說“耽遲不耽錯”。他寧可事前做得穩當，以後幹得快當，所以又常說“以速補遲”。大概在文襄公沒有部署完成以前，決不輕舉妄動，這像河州之役和出關之師，就是清政府催促責備，他也不理會，決不遷就。這就是：“將在外，君命有所不受。”但文襄公用兵又是十分靈活，並不呆板。他遇到一個時機，就用十分敏捷的手段來迎合這時機，利用這時機。這也並不是行險徼幸，實在為是他的一切籌劃佈置，已到真正周密的境界，所以隨時隨地可以神明變化。不然，文襄公認為兵凶戰危，絕對不允許投機取巧的。

文襄公不但對於軍機十分謹慎，便是對於軍書也十分謹慎。下面是文襄公給一位統領的批文：

> 軍報重件，應如何細心檢校，以免疏虞。康熙朝，征剿吳逆，軍書中“陸方”誤書“陸廣”，幾覆三軍，豈不聞乎？本爵大臣遇緊要機秘文書，均係親手裁答。即軍吏鈔寫之件，亦無不過目核對，然後發行，慎之又慎如此。該道等於上行文書地名關係緊要之件，竟輕率如此，可乎？清書江蓋臣無足責，統帶三員因稟牘中有訛脫語句，遽予記過。無知者必議本爵大臣好苛細，故姑置勿議可也。慎之一字，戰之本也。諸君其勉之又勉！毋以逆耳置之。（《批札》三卷一頁）

“慎之一字，戰之本也”，或許便可代表文襄公的軍事學說吧！

文襄公這種用兵謹慎，便產生一個特異的成績。當時許多將帥收復了一個失地，往往不久又失掉。這樣，敵寇一去一來，兵勇一來一去，要使老百姓多受多少痛苦。即如在西北變局中，平涼、固原和狄道等城，就曾再三得失。文襄公則不然，除非沒有收復失地，既已收復，決不再會失掉。所以文襄公每收復一失地，馬上辦理善後，地方秩序得以早早恢復，人民便能安居樂業。

（戊）御下恩勤

吾國歷史上稱許一位名將，常說他能和士卒同甘苦。文襄公也有這個風度。文襄公行軍，從不住公館。他在營帳中，和士兵過一般的生活。他常穿着一件布袍，據着一張白木板桌，儘管外邊大風、大雨、大雪，他儘管在黯淡的光線下，料理他的軍書。有時踱出營帳，見着勇丁在吃飯，就和他們一塊兒吃，隨便談笑。進攻河州時，文襄公駐紮在安定。蘭州道蔣凝學（字之純，湖南湘鄉人）——文襄公的本省同鄉——見他年紀已六十一歲，該好生保養，勸他到蘭州，住總督衙門。文襄公在批文中說：

> 該道稟請移節省垣，自是體念衰軀之意。惟念前敵諸軍冒雪履冰，袒臂鏖戰，本爵大臣運籌中閫，斗帳雖寒，猶愈於士卒之苦也。所請應作罷論。（《批札》四卷三十六頁）

以後兩次到肅州，最後到哈密督師，雖在風沙、冰雪、炎荒三種世界，依舊住在營帳。經過地方官吏堅勸進住公館，他總不聽。文襄公最寵愛的大兒子到安定省視，也教他同住營帳。帳棚有風吹入，這位公子受寒致病，不敢對老子說。以後回家，因這病根，就此不起。文襄公察得細情，只好徒揮老淚。我在上邊不是說過楚軍餉項很好嗎？可是因為餉源不旺，常要拖欠幾個月，只發些柴、米、鹽、菜過日。在這種艱苦狀況下，全靠文襄公清廉的信用來維繫軍心。文襄公家中來信要錢用，他常要嘮叨，說是軍中已好久不發餉，怎好多寄錢回家。文襄公部下知道他真是沒有錢，相信他實在沒有克扣軍餉，所以都能原諒他，甘心和他一同過窮日子。文襄公說：

> 臣之馭軍，別無才能權智，所恃者，誠信不欺，絲毫不苟。不敢以一時愛憎，稍作威福，致失人心。行之既久，湖湘子弟習而安之，雖欠餉積多，尚無異說。（《奏稿》四十七卷四十二頁）

這可說是實話。

同時，文襄公對於勇夫，很加愛護。在《楚軍營制》中有體恤勇夫一條，明白寫着：

> 凡為統領、營官、哨官，總要體恤兵勇、長夫，視如一家之人。如有兵勇、長夫受傷，患病，該管營哨各官以

及什長均宜照護，不得即令出營。如因病重、傷重，危在旦夕，不得已，搬抬出營，尤宜派人服侍湯藥。營官亦宜酌量犒賞。務使病者、傷者不受虧苦。

如遇打仗特別奮勇出力勇丁陣亡或傷重身故，家況蕭條，文襄公常在官家撫恤外，再自己挖腰包，貼補他們的遺族。

至於文襄公對於將領，更有解衣推食的風度。就舉對待劉典的故事，做一個例子。劉典是當文襄公用兵新疆駐紮肅州時，以幫辦甘肅新疆軍務名義，給文襄公坐鎮蘭州的。他在本鄉一家店舖，有一筆小小存款。一天，那店舖倒閉，老幼無以為養。文襄公得知，立命糧台在本人廉俸項下，照數劃出一筆款，作為老人甘旨之需。劉典在蘭州病故，一應身後開銷，都由文襄公負擔，大概用去了他廉俸六千兩銀子。文襄公在陝西時，一位福建屬吏送他燕窩。文襄公說：這是一件珍貴的禮物，他不好受，現在先拿來分給害病的將領，隨後再把價款奉還。文襄公遇將領有病送珍藥，家中不夠開銷送錢，都是常有的事。可惜文襄公個性太強，不好的脾氣常掩沒了他這種誠摯和慷慨的德性。

文襄公自認是“好吏材”，不是“好將材”。但當日情勢逼得他要用九分精力於軍事，至多只能用一分精力於政事。所以我在這裏，對於文襄公怎樣治軍，也多說了幾句。至於文襄公怎樣施政，以後另外報告。

四

用兵陝甘的準備

（甲）軍隊的部署

同治五年（1866）十一月，文襄公因調任陝甘總督，交卸閩浙總督，從福州省城出發，取道江西，十二月到達漢口。保薦劉典幫辦軍務。文襄公在七年前開始募練楚軍，幫他管理營務的有三人，劉典便是其中一人；還有一人則是楊昌濬，十年以後，也到西北，繼劉典而做文襄公的幫辦。文襄公這一次調任的使命，原為辦理陝甘回事。但這時捻軍分成兩股，西捻竄入陝西，所以文襄公的任務，又須剿捻。六年正月，原任陝甘總督楊岳斌急於求去，清政府因命寧夏將軍穆圖善暫署陝甘總督，而授文襄公為欽差大臣，督辦陝甘軍務。文襄公在漢口勾留了一個多月，便督大軍西上。現在把文襄公用兵陝甘，怎樣佈置，先作一個報告，隨後再報告文襄公怎樣平定陝甘。

要把南方軍隊調到西北作戰，大家認為是有問題的。最重要的兩點：受不了寒凍，吃不慣麵飯。還有湖南勇丁歡喜隔幾時歸去一次，若到了西北，千萬里長路迢迢，不知幾時可回得家鄉，這也是人情所不願的。在新疆變亂發生後，清政府曾調鮑超出關，已從江西行到武昌的金口，所部湘軍十八營，因為不樂意西行，差不多全軍逃散。陝西巡撫劉蓉吃了西捻的大敗仗，曾國藩派遣劉松山從南京馳援，部下不肯過江，經劉松山殺了幾人，才得開拔。大概南人不宜西征和不肯西征，當時駱秉章輩都有這種看法。所以文襄公最初很想光是在湖南挑選多少優秀的營官和哨官，到西北後，教他們從陝甘兵勇中，挑練成軍。這計劃後來卻沒有實現。文襄公還是帶了自己的楚軍去，又調了一枝高連陞的湘軍，更有幾枝旁的湖南勇營。這些和劉松山的老湘軍就組成文襄公西征的主力部隊。他們轉戰而西，直到肅州，最遠的，還到喀什噶爾。這可見南人不宜和不肯西征之說，並非一定不易，也要看兵勇的堅忍性和主將的精神感召。像老湘軍出征新疆，雖是冰雪載途，裂膚斷指，還能捱受。並且他們對於老統領劉松山是畏服而又感服的，便是劉松山陣亡後，還常有一種心靈上的感應；對於少統領劉錦棠（字毅齋）也是衷心愛戴的，每當冬夜出防，雖在號寒呼凍之中，一見劉錦棠出巡，不覺歡欣鼓舞，頓如挾纊。後來，劉松山在陝西北山剿平土寇時，請於文襄公允許他，命董福祥（字星五，甘肅固原人）就甘肅土著中募成三營，都照楚軍編制，由董福祥和張俊（字傑三，甘肅固原人）、李雙樑各帶一營，這就是"董字三營"，隨同老湘軍平定甘肅，平定新疆，對於文襄公完成西征使命，實有重大助力。這算是把楚軍辦法來募練西北勇丁的一個例子。又後來，在固原投誠的回民中，編練三營，也照楚軍編制，叫做"旌善營"。

文襄公最初用兵東南，東南是澤國，不很需要馬隊，所以募練很少，上漢口時，也沒有帶。不過文襄公承認在西北作戰，確要馬隊。所以既到漢口，急急編練馬隊。這卻不能用湖南勇丁，原來南人只慣於乘船和駕船，文襄公以為天生不很適宜於做馬兵。因為漢口購戰馬和招馬兵都不易，只編成一部分。文襄公認滿洲人的馬隊最好，所以找到一位旗營馬隊兵官擔任教練。文襄公又以為："以馬力言之，西產不若北產之健；以馬隊言之，西北之人不若東北之雄。"(《奏稿》二十一卷四十三頁）所以更從察哈爾採購戰馬，從吉林獵戶中招募馬兵，所需鞍韂也在吉林置辦。結果卻很使文襄公失望。文襄公原買戰馬三千匹，不料因沿路餵養失宜，陸續病倒或死去，到得陝西，只剩一千餘匹。文襄公原募馬兵二千五百名，不料其中夾雜了不少老弱和吸鴉片的，也有別省人竟不會騎馬的，真正吉林獵戶只有四百多名。文襄公總算辦事老練，他把這兩件事特地奏請清政府飭下察哈爾都統和吉林的阿勒楚喀副都統分別負責辦理。不過，花了十多萬兩銀子，驚動了經過幾十州縣的照料，還落得這樣一個成績。腐敗政治下一切官吏的不負責，實是不可饒恕的一種罪惡，也是古今同樣可以痛恨的事。由於這種和還有別種類似的經驗，文襄公願意一切事都自己來辦。他常說："求人不如求己。"於是文襄公放棄他編練馬隊十營的原計劃，勉強湊成四營。往後又陸續補充了幾營。當文襄公收復西寧後，又命投誠的陝回，照楚軍馬隊編制，募成馬隊五旗，也叫做"旌善"。這一枝馬隊，也很得力。文襄公奉命從哈密進京，還帶了一部分去。

文襄公以為用兵西北，該以馬隊制步隊，更以車隊制馬隊。對於行蹤飄忽的捻，還該多用火器。於是文襄公一面募練馬隊，一面就編組車隊。這個車隊雖有戚繼光等軍事學說為根據，還是文襄公的創作。大致每一車隊包括：伍長一人；勇丁十人，其中六人習洋槍，四人習刀矛；戰車一輛，裝着半節劈山炮一尊；每車用車正一人和車勇四人管理，車勇的責任是：在出隊時，分別推車、挽車、管炮、裝子藥和扎火，在行路時，輪流推車。當時，編成前、中、後十五營，每營有戰車三十八輛。文襄公欣賞他車隊的功用，有過下面一段話：

> 車與炮合，車粗重而炮靈便，可以擊遠。行則成營，止則成陣。雖萬騎縱横，不能撼我。（《批扎》一卷三十七頁）

不過，這種戰車是不是切於實用，總是疑問。胡林翼征太平軍時，曾想造炮車，就怕太笨重，沒有實行。曾國藩剿捻時，曾有人條陳練車營，曾國藩以為駕馿不便，沒有採納。便是文襄公所編這一批車隊，在西上時，確曾用於隨州和棗陽一帶，文襄公說：“賊見即絕叫狂奔，毫不抵拒。”（《家書》下卷二頁）可是文襄公到了陝西，只在最初一度用來拒回於鳳翔，以後再沒有提起車隊一件事。在文襄公西征時更定的《楚軍營制》中，也沒有把車隊列入。我很猜疑，這種車隊，因為事實證明不便運用，所以終於放棄。不然，或許多在過函谷時，遇山水沖失，後來就沒有補充。

有一個必然要問到的題目：文襄公用兵陝甘，究竟用了多少兵？可是這一個問題，因為當時部隊太複雜，變遷太多，單位編制不同，加上記錄不完全，很不容易提供正確的答案。姑且根據可能得到的資料，估測一下。為便利起見，假定把步隊每一營旗都作五百名，四哨作一營；馬隊每一營旗都作二百五十名，兩起作一營計算。

先報告文襄公帶去的和調去的楚軍、湘軍和其他湖南勇營，還有在陝甘照楚軍募練的土著和回人的部隊。這些，在以後都叫做楚軍。文襄公西征，最初在漢口出發時，包括下面一個陣容：

（一）文襄公直轄楚軍：親兵營十哨；先鋒、後勁、新前、新後四營旗；馬隊五起。又恪靖三路十五營：劉端冕（字元尊，湖南寧鄉人）帶前路五營；周紹濂（字蓮池，湖南寧鄉人）帶中路五營；楊和貴帶後路五營。合共一萬一千三百七十五名。

（二）劉典帶楚軍：親軍左右兩營，後營一營。合共一千五百名。

（三）高連陞帶果勇步隊八營，馬隊一營。合共四千二百五十名。

（四）吳士邁（字退庵，湖南巴陵人）帶宗岳軍兩營，合共一千名。士邁是湖南巴陵古文大家、文襄公鄉試同年吳敏樹（字南屏）的族弟。士邁一瓣心香，皈依武穆，故軍名宗岳。

（五）張岳齡（字峙衡，湖南平江人）帶平江營三營，合共一千五百名。劉典原放甘肅按察使，文襄公既保劉典為幫辦，更保張岳齡補了劉典遺缺。

以上約共二萬名，到陝西後，常有增減。其新編練的，就有魏光燾帶楚軍武威五營；簡敬臨（字紹雍，湖南長沙人）

帶楚軍兩營；馬德順（字佑庵，河南洛陽人）帶恪靖奇營馬隊八營；崇志（滿洲正藍旗人）帶吉林馬隊三營；楚軍水師二營——駐防渭河；又劉典加帶五營和吳士邁加帶四營。

同治八年（1869）正月，文襄公對於當時所帶楚軍，有一個概括的統計：步隊五十五營，馬隊十五營。該就是步隊二萬七千五百名，馬隊三千七百五十名，統共馬步三萬一千二百五十名。不過後來又加上續募的楚軍：陳湜帶步隊五營，劉明燈（字簡青，湖南人）帶步隊一營，楊芳桂帶步隊一營；就地募練的，就像上面所說：董字三營、旌善三營和旌善馬隊五旗。同時也有裁汰的。大概楚軍名義下的勇丁，總在四萬名左右。

次報告文襄公西征時原在陝西的部隊：

（一）劉松山帶：老湘軍步隊十三營，馬隊五營；李祥和湘軍二營，這還是羅澤南舊部；張錫鑅（字敬堂，安徽靈壁人）淮軍敬字三營。假定合共九千七百名。

（二）郭寶昌（字善臣）帶卓勝軍步隊十一營，馬隊六營。這是安徽軍，和劉松山同時入陝。假定合共七千名。

（三）黃鼎（字彝封，四川崇慶人）等帶蜀軍約步隊二十營，假定合共一萬名。這還是從劉蓉由川入陝的。

（四）劉厚基（字福堂，湖南耒陽人）帶湘果軍，約共馬步三千名。這也是從劉蓉由川入陝的。

（五）西安將軍庫克吉泰帶馬隊一千三百名。

以上約共三萬一千名。此外還有些零星部隊。大概原在陝西的部隊，總在三萬五千名左右。

再次報告文襄公西征時原在甘肅的部隊。照穆圖善說，共有馬步一百四十營，這是一個籠統含糊的數目，其中可以指出幾枝較有關係的部隊：

（一）穆圖善、雷正綰、陶茂林等所帶鄂軍，就是多隆阿舊部，分駐河州和涇州一帶。

（二）蔣凝學等所帶安營，就是楊岳斌舊部，駐蘭州一帶。

（三）金順（字和甫，滿洲鑲藍旗人）所帶禮字和英字等營，也是多隆阿舊部，駐寧夏。金順本來也是多隆阿部將。

（四）成祿所帶，駐河西一帶。

（五）楊占鰲（字極三，湖南人）等所帶仁字和義字等營，也是楊岳斌舊部，駐甘州一帶。

（六）范銘（字新齋，甘肅皋蘭人）所帶精鋭營，就是河州和狄道的土著，因裹皂巾，所以叫做黑頭勇，駐秦州一帶。

照文襄公估計，穆圖善所說一百四十營，實在不到半數，穆圖善當然很不高興，不過文襄公的估計是準確的。現在就作半數算，大概在三萬五千名左右。

最後，報告陸續調派各部隊：

（一）張曜（字朗齋，直隸大興人）的嵩武軍：步隊十二營，馬隊二營，約共六千五百名。先從文襄公在河南一帶剿西捻，後從關外調攻金積堡。張曜本已積功保到布政使，有一位御史劾他目不識丁，因此改了總兵武職。張曜很生氣，便刻了一個"目不識丁"的圖章，用來鈐閱文書。在寧夏時，還筑了一座"河聲嶽色樓"，讀書吟詩，表示他絕不是一個"目不識丁"的武夫。後來文襄公奏明：張曜文理書法都很好，請仍改文職。於是授任山東巡撫，總算出了一口氣。

（二）宋慶（字祝三，山東蓬萊人）的毅軍：步隊十四營，馬隊二營，約共七千五百名。和張曜同在河南一帶隨文襄公剿西捻。後調駐陝西神木，給文襄公西征大軍北路一枝防守後路。最後協同圍攻肅州。文襄公進攻新疆時，經河南巡撫調駐潼關，拱衛中原。

以上兩軍，都是豫軍，合共一萬四千名。

統共算來，文襄公在陝甘所指揮的部隊，該在十二萬名之譜。但這些部隊，並不是完全用來作戰，而實有許多用來防護運輸路線。如金積堡之役，從平涼，經固原，到靈州，九百餘里間，便連屯三十多營，更番護送軍需。又如蘭州省城北三十里火燒岩到十門間四百七十里，分紮馬步九營，以保秦王川糧源，護運道，並通涼州、甘州、肅州和關外文報之路。

（乙）軍實的籌劃

文襄公自從帶兵入浙，和當時在寧波、紹興一帶的外國志願兵接觸，深深認識了現代兵器的效用，於是楚軍中也發現了洋槍和洋炮。文襄公用兵常避免攻堅，但在金積堡和肅州之役，都是被迫攻堅，也就充分使用洋槍洋炮。所以文襄公西征，軍火的消耗，已達相當巨大的數量。這些軍火，起先都從上海向外國採購。其種類有七響後膛槍、七響後膛炮，還有甚麼別起新名的飛輪開花炮，和採用譯音的叫做義耳炮。像攻肅州所用，有十八磅炮，也有二十四磅炮，在當時，都是很利害的重炮。其中以德國出品為最多。依文襄公的經驗和判斷，他最賞識德國兵器。

文襄公派了一位候補道胡光墉（浙江錢塘人）常駐上海，經辦這事。大概江浙人士都知道杭州和上海各有一家規模很大的國藥舖胡慶餘堂，最初的老闆叫胡雪岩，這就是胡光墉。他還開許多銀號、錢莊、典當，他還做洋商的絲茶生意，積資二千萬兩，一時有"活財神"的雅號。他的任務，實在不光是採運軍火，像文襄公的西征外債，也是胡光墉經手向英商匯豐銀行等借的；文襄公在蘭州辦甘肅織呢總局的機器和技師，在肅州文殊山採金的機器和技師，在平涼開涇河的機器和技師，也都是胡光墉經手向德商泰來洋行接洽辦理的；便是文襄公以前在福州創辦福建船政局，也是胡光墉所獻議，那機器是在法國購進的。胡光墉還做情報工作，常把上海中外各報所載重要消息報告文襄公。

胡光墉是文襄公手下的紅人，賞給頭品頂戴，頂子也紅了。最稀罕的是賞穿黃馬褂。一次，胡光墉託人到甘肅見過文襄公，表示要件黃馬褂穿。這黃馬褂要不是軍功，向來是要皇帝自動特賞的，決沒有臣下指名請求。但是文襄公為了胡光墉的緣故，端整好碰頂子，向清政府試一下；清政府也為了文襄公的緣故，居然答應了。文襄公認胡光墉是"商賈中奇男子"。實在說來，胡光墉的人品，不能給他好評，不過胡光墉幫文襄公西征，確有很大的勞績，不可埋沒。

後來文襄公感覺從上海或向國外採辦軍火，運太難，費太貴。所以在西安和蘭州，都曾辦過製造局，就地生產。詳細情形，留待下回分解。可惜製造軍火原料的鉛、磺，陝、甘都是不產；鐵雖有而不多。照例，四川每年應辦解黑鉛二十萬斤，河南和山西每月應協濟硫磺一萬斤，為數本不多，還常要拖欠半年到一年的數量。楊岳斌曾檢查蘭州軍需局，只剩火藥六兩，你想可憐不可憐。文襄公同時還注意撙節。在《楚軍營制》中，特訂"愛惜洋槍"一條，開首便說："洋槍、洋炮、洋火、洋藥，不獨價值昂貴，購買亦費周章。凡我官勇，務宜愛惜，不可浪費。"以下就指示該怎樣保管，怎樣節省。

軍裝像棚帳、旗幟、號衣等，照楚軍規例，半年一換，起先都在漢口採購。文襄公也因運輸麻煩，就地製造。譬如漢中就有一個軍裝局，兼辦軍米。蘭州、秦州和肅州也各有一個軍裝局。但和製造軍火有同樣情形，就是銅、鉛、鋼、鐵、棕、藤、竹、麻、布、紙、油和漆，都是當地沒有，或雖有而价特昂，人工又不好。很引起文襄公感慨，以為還"不如從遠省購運之費省工良"。

軍糧是從山西、河南、湖北、湖南和四川各省分投採購。有一時期，也從關外採購。大概在陝甘北部的部隊，取給於山西和關外，在陝甘南部的部隊，取給於河南、四川、湖南和湖北。楚軍的給養是：糧食歸大營躉購，按每人每日一升的標準配給，由各營每月在本人薪餉項下按市價算扣。當時的問題是：陝甘糧價奇昂，漲跌牽算，大米每百斤約需四兩銀子；麥、麵、粟米每百斤約需三兩銀子。從千里以外運來，每百斤運費又約需四五兩銀子。楚軍待遇，本是優厚。但一到西北，光算糧食，勇丁月餉四兩二錢銀子，除去糧食扣价，已所餘無幾。長夫月餉三兩，更是只夠吃飯。清政府表示可以加餉。文襄公認為不妥：糧價可以隨時隨地有漲跌，而餉額不便隨時隨地增減。於是文襄公決定不加餉，而只把糧按每百斤三兩銀子扣价。就是說：如市價不到三兩銀子，當然照市價扣；如不止三兩銀子，也照三兩銀子扣。至於馬乾，每匹每天以食麩二斤、料三斤、草十二斤做標準。市价漲時，約共需五兩銀子，而馬勇每名每月口糧連馬乾，只有四兩八錢銀子，也很拮據，所以一併從減扣价。這是文襄公當時的"限價政策"。不足之數，歸大營作正開支，運費也歸大營負擔。但這是特殊情形，照軍需則例是絕對不允許的。

文襄公也就地辦糧。他命令用兵州縣，除去保留老百姓所需數量，每一州縣先動用正款，購存一定數量的糧食，專供出仗部隊經過時的領用。領去多少，就按市價向該部隊收回價款，仍照領去之數，補購足額。萬一該部隊無錢可付，則可取得該部隊印據，開明數量和總價，向布政使劃抵正款，或由布政使另發現款，隨後再由布政使匯報大營在該部隊餉項內扣還，總不使地方官賠累，也不使老百姓捱餓。

說到這裏，吾們可以看一看甘肅各部隊往日的給養怎樣情形呢？

> 每營每日派糧八百斤，以一半折取糧價。兵勇敷衍日食，且猶不足，將領之辦公薪水，則惟務取贏。故勇

> 額日有逃亡，而將領則鮮有乞退者。（《奏稿》三十二卷十一頁）

並且每營人數並不足額，吃空約佔一半。地方官紳，大都不敢主持公道，或許還樂得染指分肥，於是只苦了老百姓。這是文襄公查明的事實。他到了甘肅，對於這種惡習，就逐漸革除。至於文襄公到了河西時的部隊給養情形，待說收復新疆時，一併報告。

文襄公還有籌濟軍食和減省糧運的三個方法：一就是命令駐防部隊盡力種莊稼，儘量叫他們自給，以前已經說過；二就是盡力幫助難民歸農，收買他們的莊稼，以後還要報告；三就是算好何時進攻，收復何地，便在當地採糧，這是文襄公最精密的計劃，回頭也要談到。

如上所說，文襄公的籌劃軍火、軍裝和軍糧，大致可以明白，現在要說到軍費的來源了。

自從太平軍興，制兵不能用，國庫沒有錢，只得聽主兵大員自己募勇，自己籌款。東南幾省到底富庶，雖經兵燹，還有辦法。文襄公在浙江和福建用兵，他的軍費都是自己就地籌給，沒有向清政府要錢。及至調任陝甘總督，陝甘是著名的窮地方，那怎麼辦呢？這是文襄公西征的一大難關。甘省平日軍費，別省本有接濟，叫做協餉，事變發生，更有增加。陝省事變發生後，別省也有協餉。至於各省派出援軍，那餉項有的仍歸本省負擔，有的卻要當地供給。加上文襄公的楚軍，那筆軍費儘夠複雜，便是當時主管省庫的兩省布政使，主管國庫的戶部，都有些弄不清楚。如今要在七十年後重翻舊賬，這賬又不完全，當然格外困難。不過我還想試算一下。我算的都是一年之數，而清代正朔係用陰曆，所以如遇閏年，應再加十二分之一。

第一步，吾們要查明文襄公當日用兵陝甘，每年軍費的概算。這可分做三筆：甘肅原有部隊四百八十萬兩；陝西原有部隊三百萬兩；文襄公所帶楚軍四百六十萬兩，統共一千二百四十萬兩。至於老湘軍、卓勝軍、嵩武軍和毅軍餉項，名義上都歸原在省份負擔，所以劃出不算。文襄公楚軍的一筆概算，還須給他一個分析：餉項二百八十萬兩；軍火和軍裝三十萬兩；運費一百五十萬兩。這裏最可注意的是運費，其中又可分成兩部分：一部分是每天食米七八百石的運費，每年一百二十萬兩；又一部分是軍火和軍裝運費，每年三十萬兩。這就見得西北物資的缺乏和運輸的艱阻，怎樣影響着軍事。餉項是限於文襄公的楚軍；軍火和軍裝，所有各部隊都歸文襄公配給。這個概算是表示同治八、九年間的需要。在前在後，當然還有增減，不過相差必不很多。所以不妨就把每年一千二百四十萬兩，作為文襄公用兵陝甘時期的軍費概算。

第二步，吾們要查明上面幾筆軍費，其中有着落的多少，要虧短的多少。甘肅平時田賦收入，每年本只有四十萬兩，自經兵事，遞減到二十七萬兩。也辦厘金，這是當時東南各省主要的財源，可是蘭州省城每月只有幾千兩。楊岳斌曾向清政府訴苦：布政使庫存只有一千餘兩。怕是實話，決不是危言聳聽，所以也只好聽各部隊就地自謀生活，已在上面表過。據署陝甘總督穆圖善報告，每年虧短軍費三百萬兩。那麼換句話，有着落的是一百八十萬兩，這當然是靠各省協餉了。陝西收入略好，譬如厘金，每年也有十萬兩。但當文襄公初到西安，查問布政使庫存，也不到幾萬兩，軍餉已欠了十七八個月。據署陝西巡撫劉典報告，有着落的軍費，約一百六十萬兩，當然這也靠各省協餉；換句話，便是虧短一百四十萬兩。文襄公從福州出發時，只向浙江商得協餉每年八十四萬兩；廣東和福建各四十八萬兩；劉典一軍另有協餉六十萬兩，合共二百四十萬兩，實在虧短二百二十萬兩。三筆合計，每年虧短六百六十萬兩。

第三步，吾們要查明怎樣彌補這些虧短之數。當然，陝甘之窮，既像上面所報道，文襄公這時不能不向清政府要錢了。第一次，指撥了五個海關的洋稅：上海的江海關每年五十萬兩；福州的閩海關二十萬兩；漢口的江漢關十五萬兩；廣州的粵海關十萬兩；寧波的浙海關五萬兩，統共一百萬兩。第二次，指撥了七個省份的厘金：浙江每年六十萬兩；湖北、江西和福建各四十八萬兩；江蘇和廣東各三十六萬兩；安徽二十四萬兩，統共三百萬兩。兩項合計四百萬兩。這樣，清政府以為連同原有各省關協餉等項收入，每年已有九百五十餘萬兩，不為不多了。至於原有各省關協餉，究竟怎樣一個分配呢？就可考的說來：江蘇每年一百二十萬兩；河南五十二萬兩；四川、江西和湖北各二十四萬兩，又江海關三十六萬兩，河東鹽課五十二萬兩。此外，山東、山西和湖南也各有多少協餉。總之，至少有十二個省份分擔着陝甘軍費。

第四步，吾們要打一個最後的算盤：照第一步查出的概算，每年一千二百四十萬兩；照第三步查出的協餉，每一年只有九百五十萬兩，實在每年還不夠二百九十萬兩。況且誠如文襄公所說，那一個概算，光是指軍餉和軍需，其餘文襄公所屬文武員弁的薪俸和辦公費，還有辦理兵事善後等費用，都不在內。至於那些協餉，照例是要拖欠的，照以後文襄公的報告，常年拖欠的總數，多至一千多萬兩。便是按月撥出，像江浙等省，因為路途遙遠，也要隔上三四個月方可解到。吾們須知當時解餉，只有小部分由山西票號劃付，其餘都是要解現銀的。這樣，文襄公到底怎樣辦呢？舉外債，借商款，整頓稅厘，都是彌補虧短的來源。文襄公也是理財大家，他有他的辦法，以後我預備給文襄公的理財專寫一個報告。特別值得先一提的：文襄公能一面用兵，一面裁兵。歸併不足額的營頭，淘汰不中用的兵勇。文襄公的原則是："一軍有一軍之餉，一軍得一軍之力。"及至肅州克復，陝甘肅清，文襄公便把楚軍次第撤遣馬步四十營，又撤馬隊一千名，每年節省餉額二百餘萬兩。

像上面所說，一個國家對於財政，既不能綜攬統收統支之權，當然不免發生幾種怪現象。一種是爭餉，例如：文襄公還在漢口，楊岳斌就要求不要截收各省協餉。文襄公既到陝西，他是督辦陝甘兩省軍務，對於兩省軍費，自該由他通盤支配。可是在文襄公沒有進入甘肅以前，穆圖善署理着陝甘總督，陝甘兩省分明還有一個界限。穆圖善惟恐文襄公佔了他的協餉，文襄公於是奏請把他所帶各部隊軍費，另立一個“西征餉”的名目，以免牽混。清政府沒有同意，教文襄公秉公均勻分配，同時，卻又規定把原來撥解穆圖善的餉——每年一百二十萬兩，仍舊直接解給穆圖善。這分明是一個矛盾，不是信不過文襄公，便是偏袒了穆圖善。又一種是賴餉，例如：曾國藩原派劉松山一枝軍入陝，月餉六萬兩，答應仍歸江蘇供給，另外由江蘇協助陝甘每月十萬兩。後來又把劉松山的餉，包括在協餉之內。大家以為曾、左交情破裂由於小天王，其實文襄公對於曾國藩在他入浙後，收回原來指給他經收的婺源等五處錢糧厘金，早已極感不滿；及至曾國藩停付劉松山餉，文襄公更是逢人大罵曾國藩。說來說去，實在為幾個錢。我想曾、左兩人要是也像後來的軍閥，或許竟有火併的可能。又一種是劃餉，例如：河南派張曜和宋慶兩軍西征，便在河東鹽課項下應協陝甘的每年五十萬兩內，提補了兩軍二十四萬兩，說是陝甘有十多省的協餉，每月少了二萬兩，無足重輕。還有一種，便是欠餉，例如：各省關對於奉派協餉，總是不肯爽快撥解，有的託詞正在設法，有的簡直屢催不理。清政府也沒有辦法，後來嚴厲聲明：各省協餉如解不到八成，准文襄公報明，把該管布政使懲辦。這分明允許可以拖欠二成；虧短的二成怎麼彌補呢？清政府也不問了。除了上面四種怪現象，還有彭玉麟知道文襄公軍費支絀，一次送了他二萬兩銀子。楊昌濬也要送他一萬兩，恰逢楊昌濬為着楊乃武風流案罷免了浙江巡撫，所以文襄公沒有受。這從個人方面看來，不失為一種美德；但從國家立場看來，還是一種怪現象。

文襄公常呼籲："用東南之財賦，贍西北之甲兵。"用現代語來解釋，就是說：運用東南的經濟力量來幫助鞏固西北的國防力量。話很不錯，那關鍵卻在中央有沒有遠大的眼光和控制全國財政的力量。

（丙）軍運的組織

文襄公以為用兵西北，轉運是最難，所以文襄公對於這件事，也特別注意。如今把文襄公在陝甘的軍運，分做兩部分報告。

省際運輸包括四方面：

最繁重是在東南。文襄公在上海設了一個轉運局，那委員便是上邊說到的胡光墉；在漢口設了一個陝甘後路糧台；在襄陽設了一個水陸轉運總局；在荊紫關設了一個陸運分局；在潼關也設了一個轉運局。這樣，上海的東西，用輪船由長江運到漢口起岸，不必說。在漢口的東西，都用木船由漢水運到襄陽，也不必說。到了襄陽，便分成兩路：一路起岸陸運，從樊城，經潼關，到西安；又一路仍由漢水上去，過老河口，折入丹江，在荊紫關起岸陸運，經龍駒寨 —— 項羽烏騅產生地，到西安。兩路比較，潼關一路要多四百五十里。但因全部東西都要在荊紫關轉運，交通工具不夠，耽擱時間太多，所以不能不兼用潼關一路，以便疏通。由漢口北上，不但是一條二千一百六十多里的綿長的水程，而且漢水和丹江全部逆流推輓。至陸上則夫運以五十里為一站，馱運以六十里為一站，所過峻坂崎嶇，也是勞頓萬狀。換句話，全部運輸，都很艱阻。在這一條東南線上運輸的東西，大多數是餉銀、軍火和軍裝。至於兩湖來的軍糧，由漢水一直運到陝西洵陽的蜀河口，然後陸運五百七十里，十天到西安，或在蜀河口下面轉入甲水，到山陽縣的漫川關，再起岸陸運。這原是清雍正中運兩湖米賑濟陝西饑荒的故道。

次要是在西南。這一條運輸線，差不多完全為向四川採運軍糧。文襄公委託四川總督在保寧（今閬中縣）和順慶（今南充縣）兩府各設軍米局，專為陝甘採購軍糧。文襄公自己也在略陽設一個軍米局，卻委一位四川候補道做委員。保寧和順慶採集的軍糧，由嘉陵江運到廣元或昭化，便由略陽軍米局去接運，經過白水江，到陽平關。然後起岸陸運，經過徽縣和鳳縣，到寶雞的渭河南岸，再從渭河水運，向東到西安；另一路從徽縣向西到秦州。嘉陵江和白水江上游，都是淺水逆流；陸運也有四百里，還須翻越秦嶺。這一線的運輸，和東南一線一般是勞費萬狀。但川、陝、甘間交通，這條路確很重要。遠在唐時，已成運道，當時還從略陽以西開鑿水道二百里，通到成州（今甘肅省成縣）。近在清初，用兵西南，也就這一路運糧。便在平時，川省商人載運鹽貨入甘，也多經此路。廣元和略陽間阻礙行舟的礁灘，川省商人也願集貲鏟除，而當地人士說是阻礙風水，堅決反對。文襄公卻不管，命漢中道府就近招工修鑿。文襄公以後七十年，吾們因抗戰需要，又在利用嘉陵江，並想用白水江疏通川、陝、甘間的運輸了。文襄公對於這西南一路的運輸，也曾利用過漢時所開褒斜道。先從褒城簰運到紅崖，再陸運一百二十里到斜谷，再沿斜谷水，北經郿縣，入於渭河。到了渭河，便可下通西安，上達秦州和鞏昌了。

再次要是在東北。這一條運輸線，也是差不多完全為軍糧。其中又可分做兩線：一線是對山西。文襄公在山西的汾州（今汾陽縣）和軍渡，各設一採運局。軍渡屬永寧州（今離石縣），在黃河東岸，對岸便是陝西的吳堡縣。汾州和軍渡的米都先運到吳堡，再運到綏德州（今綏德縣）；在這裏，文襄公也設有一個轉運局。又一線是對關外。文襄公委託綏遠城將軍在歸化（今綏遠省歸綏縣）一帶，代辦軍糧，集中於歸化城西南和黃河左岸的托克托城（今綏遠省托克托縣），然後用木船運到吳堡起岸，或在吳堡以北的葭州（今葭縣）便起岸，都再運到綏德州（今綏德縣）。從綏德州運到靖邊縣的鎮靖堡——這是董福祥沒有帶營以前住家的地方，更從靖邊往西層遞轉運。有時也從綏德州往南運到鄜州一帶。吳堡縣到鎮靖堡，約有五百里，都是山路，也很勞費；且時有零匪劫掠，須有軍隊押運。不過金積堡攻下後，可就地辦糧，這路需要便減少了。

最後一條運輸線，完全在邊外。原來文襄公進攻金積堡時，金順和張曜等軍打從蒙古向南進攻寧夏，他們的糧餉，就都在歸綏採運，軍火也由上海水運到天津，再由天津經歸綏陸運。復有一時，金積堡回眾回竄陝北，陷踞定邊和安定，上面所說吳堡到鎮靖堡一線運道中斷，於是文襄公命供給金積堡前敵的軍需，也迂道由邊外轉運。可是歸、綏到寧、靈，原不是官塘驛路，道阻且長，駝隻短少，綏遠城將軍應付為難。因此建議在台梁以西，分設車馬總局三處：山西總局便在台梁，陝西總局在纏金，甘肅總局在磴口。換句話，綏遠城將軍把軍需交由和林格爾、歸化和薩拉齊三廳遞運到台梁，然後由山西局接運到纏金，陝西局接運到磴口，再由甘肅局接運到寧靈一帶。幸虧陝北運道不久恢復，這一線運輸也減輕負擔了。

省內運輸分成兩種：一種是由各地轉運局自己購僱車駄經營，文襄公大營所轄，在沒有到河西以前，這些牲口，約在三四千頭之間。自己所備車駄不夠分配時，則招民間車駄承運，兩省可各舉一個例子。

在陝西，以潼關和西安間為例。第一、文襄公規定一個重量和運費的標準：挑夫或抬夫每名各承挑或承抬六十斤，來回運費每里給二八錢（按：指在官方制錢裏摻雜民間私鑄錢，私鑄錢與制錢比例為二比八）六文；二套牛車每輛承裝一千斤，來回運費每里給二八錢九文；二套騾車每輛承裝六百斤，往來運費每里給二八錢七文。這一個標準，比尋常承運商貨，重量已減輕，運費已加多。倘遇天雨，道路泥泞，還可把重量酌減；又倘過草料昂貴地方，也可把運費酌加。這一個變通辦法，授權承辦各州縣核定後，報明文襄公大營。第二、文襄公規定：所有運費，都先歸承辦州縣墊發，每積十批，開單向文襄公指定地方照數領還。這是指沿途由各州縣依次接運的辦法。至於由潼關直運西安，則歸潼關廳承辦，支配商車，每日每輛給運費銀一兩，包括坐償各价。限按站計日到達，也是每積十批，由潼關廳報明車數，領价轉發。

在甘肅，以蘭州和秦州間為例。文襄公規定：所有在這一條路上經商的騾幫，一律向蘭州省車局登記，記明所管騾隻數目。凡從秦州到蘭州運貨二次，派裝軍需一次。每一百里，每一百斤，給運費銀半兩，坐空包併在內。只是當時各騾幫都有一個習慣，為避免當差，為避免抽厘，往往在城外裝卸貨物，並且繞走偏僻小路。這樣，在官家有漏稅的損失，有稽查的困難。於是文襄公又規定兩個辦法：第一個是積極的，凡起運商貨，都可請領護票，票上注明騾隻數、卸貨地方和運第幾次客貨字樣。經過地方，不但不准勇丁人等拉扣；倘遇零匪出沒，還應由防營派隊保護，如有疏失，責成防營照賠。第二個是消極的，承運商貨，必憑所領護票，出入城關。路過安定，必持票向督催局驗明蓋印。如係從蘭州到秦州，更應於到達後，持票向秦州衙門驗明蓋印。倘查出離開蘭州時沒有護票，或回到蘭州時繳票沒有安定和秦州驗印，騾貨一併沒收充公。

文襄公對於運輸，主張層遞接運。例如劉松山進兵陝北時，文襄公指示道：

> 運糧之法，長運不如短運。自綏德州起，每四五十里為一局，得壯夫萬人，可設二十局。由綏德州起至鄜州，不過五百里。每局五百人。每人日給粟米斤半，算錢

> 六十，鹽菜錢三十文，計每人日需錢九十文，萬人一日需錢九百串。（《書牘》十卷三十一頁）

文襄公這裏說用壯夫搬運，因為這時恰好劉松山收拾了一批土寇，所以文襄公便想運用這批人力。後來文襄公進兵河西，進兵新疆，也用短運的原則來運軍需，不過那時是用車馱，留在下面詳細報告。

西北河道，不能盡供航運，實是交通上最大的障礙，也是軍事上最大的障礙。不過事實迫切需要，也可用人力排除天然的困難。像文襄公修鑿嘉陵江北段險灘，已在上面表過。還有文襄公部將王德榜駐防狄道時，向岷州（今岷縣）和洮州一帶運糧，原可利用洮河皮筏。可是其中隔着一個九巔峽 —— 一名酒奠峽，必須在這裏陸運而過，方能水運，這是多麼不方便。王德榜不怕工艱費巨，竟用火藥把九巔峽炸去，從此洮河在岷、洮、狄之間，筏運通行無阻。楊岳斌想伐興隆山木材，在蘭州造船，從黃河運兵，下攻寧夏。他又想在一片汪洋的青海中行船，追尋張騫乘槎故事。大概這位水師出身的大帥，看不慣西北的車馱，常想重度他船上生活。當時大家笑他幻想。文襄公攻金積堡時，也曾想過在靖遠造船運兵，乘黃河水漲時，順流駛赴峽口。不過清世宗末年，用兵準噶爾部，採糧甘州，有人在張掖河創辦航運。他用湖湘小艜，空船入水三寸，載糧二十四石，入水七寸。從張掖汪堡到高台河西堡一段，河長二百二十里。重運向西順水，回空向東逆水，都是四天，外加裝卸、阻風四天，往返以十二天為一運。成績相當滿意。正擬推廣造船五百艘，招湖南船夫駕駛，因罷兵沒有實現。這人最初倡議時，人家也都說他幻想，然而終於成功了。由這些看來，西北開發航運，並不是絕對不可能。

為維持運輸並減除人民和地方官苦累，文襄公還禁革了兩個惡例。甘肅於同治初年設立車馬局，承辦兵差，令人民按糧攤車，按畝出費。這原是為糾正從前糧差兼辦兵差的流弊而組織，不料後來也是積弊重重。文襄公便把按畝出費一項，明令取消，換句話，就是只要老百姓借給車輛，其餘費用歸官家負擔。這是一件。陝甘州縣，向有流差，就是軍營員弁兵勇過境，州縣有供給車馱的義務。文襄公以濫索和濫供，都於正當運輸有妨礙，因此規定：此項支應，如遇緊要，由官家撥款辦理。任何軍需，任何員弁兵丁過境，一律憑驗傳牌、委札或車票辦理。上站不得擅發溜單，下站也不得擅撥車馱。

文襄公不贊成用兵設糧台，因為糧台規模闊大，開支浩繁，結果則弊竇叢生，漏卮百出。文襄公征太平軍，沒有設糧台。用兵陝甘，才在漢口設一個後路糧台，不過做的還是一個軍需局的工作。在西安也設一個總糧台，保翰林學士袁保恒（字筱塢，河南項城人）做督辦，有權直接向各省督撫行文和專摺奏事。不過事實上只管催收各省關協餉。至於餉銀的支付，軍火、軍裝、軍糧的配給，統歸另設的軍需局辦理，西安和蘭州各有一個。文襄公規定，這種軍需局、軍裝局、軍米局、轉運局和一切辦理軍需或軍運機關該辦表報，旬報一律不得過下旬三天，月報不得過下月十天。文襄公以為這樣，如有奸弊，容易察覺。

最後，我再一提文襄公對於辦理軍需的兩個見解，作為本文的結束：其一、文襄公以為辦理軍需人員和在前敵打仗的將領同樣重要。他常對辦理軍需人員說：你們好好去辦，如有勞績，我必和打仗立功的將領同樣保獎。當時，清政府對於軍功，往往只問殺賊多少，抹煞了辦理軍需人員，不肯優敍，文襄公必要力爭。文襄公肯給胡光墉破格奏請賞穿黃馬褂，就是發生於這種觀念。本來，前線將士在流血，後方台局人員在揩油，乃是軍營慣例。在楚軍中，經過文襄公這番鼓勵，他們也知自愛、自重了。這是因為文襄公躬親料量軍需，深切知道這件事的難辦；特別在物資和運輸兩難的西北，要不是後方能源源接濟，前線的仗也打不成。其二、辦理軍需，不能不和老百姓交易。文襄公以為：

官與民交涉之件，總須官肯吃虧，但不可太虧耳。（《書牘》十五卷十四頁）

這是一個很公道的說法。這因為文襄公向來主張用兵要不擾民，所以絕對不許使老百姓受苦吃虧。況且文襄公深切知道，不使老百姓得些便宜，交易決不會順利成功，也就是軍事決不會迅速成功，吃虧還在國家。總之，我們要認識文襄公軍事上的成功，多虧他對於軍需有充分的準備和精細的調度。

五

平定陝甘

（甲）用兵次第

從來大將善於用兵的，必對於用兵的對象，先有一個鳥瞰式的了解，打就一個怎樣應付的腹稿。諸葛孔明隆中對策，早把天下三分局勢，看得明白，定下聯吳抗魏的計劃。文襄公也早在漢口之時，對於陝甘情勢，已有一個徹底的認識；也就對於平定陝甘的方略，先有一個相當的輪廓。原來當時文襄公要應付的有三個方面：其一是西捻，他們已進入陝西而仍在河南和湖北之間流動；其二是回民，他們的勢力彌漫於陝甘北部的中間，彌漫於甘肅的西南部，只剩蘭州、秦州、寶雞和鳳翔一線保持內外的交通；其三是土寇，他們在陝西北山蜂屯蟻聚的有三大股數十萬。這樣，便成立了文襄公的判斷：

> 以地形論，中原為重，關隴為輕。以平賊論，剿捻宜急，剿回宜緩。以用兵次第論，欲靖西陲，必先清腹地；然後官軍無後顧之憂，餉道免中梗之患。

又說：

> 進兵陝西，必先清關外之賊；進兵甘肅，必先清陝西之賊；駐兵蘭州，必先清各路之賊。（《奏稿》二十一卷二十頁）

以後文襄公的奏功，就憑着這個方案。

同治六年（1867）二月，文襄公大軍浩浩蕩蕩從漢口出發，分三道入陝。文襄公本人從樊城進潼關。劉典進荊紫關到藍田。這兩道，走的都是旱路，因為經過地方，隨處有西捻流竄，須得邊剿邊行。高連陞一道則走水路，從漢水到洵陽的蜀河口登陸，照顧陝川沿邊。六月，文襄公行抵潼關。因為奉命節制河防，就在潼關和擔任河防的山西按察使陳湜（字舫仙，湖南湘鄉人）面商機宜。文襄公把那蜿蜒山陝兩省間，長一千數百里的一段黃河，按天然地形和行政區域，劃做三部分：從歸綏轄境起向下到保德州（今保德縣），作為西北岸，歸大同鎮總兵負責防守，兼顧西北關外，受陳湜節制；從河曲、保德州向下到永濟轄境，作為西岸，更從永濟向下到山西邊境的垣曲，作為南岸，命陳湜駐汾州一帶，居中負責。陳湜的防營，從五千名加到八千名；炮船從四十艘加到七十艘。陳湜曾在曾國藩軍中，所以他的防營是照湘軍步隊編制；他的炮船也按湘軍水師規模。垣曲以下，已不在文襄公節制範圍，但是文襄公建議，應由河南當局也用炮船幾百艘，從濟源一直佈防到直隸邊境。吾們知道：山西的東，便是京畿重地；山西的南，便是中原腹地。為要把陝甘兵事限制他擴大，使不致蔓延到京畿和中原，所以這時黃河的防務，煞是異常重要。

文襄公大軍會集陝西了，大股西捻卻經劉松山和郭寶昌兩軍幾次痛擊，已竄過渭河以北。這時，文襄公有四種顧慮：一是怕西捻向北和變民合流；二是怕西捻向西和回合流；三是怕西捻向南渡渭河，回竄河南；四是怕西捻向東渡黃河竄山西。一般官吏的心理，本地發生了民變，總是打算怎樣把他們趕入鄰境。文襄公則以為：

> 千古以來，辦賊之要，不外“剿”“撫”兩字，並未聞以“驅”賊為長策。（《批札》一卷三十九頁）

他生平還以“驅賊”為奇恥大辱。況且上面已經表過：京畿和中原都關重要，決不能允許西捻闌入。而就陝甘本身說也決不能允許回和土寇再和西捻呵成一氣，增加他們的聲勢。因此文襄公的打算，只想把西捻限制在渭河以北，涇、洛兩河以東，北山以南，黃河以西，然後儘在這一個狹長地帶內，把他們殲滅。到得十月，天氣慢慢兒冷了，黃河已有隨時結冰的可能；冰橋一成，西捻也就隨時有渡河的可能。文襄公的戒備，越發嚴密。可是十一月的一天，忽地颳起了南風——當夜黃河冰橋完成。靈活而飄忽的西捻正向北竄寧條梁，有越出關外模樣，忽地掉頭向南，在古稱壺口的龍王辿渡過了黃河，闖入山西的吉州（今吉縣）和寧鄉，又向南渡過了黃河，跑入河南，又向北渡過了黃河，一直到了保定，橫衝直撞，如入無人之境。原來文襄公在九個月前主張補充的山西河防部隊，山西巡撫毫不在意，過了一個多月，才吩咐派員赴湖南召募，召募到晉，西捻也早已在兩個月前過河了。這一下，事情鬧大了。劉、郭兩軍日夜窮追，文襄公隨後也親赴前敵，把陝西軍務暫交劉典負責。這時，劉典已署陝西巡撫。

同治七年（1868）六月，西捻在山東蕩平了。十月，文襄公回到西安。陝境的變亂，經劉典一年間的應付，其勢已衰。只是東北還有一批十多萬的土寇，他們主要的巢穴，在靖邊縣的鎮靖堡。西南則陝回仍盤踞於甘肅寧州（今寧縣）的董志原，不時向陝境回竄。甘回馬化隆說是已受署陝甘總督穆圖善的撫，但仍以金積堡為中心，控制着寧、靈。河州也還在混亂狀態中，河回和狄道回彼此勾結，常出沒蘭州、鞏昌和秦州一帶。文襄公仍決定先了結土寇，在榆林、綏德、延安和延長各屯一軍。一面知會山西，留心歸、綏邊防。佈置妥帖，命劉松山由綏德向西而向北。劉松山用其疾風掃葉的聲勢，不到兩個月，拔除寇寨二百餘座，直搗鎮靖堡，收降了渠魁。榆林和綏德兩屬完全平定。

西捻和土寇既已完全解決，文襄公開始入甘，收拾回事。文襄公剿撫的主張，以前已經表過。這裏便是一篇最初發佈的《諭漢回民示》：

> 大軍西征，由秦趨隴。殺賊安民，良善無恐。匪盜縱横，害吾赤子。剿絕其命，良非得已。多殺非仁，輕怒傷勇。誅止元惡，鉏必非種。凡厥平民，被賊裹脅，歸誠免死，禁止剽劫。漢回仇殺，事起細微。漢既慘矣，回亦無歸。帝曰："漢、回，皆吾民也。匪人必誅，宥其良者。"使者用兵，仁義節制。用剿用撫，何威何惠。告諭吾民，俾曉吾意。勿比匪人，以死為戲。大軍所至，如雷如霆，近掃郊甸，遠征不庭。（《告示》八頁）

衷心披露文襄公公允和坦白之懷，和王陽明先生《告浰頭賊文》，後先媲美。聽說當時有許多人見着"漢回仇殺……皆吾民也"一段，為之感傷而下淚。

文襄公入甘的序幕，是收復董志原。董志原在馬蓮河西岸，縱一百五十里，橫二百八十里，扼陝甘兩省關鍵，蓋在唐為涇原，在宋為環慶，久成歷史上的重鎮。而當時董志原陝回奔馳出沒，其蹤跡還很遠：北到安化縣的驛馬關，南到寧州的丘家寨，西到鎮原縣的蕭金鎮，東到合水縣的西華池。西北更勾結金積堡，西南更威脅涇州和平涼。其聲勢確不容輕視。文襄公以一軍從陝西的宜君、中部和鄜州往西，向甘肅的慶陽府城（今安化縣）移動，其時這府城還在回手。更以數軍分屯鄜州、甘泉、邠州（今邠縣）、隴州（今隴縣）、汧陽、寶雞和鳳翔。董志原陝回幾次突擊，不得逞志，於是併十八營做四營，準備退到金積堡。各軍偵知行蹤，分四路進迫，便收復了董志原，不久又收復了慶陽府城。於是慶陽和涇州兩屬完全平定。

文襄公以後的兵事，包括四大戰役，這就是：金積堡之役、河州之役、西寧之役和肅州之役。就當時對方的勢力看來，金積堡正是前權，河州和西寧正是中堅，而肅州正是後勁呀！

同治八年（1869）五月，文襄公馳抵涇州，三道進兵：北路從陝西西北進，指着定邊和花馬池；南路從寶雞和清水進，指着秦州；中路從涇州進，指着平涼和固原；其餘各軍分屯安化、慶陽、合水、正寧和靈台一帶。十月，文襄公接受陝甘總督關防。

但文襄公這一個佈置，北路是取攻勢，對象在金積堡；南路是暫取守勢，目的是在鞏固秦州地位，作進攻河州的準備，因為秦州西通河、狄，東連鳳、寶，北倚平、涇，南枕階（今武都縣）、文，在中路還在用兵之時，地位格外重要；中路則以協助北路為主，照顧南路為輔。金積堡回目馬化隆，本來算已受撫，但文襄公則因窺見他和陝回的勾結，認為其受撫並非誠意，不可深信。董志原既給文襄公攻下，陝回相率投奔金積堡。於是文襄公把金積堡的是否容納陝回，判定馬化隆的是否真心受撫，也就判定是否要用兵征剿。指揮北路一軍的劉松山受着文襄公密命，表面上說要剿花馬池的陝回，骨子裏要偵視金積堡的動靜。

金積堡在唐為靈武，便是肅宗皇帝遇安祿山之亂，即位中興之地。在清卻只是靈州的一個村鎮。不過他的地位，在秦漢兩渠之間，依舊不失他的重要性。東自吳忠堡至靈州，堡寨多至四百五十餘所；西自洪樂老馬家寨至峽口張恩堡，堡寨也多至一百二十餘所。這是金積堡的外衛。金積堡本身牆高四丈，厚三丈許，周圍九里餘，堡中更有堡，仿佛郡縣的城和關，到處牆壁縱橫，渠水環複。這就見得金積堡的堅強。並且這一地區，因為灌溉方便，土地肥沃，物產豐盈。貿易擅茶馬之利，遠通東北五省，近通蒙古各部落。也和洋商交易，金積堡舖子早有洋貨出賣，馬化隆所居東府和西府都用洋布糊壁。這又見得金積堡的富足。馬化隆向輕視官軍，不料劉松山用兵神速，既見馬化隆收容了陝回，就像“迅雷不及掩耳”般，麾軍西進，一下子佔了永寧洞和吳忠堡，吳忠堡距金積堡才三十里。於是中路軍在楚軍、蜀軍和鄂軍分工合作之下，從平涼和固原北進，既扼其總要的馬家灣，保護運道；更扼其間道的韋州堡，遏制敵衝。金順和張曜兩軍原在關外兜擊散回，不久也到達了寧夏，彌補了西北的缺口，形成大包圍的形勢。文襄公也從涇州進駐平涼。金積堡有兩個地險：東面就是永寧洞，這是山水溝通過秦渠暗洞所在；西面是龍王廟的峽口，這是黃河青銅峽的口，秦漢兩渠渠口所在。永寧洞先給劉松山軍所控制，馬化隆幾次搶奪，沒有得手。峽口原在鄂軍控制之下，卻給馬化隆搶了去，經過好幾次攻打，最後仍為官軍所得。這時，金積堡外衛各堡都被擊破，最後以鎖圍法應付金積堡，深溝高壘，飛走絕跡。馬化隆外無援師，內竭實力，終於無法抗拒。同治九年（1870）十一月，文襄公收復金積堡，寧夏和靈州兩屬完全平定。距同治八年六月開始進攻，已有一年半之久了。馬化隆先交出車輪大銅炮四尊、九節藜炮四尊、威遠炮二十八尊、劈山炮二十尊、洋槍一百八十桿、鳥槍一千零三十桿、抬槍二百九十三桿、刀矛二千四百十八件，後來又在牆下掘出洋槍一千二百數十件。

文襄公結束了金積堡之後，就打算進攻河州。這件事，文襄公先有一番佈置。原來甘南部隊冗雜，實力不足，加上各統領名分等夷，誰也管不了誰，所以一任河、狄回眾出沒縱橫，沒法收拾。於是文襄公派他弟子周開錫（字受三，湖南益陽人）以翼長名義，馳往秦州和鞏昌，負責整理。翼長的地位，在大帥之下，各軍統領之上，好比如今的某一路總指揮。當時劉松山也是翼長，所有北路部隊，都歸節制。周開錫經過六個月的苦幹，壁壘一新，然後派兵西進，先克復了渭源縣城，又乘勝奪得一桿旗。一桿旗距渭源十五里，距狄道一百里，形勢險要，是甘肅西南第一關鍵。接着就克復了狄道州城，又乘勝奪得牟佛諦。牟佛諦便是北莊，狄道回目馬榮所住，在狄道州城東南三里，樓堞高聳，崇墉屹立，也是一個堅強的堡壘，因為馬榮別名牟佛諦，就地以人名了。這是同治九年五月間的事。河州回屢撫屢叛，前已表過。最後一次受撫，在同治六年八月，穆圖善出省受降被賺，幾遭生擒。從此河州長在回目馬占鰲（字魁峰）控制之下，陝回之一部也容納於河州。然自狄道和渭源收復，河回出路，局部受阻，其勢也漸蹙了。進攻河州，有一困難之點，就是河州在洮河之西，從狄道、安定、隴西進兵，必須渡過洮河。所以文襄公先命備辦船舶和橋樑，還有一切繩索和篙櫓之屬。這個工作，在物資缺乏的甘肅，特別在連年兵燹之後，真是勞費萬分。進攻河州，更有一困難之點，就是從秦州向西，經鞏昌，到狄道，有四百餘里；中間隔着二百餘里的渭源屬境，一片荒蕪，人煙斷絕，大軍經過，無處給養。所以文襄公先命端整三個月糧料，屯儲在相當地點；一面文襄公查明河州莊稼夏收在六月底，秋收在七八月底，所以文襄公打算要恰在收成後，打到河州，便可就地得食。同治十年（1871）六月，一切佈置就緒，文襄公才分三路進兵：中路由曹克忠舊部，傅先宗（字堃庭，湖北江夏人）統鄂軍從狄道進，一半先渡洮河立壘，一半留駐河東為後盾；左路由楊世俊（字曉峰，湖南長沙人）統楚軍從南關坪進峽城；右路由劉明燈統楚軍從馬盤監，經紅土窯，進康家岩。左右兩路都候中路過河，得有據點，然後也渡河。在河州西南的岷州和洮州，派兩個部隊分駐兩城，並調番勇分駐各隘口，都受左路軍節制。另派徐文秀（字華亭，湖南湘鄉人）統楚軍從靜寧進會寧，為右路軍接應。在會寧西北和安定東北，都接靖遠，另派部隊遊弋，兼顧蘭州省城。文襄公也從平涼進駐靜寧，從靜寧進駐安定；更以一軍守華家嶺。華家嶺本是一片不毛之地，沒沒無聞，如今公路在這裏分道，一通天水，一通平涼，大家耳熟能詳了。

河州和西寧一帶，便是古時所稱河湟之地。河州東對洮河之一面，有幾重門戶：距洮河西岸十里為三甲集，雖屬狄道境，卻是河州第一重門戶，河回在沿岸還筑有炮台；三甲集西十里為太子寺（今寧定縣），正是河州城東扼要關隘，駐有河州州判；迤西稍北為大東鄉，河回勢力集中在這裏；其間還有一個董家山，周圍百餘里，峰巒層疊，路徑狹險。三甲集對岸，就是上面所說康家岩，距蘭州省城百數十里，距狄道州城五十五里。康家岩和三甲集間，岸峻溜急，濟渡艱阻異常。河州過洮有兩條路：一是狄道州城，一是康家岩。自從狄道州城收復，河回東竄之路，只剩康家岩，這時也被河回佔領，幸虧就給右路軍所克復。三路大軍既先後渡河，先奪得三甲集，次奪得大東鄉，又次奪得董家山，都很得手。不料進攻太子寺時，傅先宗陣亡，所部退卻，接着楊世俊也退卻；徐文秀獨進，又陣亡。文襄公急調王德榜接統傅軍，沈玉遂（字翰青，湖南湘鄉人）接統徐軍，誅敗退將弁，仍猛力進攻。同治十一年（1872）正月，馬占鰲眼見官軍退三十里復進，知道勢不可遏；又聽說西寧回眾已撫，怕後路截斷，就向文襄公誠意請降，繳出馬四千匹，槍矛一萬四千件。七月，文襄公由安定進駐蘭州省城，始到達陝甘總督任所，距最初發表陝甘總督之時，已約有六年了。

正當文襄公進攻河州之時，西寧回有請撫之議。西寧回目原為馬尕三（即馬文義）。當初西寧辦事大臣玉通主撫，因派循化廳回紳馬桂源為西寧府知府，其兄弟馬本源為西寧鎮標游擊，代行總兵職務，於是軍政大權旁落。玉通死後，豫師（字錫之，漢軍鑲黃旗人）繼任，卻駐營在離開西寧西北還有三百數十里的平番（今永登縣）。總兵黃武賢（廣東人）駐營在西寧北部的威遠堡（今青海省互助縣）。這是一個漢番雜居的地方，晚唐叫做沙陀。清政府勢力久已不及西寧，所以文襄公說西寧“名存實亡”。馬尕三死後，馬永福為回目，求撫於文襄公。文襄公命先繳馬、械，表示誠意。這時，陝回有一部分散居在西寧南部的大小南川一帶，不肯就撫。西寧土回因說要暫留馬、械，以防陝回。於是文襄公派劉錦棠帶老湘軍馬步十八營，進距西寧東北七里的碾伯（今青海省樂都縣），就說給你們剿陝回。馬桂源兄弟卻糾約陝回，又把西寧城內回兵回民一律帶出，合力抗拒。城中土著也就關上城門固守。西寧唐為鄯州，漢趙充國屯田破羌，也就在這裏。城東北是一條湟水。其中從大峽口到小峽口一段，約八十餘里，兩岸高山對峙，古時叫做湟中。在這八十餘里之間，只有一條岸路，寬廣也只數尺，人馬通過，只可魚貫，不能雁行。馬桂源兄弟在山上都設有堡壘，也是八十餘里連綿不絕。於是從同治十一年九月到十二月，馬桂源一面對老湘軍迎敵，一面對西寧城圍攻；劉錦棠則從大峽口逐步斬關而進，在六十餘天中，血戰五十多次，及到城下，馬桂源早已逃往大通。劉錦棠既解城圍，使向在回眾壓迫下已歷四十三年之久的土著重睹天日，隨即回師西上，先克向陽堡，續克大通縣城，而馬桂源又已向東南，竄踞巴燕戎格廳（今青海省化隆縣）城。劉錦棠仍回西寧，由文襄公另派陳湜和沈玉遂帶兵從河州通過番地，直搗巴城，馬永福也在城中，開門迎降。巴城之南，隔開一條黃河，便是循化。這一地區，又有一種回族，叫做撒拉，以前常給河州等處回民所利用，和同作亂。這因為他們剽悍善騎射；也因為他們所居依山傍河，形勢險惡，所以一百多年來，官軍進剿，都只虛張聲勢，沒有深入。這時，陳湜便乘機南下，剿撫兼施，完全底定，撒拉回獻出了他們所稱金花、銀花，鑲嵌着珊瑚、松綠等極名貴、極精彩的叉子槍。

也在文襄公正當進攻河州之時，俄羅斯藉口新疆回變後，邊境屢被侵擾，突於同治十年（1871）五月，引兵佔領伊犁，聲言還要代收烏魯木齊。於是清政府調派關內外各軍積極應付，一面命文襄公分兵駐防肅州。文襄公認為從軍事觀點說，該先規復河州和西寧，然後出兵關外，最為穩妥；既是時機緊迫，就派徐占彪（字崑山，四川人）督帶蜀軍先開赴肅州。肅州回目馬四馬忠良（即馬文祿），於同治四年

（1865）二月叛踞州城，官軍幾次進剿，有敗無勝。最後，成祿和甘肅提督楊占鰲就向馬四媾和，而美其名曰受撫。當時情勢，恰像金積堡和西寧。馬四也和在新疆自稱“清真王”的妥得璘相聯絡。這樣，一聞官軍出關，又聞徐占彪向肅州出發，馬四便又據肅州城反叛。西寧的陝回既爭往響應，而肅回的一部分更竄入蒙古草地，一度襲陷科布多城，其勢不能不再用兵力解決了。於是十一月，徐占彪行抵肅州，一面控制了城南三十里的紅水壩，阻遏南北奔竄的通路；一面奪得了城西南二十里的塔爾灣和其間堡寨一百多所，削弱了他們犄角之勢。然後向城逼攻，分營屯結，因城周三里而強，兵數太少，剩下北門，沒法合圍。而文襄公在這時已把河州和西寧平定，便派陶生林（字榮壽，湖南長沙人），又派宋慶各帶所部開赴肅州協助。同時，清政府調金順和張曜二軍出關，因為肅州城沒有攻下，也就參加圍攻。可是肅州向為中國西北重鎮，城高三丈六尺，厚三丈有奇；外環城濠，闊八丈三尺，深二丈，經過一年半的攻打，沒有陷落。同治十二年（1873）七月，文襄公馳往督師，親閱長濠，躬冒槍炮。九月，續調劉錦棠的老湘軍也到了，這才合力把城收復。馬四繳出劈山炮、過山炮、狗頭炮、鳥槍和抬槍數百件，叉槍一千一百七十件，矛一千餘件，刀叉無數。肅州之役，用兵六十營之多，少於金積堡一役而多於西寧一役。

文襄公四大戰役，圓滿成功，甘肅全省經過十三年的擾亂，終於回復了治安。清政府論功行賞，命文襄公以陝甘總督協辦大學士。清代的大學士，就是世俗所稱宰相，協辦大學士猶如副宰相。後來，文襄公又補授了大學士。大學士的資格，雖沒有明文規定必須進士出身，但在清代二百數十年間，漢人不是進士而為大學士的，只有寥寥數人，而文襄公便是這寥寥數人中的一人呀！

（乙）所遇的困難

當西捻蕩平後，文襄公便道北上入覲。文襄公雖已做了六七年的督撫，這還是第一次見到皇帝和當時垂簾聽政的皇太后。皇太后問文襄公：陝甘的事，何時可望結束？文襄公對說："五年。"皇太后意中嫌其太慢。但文襄公深切知道陝甘的貧乏，又深切知道陝甘的偏僻，籌兵、籌餉、籌糧、籌運種種困難，以為便在五年內結束，還算是快的。也有明了陝甘的事難辦的，覺得文襄公表示五年可結束，真是說大話。後來，從同治七年十月文襄公第二次入陝算起，到同治十二年九月克復肅州為止，恰恰五年，果然踐守了文襄公五年結束的諾言，也就是證實了文襄公五年前的判斷。然而在這五年中之文襄公，真所謂"險阻艱難，備嘗之矣"！

最使文襄公感受困難的，對於剿撫意見不一致。文襄公本也是主張撫的，不過文襄公的辦法：要使對方有誠意自動求撫，要使本身有實力隨時能剿；不要暫時敷衍，務求徹底解決。這就和穆圖善的觀念發生衝突；而清政府對於文襄公的方策，也不免發生疑慮。馬化隆原是穆圖善在同治四年十二月招撫的。穆圖善給他改名馬朝清，給他向清政府求得副將的頭銜。馬化隆每年送給穆圖善軍營糧食，不下七千石。穆圖善還想通過馬化隆，招撫西寧和河州。所以都興阿當初進入寧夏府城，殺了幾個回人，穆圖善就劾他處置失當，都興阿只好自認錯誤。文襄公派劉松山向金積堡進兵，穆圖善又向清政府給馬化隆辨明確是良回，又說劉松山的進兵，怕要發生意外。清政府把穆圖善的原奏發交文襄公，命他隨時察辦。及至劉松山兵近靈州城，馬化隆教唆城回踞叛，這本恰足以反證文襄公的認馬化隆的受撫不可靠，實在不錯；綏遠將軍定安（字靜村，滿洲人）卻便向神機營密報，認劉松山為激變，清政府又向文襄公詰責。幸靈州城不久由劉松山收復，文襄公又提供必須用兵證據，便是文襄公曾搜得馬化隆給偽參領馬重三等札子，飭其糾黨抗拒官軍，自署銜"總理寧郡兩河等處地方軍機事務大總戎"，並鈐偽印，清政府才知馬化隆蓄心叛亂，一意主剿。然而其後劉松山陣亡，回眾直竄陝西；雖經文襄公收拾得快，於大局無礙，而一時各方議論紛紜，盡可以搖惑觀聽。於是清政府疑文襄公不能獨力支持，又遣淮軍入陝，而主張停閉福建船政局的宋晉（字錫蕃，江蘇溧陽人），索性奏請命李鴻章來收拾西北，而調文襄公帶楚軍去平貴州之亂。醇郡王奕譞憤慨西事之遷延不了，自請親赴前敵督師。於是清政府更嚴詔切責文襄公，竟有"金積堡一隅之地，至今日久未下，逆首稽誅，軍務安有了期。竭東南數省脂膏，以供西征軍實，似此年復一年，費此巨帑，豈能日久支持？該大臣捫心自問，其何以對朝廷"等語。所以文襄公把當時癥結告訴他兒子道：

> 甘肅吏事、兵事均不可問，整理最難。以前署督庸妄太甚，而樞廷袒之也。馬化隆夜郎自大，封授偽官，自稱大總戎，稱官軍為敵人。穆將軍三年前辦此不了，遂以撫局羈縻之，並劾主剿之都將軍以誤國。其實中外無不知馬化隆之終為異患也。阿拉善親王因受其毒害，訴於朝，並言穆用其銀數萬，求賞還。穆又自陳每年得馬化隆糧數千石，其實納賄亦不少。阿拉善王上書於我，痛詈穆將軍。穆曾奏馬化隆為良回，隱以我為激變也。與旗員鬧口舌，是吃虧事，與前任爭是非，非厚道；然事關君國，兼涉中外，不能將就了局，且索性幹去而已。（《家書》下卷十八頁）

又道：

> 金積堡鎖圍久合，馬化隆隻身就擒。若論敷衍了事，亦可結局。然此時若稍鬆手，將來仍是西北隱患。度隴以來，先注意於此。雖同事之牽掣，異己之阻撓，朝廷之訓飭，皆所不敢屈。幸如此了結，寸心乃安。（《家書》下卷二十八頁）

所謂“不能將就了局”，所謂“皆所不敢屈”，所謂“如此了結，寸心乃安”，都足見得文襄公做事的負責。所謂“與旗員鬧口舌，是吃虧事”，所謂“同事之牽掣，異己之阻撓，朝廷之訓飭”，又都足見得文襄公遭遇的困難。不過誠如文襄公所預測，金積一關打通，其餘問題都迎刃而解，穆圖善無話可說了。文襄公就把穆圖善部下一個劣績昭著的道員舒之翰（字西園，安徽黟縣人）——人家說：穆圖善的主撫反剿，都是他一人主見——奏請驅逐回籍，也不許穆圖善給他說情，依然留置軍營。清政府一紙照准，穆圖善也無可如何。

還有使文襄公感受困難的，便是整理原有部隊。這件事，在陝西沒有多大問題，最嚴重的關鍵在甘肅。這裏，先要說到文襄公的主張又和人家衝突。當時有些人都想用優勢兵力，一下子把事解決，清政府也抱着這個希望。文襄公則絕不以為然。由於文襄公明了陝甘本身物資缺乏，運輸艱阻，軍餉又全靠別省協濟，所以只想用少數的精兵，穩紮穩打，不嫌費時，慢慢兒求其成功。不了解這個情形的，

> 不擇將而廣募勇，其勇數有一營僅止二三百名者，仍領五百名之糧；亦有名雖一營，多至一倍、兩倍者，則一人充勇，一家隨之坐食，與虛額相反，而虛糜則同也。故不能戰而亦不能守。（《奏稿》三十二卷十一頁）

文襄公眼中的甘軍，就是這般腐敗。穆圖善說，甘軍有一百四十營之多，文襄公以為決不滿半數。於是文襄公要求整理。梅開泰（字履安）先自動承認把十營改為五營，接着敖天印（字輔臣）也改十營為五營。文襄公又命周開錫到秦州一帶，就像前面所說，把其餘甘南諸軍點驗，分別歸併淘

汰，不幸范銘的黑頭勇就公然反叛。文襄公於解決以後，報告清政府道：

> 臣維隴事之壞，在於從前餉事艱絀異常，募勇徵兵，日增一日。不能立營制，定餉章，惟倖目前無事。是非之不明，威令之不行也久矣。故土匪橫行，潰兵迭起。今欲轉弱為強，去冗雜而求精實。開辦之始，成效未著，議論必多。然臣不敢因此而有所撓，惟慎以圖之。（《奏稿》三十七卷六十九頁）

當時各方又說周開錫激變，一如說劉松山。然而文襄公不顧"議論"，"不因此而有所撓"，完成了肅軍的志願。當時文襄公還把貪污的軍官，分別開革和誅殺了幾人。以後文襄公也老實不客氣，要求穆圖善，除去還算得力的馬隊，把步隊完全遣撤。

從以上所說，吾們可以見得兩點：一是文襄公公忠和堅忍的精神，終於排除巨大的困難，獲得清政府的同情和一般人的諒解。二是晚清政府雖是已在腐化，但他們能認識文襄公，接受他合理的要求；他們雖很偏袒穆圖善等一般旗人，還能糾正他們的錯誤。這就是"是非之明，威令之行"；也就是文襄公平定陝甘的所以成功。

最後，我要講到哥老會問題，這也是文襄公所遇到的一個困難。上面不是說過文襄公於咸豐十年始募楚軍，早把不許結會拜盟，列入"行軍五禁"麼？但在東南用兵，還沒有這件事。一到西北，問題就嚴重了。同治六年八月，文襄公方到陝西，便據劉厚基報告，所帶湘果營中，混雜哥老會徒，軍令不行；文襄公當命把入會勇丁，誅死了十多名。文襄公隨把這件事報告清政府道：

近年哥老會匪涵濡卵育，蠢蠢欲動。江、楚、黔、蜀各省，所在皆有。其由會中分股聚徒者，謂之開山；誘人入會者，謂之放飄。凡官軍駐紮處所，潛隨煽結。陝甘兩省，遊勇成群，此風尤熾。甚有曾經打仗出力，保至二三品武職，猶不知悛改者，實為隱患。

又道：

軍興以來，各省軍營所保武職，無慮十數萬員。其中有打仗驍勇，積功已薦保至二三品，而性情粗獷，不知禮義，其才僅足充當勇丁者，各營因其技勇可取，不能不予以收錄，仍編之行伍中。若輩因已保武職大員，不甘充當散勇，或懷觖望，一被會黨煽誘，遂起異心。江湖哥老會之多，半由於此。（《奏稿》二十二卷五十四頁）

當時清政府也就規定：軍營武職人員，如有參加會黨，及所犯情節，按照軍令，應予斬決者，一律科罪。遊勇隨營，勾結為匪者，即行正法。

不幸至同治八年（1869）二月，文襄公正進兵甘肅，同時忽發生了兩個叛變：其一為劉松山所部老湘軍前軍後旗，駐綏德州城，有數名勇丁因邀結哥老會，經營官察出拿住，將按軍法；於是各勇丁一鬨而起，奪犯踞城，公然作亂。其二為高連陞察得所部湘軍各營收留外來遊勇很多，中有哥老會藏匿，命各營哨嚴禁懲辦，勒令首悔；於是前營親兵在深夜擁入高連陞營帳，把高連陞和兩個營官一齊殺死，事後，便紛紛逃散。這兩案雖過不了三五天就得了結，但影響軍紀和輿論，實在不少。國父（按：此處指孫中山）講民族主義，也曾說到文襄公軍中有老龍頭。勇丁不肯西征，幕府中人獻議，要文襄公自己也做老龍頭。這一個故事，是不是真實，現在不必考證，我只把文襄公怎樣應付的自述，報告給讀者：

軍興既久，哥老會黨東南遍地皆然。吾於金盆嶺練軍時，即嚴定立斬之條，蓋慮其必有今日。自閩浙轉戰而來，舊勇物故，假歸者多，時須換補，而會黨即伏匿其間。比上年轉戰直東，各省遊勇麕聚連橋、吳鎮之間，潛相勾煽，而此風轉熾。凱旋後，駐軍西關，察親兵一營，即有數百入會者，密諭巡捕稽察，得其姓名。忽一日傳齊，勒令首悔，斬阻撓者一人。兩日半，繳出匪憑二百餘起，其先自私毀者無數。吾於次日祭旗誓師，令首悔者均飲血酒，未入會者亦同飲。事畢，各歸原伍，許以不死。帳之前後，侍立者如故，守更者如故。夜間被酒酣臥，若無事者，眾心大安。今且助拿哥老會，不復有所顧忌。（《家書》下卷十五頁）

話雖如此，以後各軍營哥老會滋事案子，仍不時發生。大抵四川勇丁，十之八九為哥老會中人，甚至蜀軍統領黃鼎給加入哥老會的部下所刺死，文襄公似乎沒有徹底解決辦法。及至大軍出關，哥老會的勢力且隨着移殖新疆了！

至於餉事之困難，給養之困難，轉運之困難，已經報告，這裏不預備多說了！

（丙）善後

文襄公的用兵陝甘，懸着一個遠大的目標，就是他常對人說的：

> 欲圖數十百年之安，不爭一時戰勝攻取之利。（《書牘》十一卷十頁）

所以文襄公對於撫，就坦懷相示，決不苟且一時；對於剿，也必苦心分明，決不貪圖近功。剿撫告成，接着認真辦理善後。因為文襄公"欲圖數十百年之安"，所以他的善後工作，也是經緯萬端。先其所急，則可引文襄公自己的話：

> 陝甘頻年兵燹，孑遺僅存，往往百數十里人煙斷絕。新復之地，非俵給牛種賑糧，則垂斃之民，勢將盡填溝壑。各省克復一郡縣，收一處丁糧厘稅；甘肅克復一郡縣，即發一處牛種賑糧。非是則有土無民，朝廷亦安用此疆土。（《奏稿》四十卷六十三頁）

不過我在這裏，只說安頓回民和變更建置兩件大事。其餘像文襄公怎樣整頓吏治，怎樣開闢利源，以後另作專篇報告。

先說安頓回民，文襄公有兩個驚人的舉動：

陝西回民在事變發生前，有七八十萬。自事變發生，有的死於兵，有的死於疫，有的死於飢餓，剩下十分之一二。在這剩下的十分之一二中，只有二三萬還留居西安省城，其餘五六萬都流亡在甘肅的寧靈和河湟等地。事變解決以後，文襄公以為這批陝回最難安頓。照理，應教他們回到陝西去。但是本鄉產業早已毀滅，怎樣維持生活？實在不能回去。並且早先本和漢民不和，致起釁端，現在回去，豈不要防漢民報復，實在也不敢回去。還有，回去以後，對於原有產業，勢必要求歸還，但隔了十年，大多數已給官家沒收，勢必發生無限糾紛，實在也不便放他們回去。但是要讓他們就留在當地麼？不但和當地漢民，當然不能相處；就是和當地甘回，也不能相安，為得他們原是氣類不同，只因一時急難而攜手，必致一旦事平而反目。當時，蜀軍統領黃鼎建議，移往南方諸省，用高度文化來同化他們。當然這是太理想了。最後，文襄公決定，便在甘肅另外擇地安頓。這樣，固原的陝回數千人，安頓在平涼的大岔溝一帶；金積堡的陝回一萬餘人，安頓在平涼的化平川一帶；河州的陝回一萬餘人，安頓在平涼、會寧、靜寧和安定等處；西寧的陝回二萬餘人，安頓在平涼、泰安和清水等處。這是文襄公的一個驚人的舉動。當初，不但甘肅人士紛紛反對，就是當地官吏也種種推託，但是文襄公堅持貫徹他的主張。所以甘人都叫文襄公做“左阿渾”，“阿渾”一作“阿訇”，就是伊斯蘭教中稱經師。當然陝西人也不容許陝回回去，關學領袖賀瑞麟（字角生，三原人）曾有一個公稟載在他的《清麓集》，就足代表當時的陝人的輿論。

文襄公對於金積堡和河州等地客籍甘回，也為同一理由，在收復後，另外擇地安頓。

文襄公又一個驚人的舉動，是把肅州收復後的回民二千餘人，全部先移到蘭州，後來安頓在金縣（今榆中縣）。其時，甘州和涼州的回民，早已死的死，逃的逃。如今再把肅州的回民搬走，可說河西就沒有一個回民。文襄公說：

> 自古徙戎之舉，均係自內及外，無由邊及腹之例。局外議論，非所敢知。然熟察情實，非此不能杜釁隙而靖邊疆。（《奏稿》四十四卷三十一頁）

原來那時大軍正準備出關去收復新疆，不用說，河西是一條交通要道，從給養和運輸上觀察，都有肅清障礙和維持安全的必要呀！

文襄公對於安頓地方的選擇，有幾個標準：一要荒絕地畝，有水可資灌溉；二要自成一個片段，可使聚族而居，不和漢民相雜；三要是一片平原，沒有多大的山河之險，距離大道不過遠又不過近，可便管理。文襄公對於安頓，又有幾個方法：一是每戶勻給荒絕地畝，並勻給房屋、窯洞；二是每戶撥給種籽和耕牛、農具；三是舉辦保甲，由十家長、百家長負責管理；四是派員宣講勸導。在移徙時，文襄公又規定：沿途由經過地方官接送保護。禁止土劣嚇詐，也曾殺了幾個土劣。大口每日給行糧八兩或一斤（按：清代一斤為十六兩），小口每日給行糧五兩或半斤；隨帶騾馬，也按日發給料草。這種行糧，文襄公更鄭重吩咐：麥麵、小米、扁豆都好，但沒有去殼是不行的。到達後，對於極貧之戶，另照給賑章程，大口每日給半斤，小口每日給五兩。經過宿站，應找窯洞安置，並供給柴薪。原是一家，當時分散各處的，聽他們歸併一處完聚。其在當地先已種有莊稼的，聽其收成後再移居。這件事實在費去文襄公許多心血，也分去文襄公許多軍費，那時的軍費本已三空四盡，而由文襄公東一筆西一筆撙節下來的。

再講變更建置。原來清代自從收服了蒙古，收服了天山南北路，收服了青海和西藏，於是歷代邊防要塞的甘肅，一變而為腹地，已在前面說過。因此對於甘肅的治理，太忽略了。特別自從收服了天山南北路，要省出經費來經營這新闢的土地，所以對於甘肅的建置，也不甚理會了。在文襄公看來，這一次事變，寧夏和平涼受禍最深，也為是這一帶政治和軍事力量不夠堅強的緣故。於是在事變結束後，文襄公就建議於清政府，決定下面幾個變更。

金積堡因金積山得名。山上產着五色紋石，有着金色泥土，所以叫做金積。其地東達花馬池，南達固原，迤北毗連中衛，襟帶黃河，雄踞邊要，實為形勝之區。本隸屬靈州，古靈州城便在堡西北，卻不知何時移建到百餘里以外，因此消失了控制的力量。文襄公把駐在寧夏府城的寧夏水利同知，改稱寧靈廳撫民同知，移駐金積堡，劃定轄境，所有境內命盜重案和一切戶婚田產詞訟，都歸管理，而由寧夏府核轉申詳。又在金積堡添設靈武營參將，負鎮壓地方之責，歸寧夏鎮總兵管轄。寧夏水利同知原管唐來、漢延、大清、惠農四渠；這樣，他的任務，從此劃歸了各地方官，而漢渠則成為寧靈廳獨得之水利。金積堡收復後，當地原住回民，經文襄公另行撥地遷居，不免戶口太少；於是文襄公命把董福祥、張俊和李雙樑便是董字三營的眷屬原安頓在陝西北山瓦窯堡一帶的二千三百餘名口，都搬來充實了新建置的寧靈廳，和旁的移徙漢民，都每丁授田十畝。

在華亭縣城西北一百七十餘里地方，有兩條河流：一叫化平川，一叫聖女川，兩川合流後，叫做白面河，流入涇州界。在兩川中間，有一塊地，寬五六里，長三十餘里，這就是化平川地。東南距離平涼府城一百里，南和崆峒山相接，西北一帶都是高山。文襄公既在這裏安頓了上萬的陝回，便設了一個化平川直隸廳通判（今化平縣），又設了一個化平川營都司。前者管錢糧詞訟，後者管鎮壓地方。把聖女川改稱聖諭川；又把白面河改稱北面河。

固原州在平涼和寧夏之間，本是重鎮。沿陝、甘未分省前舊制，駐着陝西提督，還管着河州鎮總兵。原屬於平涼府，南距府城一百七十里。往北到靈州，相隔二百餘里。在這中間的長寬八九百里的一塊地方，盡是深山窮谷，向是匪人的逋逃藪。於是文襄公把固原州升為直隸州。州城西南是硝河城，處固原、靜寧、隆德、會寧、靖遠和海城（今海原縣）

等地之中，相距或數十里，或百餘里，或二百餘里，實為扼要之區。於是文襄公又在這裏，添設一個固原直隸州州判，劃定轄境，境內命盜、詞訟、錢糧、賦役便歸就近勘驗徵收，仍由固原直隸州知州總其成。固原城本有一個城守營，復規定由固原游擊撥派千總一員，駐硝河城。

下馬關，即古長城關，在固原州城北二百四十里。這裏西面靠着羅山，有一個明代所筑磚城，周五里，高三丈。西南有一條縣川水，繞過城北，流經惠安和韋州各堡，和山川水匯入黃河。這樣便構成一個數十里的平原，土壤肥沃，可種莊稼，可興畜牧。就全盤形勢看，北達靈州，西連鹽茶廳，東接環縣，南就通固原，和相距三十里的元設豫王城以後叫做預望城的，同為衝要所在。於是文襄公在這裏添設一個縣缺。因為和平遠驛相去不遠，這新設的縣，就叫做平遠縣（今寧夏豫旺縣）。在下馬關西北一百十里，是靈州的同心城，一名半個城，也叫半角城。文襄公把他劃入新設的平遠縣，又添設一個巡檢，專司緝捕，歸平遠知縣管轄。

海城在平涼府城東三百九十里。駐着一位鹽茶廳同知。顧名思義，這位同知，該只管鹽茶貿易事務，卻也經理着地方訟獄和錢糧事務。鹽茶廳的轄境，西北一帶地勢遼闊；距西邊靖遠縣交界各處，也有百數十里。這樣，不但平涼府照顧不到，就是鹽茶廳也鞭長莫及。於是文襄公把平涼府鹽茶同知裁去，改設一個海城縣；原有照磨一缺，也改做典史。並因縣西西安州地處膏腴，四望平衍，數十里外重溝複嶺，為毗連各縣要衝，把原來的鹽茶營都司移設西安州，而把原設西安州千總一員，移設海城縣城，仍歸都司管轄。一面在迤西一百多里屬於靖遠縣的打拉池地方，添設縣丞，也劃定轄境，境內命盜、詞訟、錢糧、賦役，都歸縣丞就近勘驗徵收。打拉池在明朝叫打喇赤堡，但堡城早毀，新城是同治初民眾為自衛而自筑。

以上新設的平遠和海城兩縣，都歸屬於新升的固原直隸州。而這固原直隸州和新設的化平川直隸廳，都歸屬於平慶涇道，於是平慶涇道也就改稱平慶涇固化道了。

董志原，水土肥美，是產糧之區；四達通衢，也是貿易之區。在安化縣城西南，相距一百四十里。北距西峰鎮二十里。自經文襄公驅走了陝回的十八營，蒿萊滿目，雞犬無聲。於是文襄公便添設了一個安化縣丞，駐在六里五屯地方。

文襄公在隴南，也有一個小小的變置：循化廳買吾等八族番民所居地區，距廳城三百十五里。其間山谷叢錯，又有回民雜處。以往回民常欺壓番民，自回變發生，番民常隨官軍剿擊回民。文襄公於河州之役，也曾訓練番民為團眾，協同官軍防守要地。故這批番民和回民惡感很深，每次到城繳納番貢錢糧，很怕回民半途襲擊，因此他們要求變更管轄。文襄公派員調查，認為這批番民既要求變更管轄，則不是改隸狄道州，便是改隸洮州。如果改隸狄道州，則距城雖只二百餘里，而其間層巒疊嶂，往來很是不便；如果改隸洮州，則距城既只有一百六十里，較為便利，且洮州原是番民區域，可以相處。於是文襄公決定把循化廳買吾等八族番地劃歸洮州，以後應納番貢和錢糧就歸洮州廳經收。

上面幾處的變更建置，文襄公還着實注意兩點：一是儘把轄境縮小，使便治理；二是儘就原有官職改設，以免多增經費。所以吾們要認清文襄公這番處置，並不是好大喜功，實在也是從他"欲圖數十百年之安"一點主張出發的。

結束這一篇，我再引文襄公自己的話：

> 陝甘軍興，至今十有二載。臣於同治五年，由閩浙奉命調督陝甘。是年十月，帶所部取道江西、湖北、河南赴陝。值捻逆竄擾陝境，駐軍臨潼。嗣捻逆被剿勢蹙，乘冰渡河，由晉北竄，賊蹤徑趨畿郊。六年十一月，督師躡蹤緊追，由晉、豫抵津，遏賊北犯，駐軍燕、齊之郊。捻逆蕩平，遵旨陛見，奉命返陝。七年十一月，師旋，調各軍：一由河南取道山西渡河入陝，穿綏德、榆林各屬境，便道先掃北山土匪，事定，徑搗甘肅寧夏、靈州回巢；一剿陝西北山回逆；一由固原北進，搜剿甘肅北山回逆，剪除巨逆羽翼，會靈夏之師，夾攻金積諸堅堡。陝境肅清，臣率師度隴，由涇州進平涼，駐中路；一調南路各軍，由秦州、鞏昌進剿，扼河州、狄道之賊；一調臣部馬步各軍渡洮進河州，與南路之師會剿；一調北路之軍，由涼、甘徑搗肅州；一調中路之軍，由平番、碾伯橫掃西寧。而中路、北路、南路各留防軍，擇要分駐鎮壓，披蒿萊，築堡寨，開道路，設寓舖，輯流亡，興兵屯，以捕逸回，以護商旅，以防運道，以緝遊匪。幸五年之間，關隴全境

次第肅清，而地方善後諸策亦皆具有端緒，此固陛見面陳時始願不及者也。（《奏稿》四十四卷六十七頁）

吾們如把文襄公這番事後的報告，和上邊所引文襄公那個事前的判斷印證一下，更可見得文襄公事前的判斷，完全準確。

六

用兵新疆的準備

（甲）幾番曲折

新疆變局的發生，遠在同治三年（1864）四月。經過了六七年，清政府沒有辦法。所差強人意的：巴里坤（今鎮西縣。回語："巴里"謂"有"，"坤"謂"池"；便是說：其地有池。漢稱蒲類澤）總兵何琯（字玉田，甘肅武威人）保住巴里坤一城，還兩次克復了失守的哈密；伊犁將軍榮全收回了塔爾巴哈台。同治九年（1870），安集延帕夏阿古柏竟在新疆各城開徵地稅，命令漢回人民一律遵照安集延人"光頂圓領"的風俗，剪去辮髮，改變服裝；分明新疆已成安集延人的天下。同治十年（1871）五月，俄羅斯派兵佔領了伊犁，還說要代收烏魯木齊，前鋒已到精河，虧得當地民團首領徐學功所部振武營迎擊得利，才退回伊犁。清政府着急不得了，便命留在塔爾巴哈台的伊犁將軍榮全和俄人交涉；催促逗留在高台，不，盤踞在高台已有七年之久的烏魯木齊提督成祿趕速出關，會同留在巴里坤的烏魯木齊都統景廉（字秋平，滿洲正黃旗人）規復烏魯木齊。同時，吩咐文襄公撥兵增防肅州；文襄公遵辦了，卻又引起馬四的叛變，構成一個經過約摸二年才結束的肅州之役。這些，大致以前已經報告過。十二月，成祿給文襄公參劾，革職拿問，清政府改派其時正在參加圍攻肅州的烏里雅蘇台將軍金順，並帶了成祿遺下部隊出關，責成文襄公對於出關部隊，料理給養。同治十二年（1873）九月，肅州克復，而陝回首領白彥虎自從給文襄公逐出董志原，先後竄入金積堡、西寧、肅州，終於挾了餘眾數千人，逃出關外，這時便和安集延人合流，盤踞大泉和黃蘆崗一帶，圍攻哈密，侵擾巴里坤，又勾結烏魯木齊、瑪納斯（今綏來縣。準噶爾語：“瑪納”謂“巡邏”，“斯”謂“其人”；便是說：“濱河有巡邏者”）、昌吉（漢劫國）和古牧地回眾，分撲沙山子和沙灣各要隘。一方面，俄人又揚言要進兵瑪納斯。這樣，便增加了新疆混亂的局面。於是，清政府再催金順出關，命令文襄公在玉門安設轉運糧台。文襄公要求清政府另派戶部堂官，攜帶帑銀，出關辦理。清政府說得好聽：“糧運採買，非地方大吏辦理，則呼應不靈，不必再派部院人員，以期事權歸一。”同治十三年（1874）七月，清政府命景廉為欽差大臣，金順為幫辦大臣，負責辦理關外軍務。九月，派文襄公督辦糧餉轉運一切事宜，袁保恒作為幫辦。袁保恒原是在西安督辦文襄公西征糧台，這時便着手把西安糧台移設肅州。不幸這四人之間，意見不一致，爭執很多，文襄公儘管着着準備，可是一切不能順利推進。更不幸日本侵入台灣，沿海各省吃緊，於是清政府方面發生了兩個相反的意見：一個是主張暫把關內外大軍守住現在地位，不必進取，只招撫各地回目，許其自成部落，但奉中國正朔，像朝鮮或越南樣子，以便騰出財力，應付海防。又一個主張，以為關外一經放棄，不但先丟掉天山南北路，回眾還有回竄可能，關中也不能確保安全，未便就此停止進兵。

光緒元年（1875）二月，清政府把整個新疆問題，密詢文襄公。於是文襄公激昂地、懇切地披陳他的見解。文襄公以為新疆是決不能放棄的，放棄了新疆，西北各省區都不能保固。這是文襄公卓越的認識，在以前已經提到。文襄公還以為從歷史上看：

> 周、秦、漢、唐之盛，奄有西北，及其衰也，先捐西北，以保東南，國勢浸弱，以底滅亡。（《書牘》二十卷六頁）

故只有保住西北，才可控制東南；光想保住東南，不但保不住東南，勢必最後連西北都失掉。文襄公又以為用兵西北，所費實在並不太多；即使停止進兵，經常費用，也是要的，所省有限，對於東南海防，沒有多大補濟，而對於西北塞防，大有妨害。只有把新疆整理好，使他足以自給，才真有錢可省。最後文襄公坦白聲明：

> （景廉）泥古太過，無應變之才。所依信之人，阿諛倚勢，少所匡助。
>
> 金順為人，心性和平，失之寬緩。雖有時覬便乘利，而究知服善，無忌嫉之心，故亦為眾情所附。平時粥粥無能，帶隊臨陣，尚能奮勉。……以現在通籌全局而言，金順既居前敵，任戰事，似宜以戰事責之。
>
> 袁保恒立意牴牾，意圖牽率。同役而不同心，誠不如一人獨辦之為愈。（《奏稿》四十六卷四十二頁）

同時，文襄公還把那時的敵情，應付的軍謀，一一陳說。文襄公這個覆奏上去，大局急轉直下。三月，清政府把景廉和袁保恒一併調京，命令文襄公以欽差大臣督辦新疆軍務，金順調補烏魯木齊都統，幫辦新疆軍務。於是兵、餉、糧、運四大事件，統歸文襄公區處，一如用兵陝甘樣子，完成了文襄公收復新疆的大業。胡林翼說過：想做大事，不要怕包攬一切。文襄公做事，就是向來不怕包攬一切的。

現在吾們慶幸新疆仍在中國版圖之內，一定要歸功於文襄公。可是，吾們不要忘記還有一位文祥（字博川，滿洲正紅旗人）啦。文祥在同、光兩朝，以大學士在軍機大臣上和總理各國事務衙門行走，是一個重臣。不是上面說過，台灣事件發生後，政府有兩派主張嗎？文襄公是無疑的要收復新疆的。文祥也以為不能保新疆，就不能保西北。他就是政府中的又一派，承認新疆有收復的必要。所以最後決定採取文襄公的主張，繼續用兵新疆的，正是文祥；而最後決定給文襄公全權用兵新疆，還做他後盾的，也是文祥。吾們看上面種種曲折，便可見得清政府初意仍要用滿洲人來收拾新疆，卻不知道景廉之輩都是不中用的。文祥正好比肅順（字雨庭）；肅順也是滿洲人，是咸豐朝的重臣。他也看出滿洲將帥不中用，獨力主張重用曾國藩，還在官文想利用駱秉章彈劾樊燮，傾陷文襄公的案子內，搭救了文襄公，使他們來收拾太平軍。後來肅順的給咸豐后處死，可說是一個冤獄。他的反對垂簾聽政，是有法律上的根據的。不過，肅順因為有了這一個不平凡的死，至今人家還知道有一個肅順。文祥的為人，中正和平，大家就不很知道了。話說回來，一個軍國大事的決策，要靠有遠大眼光的政治家；當重要關頭，總要擴大胸襟，恢宏度量，不拘界限，重用奇材異能之士；而完成這個決策，更得像文襄公所說“中外一心”。當日淪陷十幾年的新疆，就在這幾個條件下收復的。

（乙）糧運

文襄公說過：

糧運兩事，為西北用兵要着。事之利鈍遲速，機括全繫乎此。千鈞之弩，必中其機會而後發，否則失之疾，與失之徐，亦無異也。（《奏稿》四十三卷六十八頁）

文襄公又說：

買糧一事，須預計馬步實數，克日行走，到地食用外，再預備裹帶數日。一路一處，均須籌計。少買不足供食，多買又裹帶累贅。若轉運前去，發給腳價，耗費太重，殊嫌不值。且轉運軍糧，必須廣拉車馱，車馱一入軍營，往往打越過站，民間甚以為苦。（《書牘》十三卷六十三頁）

這可說是文襄公對於西北糧運的理解。

根據“買糧一事，須預計馬步實數”之說，文襄公於用兵新疆時，假定：步隊每營算勇丁五百名，長夫二百名，合七百名。馬隊每營算馬勇二百五十名，戰馬二百五十匹。一營馬隊，抵二營步隊。每一名勇夫口食，每日淨糧一斤十兩或每月四十五斤。每一匹戰馬馬乾，每日料五斤，草十二斤。有多少部隊，便按這個標準籌備多少糧料。

文襄公籌劃用兵新疆時的軍糧，有幾個來源，分為南路和北路。

一是河西。前面已經說過，甘肅軍隊給養，原是向地方捐派，人民苦累不堪。例如楊占鰲在甘州，規定每正糧一石，捐糧五斗五升，捐錢二串。所以文襄公改為採買。文襄公很坦白的要求老百姓：留起自己所需食用和籽種，一概賣給軍營，不要囤積居奇。同時，允許他們照民間交易，歸涼、甘、肅、安營屯局收買。這營屯局由道府（或知州）會同辦理，原是經營兵屯的一個機關。不過這件事問題很多，便在同治十二年（1873）十二月，甘州地方發生一個不幸的情形：由於土豪劣紳的興風作浪，由於貪官污吏的營私舞弊，市上糧價每石市斗三百斤，驟然從四兩漲到六七兩之多，老百姓不肯和官交易。經文襄公查明，把地方痞棍當場杖斃兩名，更把幾個不肖官吏撤革懲辦，風潮才算平定。怎樣規定採買數量和價格，很難恰到好處。數量定得太少，則不夠軍食，太多則地方又不夠供給。但文襄公以為寧少毋多。他反對竭澤而漁，他怕“奪民食以餉軍，民盡而軍食將更從何出？”（《奏稿》四十六卷三十九頁）文襄公對於價格，以為誠然不可抑勒，但也不宜提高，因為人情是貪心不足的，這樣勢必把糧價越抬越高。逼着無糧出賣的人民要買昂貴的糧食，生活費激增，怎樣負擔；而在有糧出賣的人民，為貪一時的利潤，也許可以罄其所有賣去。於是到了青黃不接之時，大家沒有存糧可吃；及至農時，更沒有種子可播。同治十三年(1874)，便有這種現象，還得文襄公在各郡縣廣設粥廠，煮賑療飢；一面散給籽種，免誤農時。所以文襄公很沉痛的說道："富者之慾未厭，而貧者之苦愈甚！"（《奏稿》四十六卷二十頁）而文襄公的結論是照民間價格，發給實銀，不折不扣，最為公道。現在統計文襄公歷年在河西採買的數量：同治十二年是十六萬三千餘石，十三年是十九萬石，光緒元年是十二萬二千石，都以市斗計算。照同治十二三年的採買數量，把糧價高下和運費多少，通扯計算，每一百斤約為五兩五錢。涼州往西，路太遠，運費太貴，所以光緒元年以後，沒有採買。文襄公以為河西久經兵燹，田畝還多荒廢，現在每年採買這樣大量糧食，實在已比承平時整個甘肅省應徵田賦還多，所以後來關外統兵大員還要向河西加採，文襄公堅決不應。但是諸位還要記住：當大軍出關之時，正有肅州之役。在最後幾個月，肅州一隅，聚集了六十營馬步各軍，糧食便發生絕大恐慌，只好把後起大軍留在甘州和鎮番（今民勤縣）等後方就食；及至肅州收復，更忙把一部分大軍開到寧夏一帶就食。這裏的問題就為糧食運輸趕不上供給需要。

二是口北。從包頭向西到射台、大巴一帶，其間是烏里雅蘇台、科布多和歸化各城所屬蒙地。沒有台站，卻有屯莊。蒙漢雜處，產糧很多。大巴到巴里坤，台站和屯莊都沒有，但交通還方便。這是一條從歸化到巴里坤的捷徑，不須經過烏、科兩城。既有糧可購，又有駝可僱，價格也便宜，所以一般商旅都喜歡走這路，造成了巴里坤的繁榮。那裏棉價、布价和糧價都和內地相近。便是古城子（今奇台縣）和烏魯木齊的商貨，也都從巴里坤轉口。文襄公既調查明白，就決計在這一帶採買軍食，就歸化設了一個西征採運總局，就包頭設了一個分局。寧夏，大家知道是產糧之區，文襄公也設了一個局。在定遠營一帶採買後，經過察罕廟，在喀爾喀（外蒙古）邊境的巴尚圖蘇廟地方，和歸、包糧食取同一路徑，運到巴里坤。而有一時似乎也曾先在寧夏由黃河水運七日到歸、包，然後併交駝運，據說運費也並不吃虧。同時，在烏里雅蘇台和科布多一帶，也儘量採買。不過在這裏產糧很有限，所以當回氛猖獗，寧夏、肅州和哈密一帶運道阻隔時，還只好遠從九千里外的張家口採糧，運由烏、科轉到巴、古，白麵每石貨價一兩數錢或二兩，運費十餘兩。

三是就地採買。巴里坤和古城子一帶，本是產糧，可是景廉堅說不夠，定要向關內採運。其意在據這糧區為私有，不許別人染指。後文襄公查明巴里坤可買一萬餘石，古城子可買五六千石，南山可買七八千石，濟木薩（漢金滿城，今孚遠縣）一帶可買七八千石，烏魯木齊北路可買八九千石。都是當地屯田的收穫，已除去兵民消費量計算。文襄公就告金順就地取給。

四是在俄邊採買。俄國的在山諾爾——一譯宰桑淖爾——地方，緊接我國布倫托海（今布倫托海縣）邊界，距離古城子數百里。俄人願代採買五百萬斤，包運到古城子，價款和運費統共每一百斤只需銀七兩五錢。這是當初一個俄官叫做索思諾福齊的到蘭州遊歷時，自動向文襄公承攬。這個俄官的行徑，以後還要說到。後來又有一個俄商叫做康密斯克的，向金順攬辦俄糧一千萬斤，由西湖（今烏蘇縣）包送到昌吉，包括運費在內，每石三百數十斤，也只需銀六兩。不過後來知道這宗糧還是伊犁所產，從伊犁運出。

以上河西認為南路，其餘為北路。此外還有新辦屯田所產。文襄公自肅州收復，就勸導河西各屬人民歸農，並在哈密和巴里坤等地興屯，希望增加糧產，以供給養。惟這個收穫，沒有統計可考。只知道張曜一軍先開駐哈密，就實行墾田二萬畝，每年產糧幾千石，對於出關大軍給養，大有幫助。巴里坤一帶，原有屯田，不過受兵事影響而荒廢，經文襄公幫助興復，糧產旺盛，便把歸、包、寧夏一路採運停止。惟在屯田採糧過多，屯戶無利可圖，便有流亡現象，這是文襄公特別注意的。

說到給養，當時有一個爭執，便是文襄公認為南路軍糧，最遠只能運到哈密為止，供給出關經過各軍的消費。至於各軍到了新疆北路和原在新疆北路各軍軍食，應儘量就地取給，或向北路採運。那理由是從河西到新疆北路，道遠運艱，勞費太甚。文襄公以為：從古用兵關外，向沒有從關內運糧。便是道光中用兵新疆南路，還從北路伊犁和烏魯木齊運阿克蘇。岳鍾琪確曾主張在關內運糧十四個月，但不久就停止。可是關外各軍，仍要求由關內供給，清政府也責成文襄公從關內轉運。及至文襄公把調查統計提出，就見得文襄公的理由很充分。文襄公把運糧一百斤為單位，算出各地段的運費。從涼州到安西，七兩七錢內外。從安西到古城子，也要十五兩多。至於從烏里雅蘇台或科布多到巴里坤或古城子，只須三兩多。就是從包頭、歸化或寧夏到巴里坤，通扯也只須八兩內外。至於在古城子一帶當地糧價，每石三百數十斤，只合三兩銀子。當然就地取給最上算，而從河西運往，最不上算。河西當地糧價，每石雖只四兩銀子，而每石運費，從涼州到古城子，要算到五十七兩，比糧價高起十四倍，真是可以駭人的一個數目。所以景廉嫌烏、科採運糧食到古城子，每石要十一兩太貴，定要關內運糧。文襄公便駁他說：

> 不知關內之糧，由涼運至安西，即需十一兩有奇，合糧價運腳計算。若再由安西運哈密，運巴、古，尚須加運價十一兩有奇也。（《書牘》十四卷三十五頁）

更有趣的，景廉要求關內運糧到古城子，以十萬石為度。文襄公說：十萬石就是三千餘萬斤，不是連運四五年，不能辦到。原來這位欽差大臣沒有想到涼州到古城子，足有三千五百里，還要越過天山呀！

如上所述，用兵新疆所需軍食，經文襄公分途採運，分地積存，截至光緒二年（1876）四月，由河西運存安西和哈密的，約一千萬斤；由哈密運存古城子的，約四百萬斤；從歸化和包頭運存巴里坤的，約五百萬斤；從寧夏運存巴里坤的，約一百萬斤；俄糧運存古城子的，也約有四百八十餘萬斤。北路收復後，文襄公又命在古城子採糧一千萬斤，備運烏魯木齊；在巴里坤採糧，合歸化、包頭和寧夏，存足六百萬斤；在河西運糧六百萬斤到哈密。吐魯番收復以後，文襄公又命在吐魯番採存九百萬斤，一面把後路採存一千萬斤，分別從烏魯木齊和哈密遞運到吐魯番，再節節轉運到阿克蘇為止。阿克蘇以上，差不多完全就地給養了。文襄公存糧數量，以足供三個月口食，再從寬準備三個月為標準。至於這大宗軍食怎樣搬運的呢？況且軍糧以外，還有不少的軍裝和軍火。那是一個很大的問題了。

最重要的，還在從涼州經過哈密到古城子一段。就里程說：涼州到肅州九百里，肅州出嘉峪關到安西州六百六十里，安西州經哈密到古城子一千九百八十里，統共三千五百四十里。從安西到哈密十一站的一千多里中，一片沙漠，在亂離之後，沒有台站，沒有水草，只安西城北四站馬蓮井還可汲飲。從哈密到巴里坤，雖只有三百三十里，但要翻過天山，那就在冰天雪地中行走，格外艱阻。文襄公的計劃，是官運和民運並進，但是都要很大的代價。就官運說：先要分頭採買車駄；分幫遣派弁夫管理，車輛、鞍架、繩索、口袋和一應什物要隨時修理補充；牲畜要按站預備草料、醫藥；車輛損壞，牲畜倒斃，又要裁併、挑換、買補；而管理各機構開支，還不在內。就民運說：僱用車駄，規定每運糧一百斤，每一百里，關內給銀四錢，關外給銀五錢。使用差車，減半津貼。但在這樣沒有人煙的地方，長程搬運，民夫口食，牲畜餵養，還有應用什物，只要有一件短少，沒法補充，就得停下，不能前進。這樣不但費錢，還更費時。所以文襄公又命在經過各站，由官躉批購存糧料和什物，歸民戶領用，在運價內扣算。當然，這裏頭公家並不賺錢，還要賠貼多少，但文襄公以為只要搬運得快，還是上算。

這一段的運輸方式，都是"節節短運"。文襄公在肅州、安西和哈密各建倉廒，每處以存糧二萬石為標準。蓋文襄公認為：

> 長運疲牲畜之力，又為日太久，稽核不能迅速，故改短運為宜。(《書牘》十五卷十五頁)

不過以上所說，大概是最初在北路進兵時情形。至北路收復，向南路進兵時，軍糧從古城子運烏魯木齊而南，軍裝和軍火從哈密運吐魯番而南，不須越過天山，勞費較省了。

至於歸化、包頭和寧夏糧食到巴里坤，由商駝包運，實裝實卸，沒有多大損耗。駝行一天作一站，歸化和巴里坤間駝行三十多日，就作三十多站。寧夏到巴里坤，要短六七站。文襄公對於這一條路的糧運，最感滿意，也是最感興趣。

說到糧運，當時又有一個爭執：文襄公以為塞上運輸，因地制宜，應儘量用駝。因為每駝負五百斤，每日行八十里，這個運輸量，已算很大。又因為駝行關內，白天食料不過三斤，夜間放牧，不要草束；及到關外，則食草不食料，要是遇到勞乏，至多餵料一升，再加上些鹽。並且一個駝夫可帶管五頭駝，每天口食也省，最是經濟。可是袁保恒卻趕造了許多大車，要想全用車運。文襄公以為重車翻過天山，天山又向沒有車站，着實險阻難行。從前岳鍾琪用兵新疆，也曾用過大車運糧。但從肅州到了玉門布隆吉（蒙古語謂“水濁”），就命令停止前進，卻從巴里坤招丁夫三千名來接運過嶺。為的是甚麼呢？就為車運太煩，又太費。黃廷桂在哈密辦軍運，確曾用過大車，但他是把一半的大車空放到巴里坤，便由巴里坤運糧到庫車，又一半的大車則便從哈密運糧到吐魯番，根本不翻過天山。並且就照袁保恒的意思，重車可以安然翻過天山，事實上也沒有糧可供軍食。這是甚麼緣故呢？文襄公說：

> 按肅州、安西越哈密，二十四站，計程雖止二千二百餘里，而道路綿長，又多戈壁。車駄駝隻均須就水草柴薪之便，憩息牧飲，不能按站而行。中間人畜疲乏，又須停住養息。即催趲迫促，斷非三十餘日不能到巴。計每騾一頭，日須噉料八斤，一車一夫，口食日須兩斤。蘭州以西，料豆缺產，餵養用青稞、大麥、粟穀等充之。畜食之料，即人之糧也。車行三十餘日，計一車運載之糧，至多不過六百斤。兩騾餵養，即耗去五百數十斤。車夫口食，亦須六七十斤。而車糧已罄，安有餘糧達巴里坤乎？即達巴里坤，而車騾之餵養，車夫之口食，又將安出？此不謂之虛縻不得也。（《奏稿》四十六卷二十二頁）

話雖如此，以後天山車道平治好，當巴里坤以上接濟困難時，文襄公也曾被迫一度從哈密原車運糧過天山到巴里坤呀！

文襄公和袁保恒還有一個爭議，便是糧台設置地點問題。文襄公以為：新疆地形，以天山為自然的界劃，分成南北兩路，哈密恰居其中。從哈密往北而西，經過巴里坤、古城子、烏魯木齊到伊犁，這是北路。從哈密往南而西，經過闢展（漢狐胡國，今鄯善縣。回語謂“草積”）、吐魯番、庫車、阿克蘇到喀什噶爾，這是南路。乾隆中，用兵伊犁，大軍從烏里雅蘇台和科布多進北路，故糧台就設北路。道光中，用兵喀什噶爾，大軍從阿克蘇進南路，故糧台設肅州。現在用兵對象，首在烏魯木齊，大軍往巴里坤和古城子進，分明在北路，而袁保恒仍要把糧台設肅州，分明失當。原來肅州距離古城子有二千九百六十里，太遠了，怎樣能把供應配合大軍需要呢？所以文襄公主張：當時的糧台，應設巴里坤或烏、科兩處中的一處。不過文襄公行軍是不主張多設糧台的，所以後來也沒有設，只在肅州、哈密和巴里坤等處，節節設局，已在上面提及。

再說文襄公用兵，所有糧運，向來都出相當代價，決不許擾累民間。在甘肅關內各軍呢，老是硬要人民白當差。於是當出兵關外之時，弄得河西一隅已經民窮財盡，要文襄公來籌備糧運，極感困難。文襄公在憤慨之下，曾寫給金順下面一件信，表示義正辭嚴的詰責：

軍興以來，十年於茲，各軍營坐食不戰。民間牲畜既被擾掠，又苦供億之煩。人則轉徙流離，地則荒廢不治。牲畜日耗，民力何以能支。於是而欲轉饋源源不絕，其可得乎？況關外一望平沙，無水草、無村落之地甚多，強拉民間牲畜過站，甚則扣留不發歸原主。無論孑遺難堪，即承平之後，物產豐盈，亦必難以接濟。天下事，不外人情物理。烏有倒行逆施而能濟事者乎？用兵所以衛民，今衛民之效未聞，而虐民之事則無不畢具。不知主兵者於目前事勢，日後事勢，亦曾涉想否？前此涼、甘兩郡素稱饒裕，近年荒瘠至此，是各軍竭澤而漁明效。（《書牘》十三卷十三頁）

文襄公要求從新籌措，改弦更張，你想這班只知藉兵剝民的軍人有甚麼辦法呢？不過文襄公這一番話，總算給老百姓喊出一片冤聲，所以特地在這裏引做一支淒苦的插曲。

至於運輸工具，照文襄公主張：關內以車馱為主，關外以駝隻為主，既是各用其所長，還是都可以省費。車馱之中，文襄公又主張：多用馱驢，少用大車。這是因為車的損耗較多，開支較大。對於車，文襄公又主張：多利用台車或僱民車，少備官車。文襄公曾把一批官備大車，廉價售給人民，指定專供台車。三套的每輛成本一百六十四兩，只作價一百三十兩；雙套的每輛成本一百十八兩，只作價九十二兩。文襄公的意思，賣作台車，歸人民所有，對於車輛的愛護，對於牲口的餵養，必比官車好。人民貪圖其便宜，官中貪圖其省便。駝的來源較窄。關內農家，向不畜駝。關外兵事既興，駝的損失很大。所以當時無論購僱，都不容易。文襄公初擬派員在蒙古搜購三千頭，只得一千二三百頭；而報到的，更只得六百餘頭。文襄公於是三令五申，嚴禁各部隊拉駝當差，嚴禁各官廳對駝戶徵收捐稅。經這一番廣大的招徠，來路才算盛旺。原來當時曾切實算過，每營糧料，光從肅州運玉門，便要駝九十多頭；從玉門運安西，也要八十多頭，確不是一個小數目呀！

當時在文襄公調度下的運輸工具，如今可以指數的：涼州和肅州間，有大車二千輛，驢一千五百多頭。安西、哈密、巴里坤和古城子間，有官駝三千頭，商駝一萬頭，大車三百輛。肅州和古城子間，有大車一千輛。古城子和烏魯木齊間，有大車五百餘輛，官商駝八千餘頭。巴里坤和七克騰木（回語，謂"得泉水"）間，有驢一千頭。烏魯木齊、哈密和吐魯番間，有大車九百餘輛，馱騾二千多頭。吐魯番到前敵，有大車三百輛，駝八千頭，馱騾一千頭。這並不是指那幾個地段常備着這個數目的運輸工具，只是指那幾個地段曾支配着這幾個數目的運輸工具。其運輸程期，如今可以指數的：肅州和玉門間三百六十里，駝行每月往返兩次；肅州和古城子間二千六百四十里，間天發車，來回八十天；古城子和烏魯木齊間四百六十八里，一個月內，車行兩轉半。吐魯番和達坂間二百餘里，大車來回六天。吾們看到這些數字的龐大，便可想到這個調度工作將是怎樣艱難。

關外運輸工具的缺乏，說來很可發笑。文襄公從東路調一軍駐防安西，在文書中鄭重吩咐說："多帶柳條筐、扁擔為妙。"作甚麼用呢？文襄公小字注着："須挑安西城外積沙。"(《書牘》十六卷五十二頁) 至於各隊出發，當然須得步行，還要隨身裏帶糧食。馮玉祥先生的父親也曾參加新疆之役，曾說：當初一路徒步出關，背着一袋十多斤的生紅薯，很是沉重，並且飢也吃紅薯，渴也吃紅薯，吃得很膩煩，以後見着紅薯，就要打惡心。

（丙）軍費

文襄公常怪運氣不好，跑到西北這樣窮苦地方，當地很少生財之道，要專靠別省協濟。在文襄公用兵陝甘時，我已把他軍費編過一個概算。如今用兵新疆，不妨再給他編一個軍費概算。不用說，原則上，新疆的軍費繼續使用陝甘軍費中的各省關協餉。

文襄公報告清政府，那時歸他統收的各省關協餉，總共每年八百二十萬兩。這就是我在以前報告過的下面四筆款子的一個總數：各省關原協甘肅各軍的一百八十萬兩；各省原協文襄公楚軍的二百四十萬兩；各關在洋稅項下加協文襄公西征的一百萬兩；各省在厘金項下加協文襄公西征的三百萬兩。不過文襄公又報告，在這八百二十萬兩內，還要劃去幾筆款子，統共九十六萬兩，所以實在歸文襄公統收的，只有七百二十四萬兩。這也是一個名義上的數目。文襄公就過去幾年統計，各省關實在解到的協款，通扯每年只有五百餘萬兩。所以截至光緒元年（1875）十月，各省積欠應解未解協餉，多至二千七百四十餘萬兩。至於文襄公統支的軍費，照文襄公說，包括兩大筆：一是裁撤四十營後所剩馬步一百四十多營的實餉，每年六百餘萬兩；包括軍餉五百數十萬兩、軍實七十萬兩、軍運三十萬兩。一是出關糧運經費，每年二百數十萬兩。兩共八百數十萬兩。這可知新疆用兵，運費要佔全部軍費三四分之一，這是一個重大的負擔。所以文襄公當初用兵新疆，務使出關的部隊減到極少數，一面對於採糧線路，非常注意，對於比較運費多少，非常仔細。像上面所述，我們該諒解文襄公的苦心了。

我們如把這一個每年應支總數八百數十萬兩，和那一個每年應收總數七百二十四萬兩比較一下，就可發現也只相差一百萬兩。但是如果和每年平均實在可收的總數五百餘萬兩比較，相差就有三百萬兩了。

這裏，要回頭說到塞防和海防之爭了。以往各省關欠解西征協餉，原因當然很多，可是文襄公認為後來是全受海防經費的影響。原來同治十三年（1874），日本侵入台灣，東南各省舉辦海防，由清政府在海關洋稅和各省厘金項下，撥充經費。這是和加撥文襄公西征經費同一來源，而比較關係更重要的在厘金部分。海防經費指撥江蘇和浙江等六省的厘金，每年統共二百萬兩。當時，西征在進行之中，所以清政府還特地聲明：這二百萬兩在西征協餉之外，各省應各解各餉，一併兼顧。可是福建就說，他要先其所急，把西征協餉暫行停解；廣東和浙江也有停解之意。吾們知道厘金收入最旺，同時協撥西征餉數目最大的省份，都在沿海；現在海防吃緊，事關切身利害，先己後人，也是常情。於是結果照文襄公報告，各省實解西征協餉，比平常又短了一半。換句話，便是往年還有五百餘萬兩，如今只有二百數十萬兩了。這在感情上，使文襄公很不高興；在事實上，也使文襄公很感困難。中國國防，自古以來，東南部分隔着汪洋大海，盡可作為天然保障。所要防範的，只有海盜和明代而後的倭寇。但在一帆一櫓和一刀一槍時代，中國的力量還夠應付，所以沿海不很需要設防。獨有從東北經過西北到西南，綿延幾千里都是大陸，邊外都是異民族，隨時隨地都可侵入，所以必須處處設防。不過西南異民族力量較差，所以在塞防之中，特別是西北部分最為吃緊。我中華民族和西北幾多異民族，在河西，在天山南北路，在漠南北，爭雄奪長的，正不知經歷了幾千年。到得清代，才把蒙古、新疆、青海和西藏一總收入版圖，西北塞防才算減輕了許多負擔。可是自從輪船發明，自從新式大炮發明，西洋各國乘風破浪，耀武揚威，都向中國沿海和沿江各省進發。便是小小日本也變成現代化的倭寇，而釀成台灣事件。這樣，海上也不能不設防了。文襄公在福州時，創辦船政局，原也是為海防。後來船政局經費不夠，文襄公雖在經營塞防，還從福建應撥西征協餉內，每月省下一萬兩作為補助。不幸剛巧西北邊塞，接二連三的發生了幾年兵事，中國只有一些力量，當然難以兼顧了。這樣就發生了塞防和海防的孰輕孰重的一個問題。主持海防的，希望停止塞防，省下塞防經費用於海防。這一派的代表，正是李鴻章。文襄公和李鴻章本是誰也瞧不起誰的。這樣，兩人感情越發壞了。那麼，文襄公怎麼辦呢？他要求兩江總督沈葆楨代他借外債一千萬兩。沈葆楨以為打仗借外債太不經濟，謝絕了這個使命。文襄公和沈葆楨本是很契洽的，這樣，兩人感情也惡化了。於是清政府出來主持，折衷辦理：由戶部在所收海關洋稅項下，一次提撥二百萬兩；由各省關把西征協餉盡先解足三百萬兩；由文襄公自借外債五百萬兩，合成一千萬兩之數。這三百萬兩是指定：福建省六十萬兩，廣東省五十萬兩，浙江省四十萬兩，湖北省三十八萬兩，江蘇三十萬兩，山西和四川兩省各二十萬兩，安徽省和閩海關各十萬兩，湖南省和山東省各六萬兩，河南省五萬兩，都限三個月掃數解清。自來戶部理財，總是不肯自己吃虧。這二百萬兩的洋稅，後來還令各海關在指撥海防經費內提還。這樣，主持海防的人們原想移塞防經費來充實海防，現在卻反移海防經費來接濟塞防了！多麼有趣的一個塞防和海防之爭啊！不過從此中國人有了一個覺悟，就是：起先大家以為只要中國也有輪船和大炮，便可自強，和外國一拚。現在才知道，要有輪船和大炮，先要有錢，要強先要富，於是大家想生財之道，中國現代化的實業從此萌芽了。後來又覺得中國政治不如外國，政治不好，富強沒有希望，於是又想改良政治，穩健的主張君主立憲，激烈的主張民族革命，清政府也就滅亡了。所可喜的，清政府移交中華民國的一份產業，還有比甘肅省四倍多大的新疆一片土呀！

再說軍費，以上所舉是限於文襄公直接統轄下各部隊的經費。至於旁的出關和原在關外各部隊，各有各的各省關湊集的協餉。例如金順本身所部，每年一百九十二萬兩，接統成祿所部，原有每年八十四萬兩，又接統景廉所部，原有每年九十萬兩。張曜所部，每年五十萬七千多兩。伊犁將軍榮全所部，每年六十萬兩。塔爾巴哈台參贊大臣豫師所部，每年二十八萬兩。哈密辦事大臣明春（字鏡泉，滿洲人）所部，每年三十六萬兩。新疆各城滿、蒙、綠營，原也各有各省關湊集的協餉，就文襄公用兵新疆時所可考的：山東每年四十二萬兩，山西十二萬兩，河南二十七萬兩，直隸三萬兩，統共八十四萬兩。分配於各城，大致可考的：烏魯木齊每年十八萬兩，哈密十六萬八千兩，巴里坤七萬二千兩，塔爾巴哈台十五萬兩。不過這些協餉，和文襄公西征協餉，同樣收不足。就像金、張兩軍，每年收到的實餉，分配給勇夫，每人只得三十多兩，實在不夠用。所以文襄公曾為奏明，現當出關，應另給正餉，以資飽騰。可笑戶部便請文襄公"查照例章，核定數目"。文襄公很痛快的奏駁，大致說：金、張兩軍協餉，向不歸他經手，要問各該統兵大員，戶部應該知道，他是"無可查照，無從核定"。大概戶部給文襄公駁得無話可說，後來索性要把出關各軍和新疆各軍協餉，歸文襄公統收統撥。文襄公雖然遇事不怕包攬，這時卻推得很乾淨。他知道，這事一經手，自己將變成各方要餉的對象了。原來部中人員辦事，總是搪塞、推諉和顢頇，剛強的文襄公常給他們頂子碰，戶部也常和文襄公鬧彆扭。我說及這幾點，要使讀者知道，文襄公自從用兵陝甘到用兵新疆，至少在財政上，可說始終是孤軍奮鬥的。

（丁）支配出關部隊

文襄公支配關內外部隊，極為精審。他的基本理論是：

> 自古關塞用兵，在精不在多。方全盛時，籌甲兵，即先籌芻粟。如漢趙充國，古稱名將，其駐軍酒泉即今之肅州治，敦煌即今之安西治，所陳兵事，重屯田而罷騎兵，留兵萬人，藉省大費。三奏力陳，行之卒效，至今言西北兵事者莫能外也。先臣兆惠苦守伊犁數月。維時，北路兵阻不前。其深入者，僅精兵數百。卒能力解重圍，宣威絕域。約計當時北路士馬，亦不過數千。然則道遠運艱，不能用眾，即古今承平無事，官私充足時，亦無以異可知也。（《奏稿》四十四卷四十五頁）

文襄公怎樣“籌芻粟”，已在上面報告，現在再報告文襄公怎樣“籌甲兵”。

不是以前已經說過麼？清政府起先只是接二連三的命令烏魯木齊提督成祿出關。但文襄公早就陳明：

> （成祿治軍無狀），此時遷延不進，固失事機；即令勉強出關，終難期其振作有為，克當一路。（《奏稿》四十一卷五十六頁）

成祿既撤職拿辦，清政府又命金順帶着成祿舊部出關。金順所部號稱三十營，成祿舊部號稱十七營。文襄公則以為實在都只有半數，便派安肅道史念祖（字繩之，江蘇江都人）特地去和金順商量，要他挑留精壯，裁併營頭。金順不肯，說之再三，只肯作三十營算。文襄公很不滿意，就奏請清政府命令金順併成二十營。文襄公又對清政府說：金順部隊，也是還得整理；就這樣出關，還是不中用。他願意另外保薦兩軍，先代金順出關。這兩軍便是張曜的嵩武軍和宋慶的毅軍。不過後來宋慶給河南巡撫調回潼關駐守，光是一小部分數百人跟着張曜去了。張曜帶着步隊十二營，馬隊二營。文襄公又怕他們實力太單，加上涼州副都統額爾慶額（字藹堂，黑龍江墨爾根城人）馬隊一營一起、總兵桂錫楨馬隊一營一起。張曜和桂錫楨便在同治十三年（1874）正月頭起出關，到哈密。金順和額爾慶額接着在三月二起出關，到巴里坤，和烏魯木齊都統景廉會合。

在這中間，清政府又命穆圖善帶所部出關，駐安西和玉門一帶接應。文襄公奏明：

> （穆圖善步隊）沾染軍營惡習已深，又何足恃。若率以出關，竊慮難與圖功，且恐有礙大局。無論冗雜之軍，虛糜至艱之餉，實為可惜。（《奏稿》四十四卷五十六頁）

並且安西和玉門糧料不夠，正為轉運麻煩，目前也不容大軍坐食。不如且把所有步隊完全遣撤，日後當由文襄公另挑精兵歸穆圖善督帶出關。清政府於是命穆圖善留涇州撤兵，後來別調他職，也不再有出關機會。

金順到了巴里坤，和景廉發生一些摩擦。那原因就是“景廉有糧無兵，金順有兵無糧”。文襄公既回明景廉不勝烏魯木齊都統之任，清政府就把景廉調回，教金順繼任，這在上面也已表過。景廉所部，號稱三十四營（包括部隊大致可考的：除景廉自帶靖邊軍馬步六營外，約計果勇馬步五營、健銳營步隊四營、振武營馬步八營、定西營馬步七營，又其他步隊四營）。照文襄公調查所得，實在只有八千五百多名，照每營五百名合算，只有十七營。金順說已併成二十五營，文襄公要求金順再汰弱留強，併成步隊九營、馬隊十營，於是金順所部約共四十營。到新疆北路平定後，文襄公復要求減汰歸併到二十營。還有其餘原在新疆各城部隊，文襄公都逐加甄別裁併，只教他們負防守之責。文襄公不滿意於穆圖善和金順輩的部隊，並不是存着成見。穆圖善部隊在文襄公到西北後，只在河州打過一次敗仗，以後便沒有再打過一仗，這是事實。金順部隊最後在新收回的伊犁叛變，也給文襄公的批評作一個證明。

及至作戰時，文襄公先後遣派下列各軍：劉錦棠湘軍馬步二十五營——包括董福祥等甘肅土著各部隊，徐占彪蜀軍馬步五營，金運昌（字景亭）皖軍即卓勝軍馬步十營，侯名貴等三營——包括炮營，這都是指開出新疆，在前敵作戰的；又有徐萬福（字翰臣，湖南長沙人）三營，范銘一營，易開俊（字子喬，湖南湘鄉人）七營，譚上連（字雲亭，湖南湘鄉人）四營，這都是指開出新疆填防的；連金順、張曜和榮全等部隊，統共在七八萬人之間。至於從嘉峪關到哈密之間，另派各部隊，不必細說，按之清代已往歷次用兵準、回兩部，從未超過十萬人，這個數目當與實際相去不遠。

文襄公對於大軍出關，也有一個很仔細的安排。他先把甘、涼糧料運存肅州，再從肅州運存玉門，然後頭批部隊開拔到玉門，用自己營中駝隻，搬玉門存糧到安西，隨後部隊跟着到安西。騰出車駝，回頭搬第二批糧料，接着第二批部隊開拔。以後都是這般辦理。文襄公以為這樣層遞銜接，人力和畜力可以舒展，不致有甚意外。這是出關的第一段。每批到了安西，小小停頓，再分做幾起前進。因過了安西到哈密，一路便在戈壁中行走，就是"苦八站"。糧食還可裹帶，柴草還可儲備。獨有水泉缺乏，雖是多方疏浚，每天每處還不夠千人百騎的汲飲。現在可參考的，像金運昌軍人馬五千，便分做五批出發，還分成間天出發，每批只有人馬一千。這是出關的第二段。大軍出關的飲料，比甚麼都嚴重，吾們看漢代行兵西域，每因久不得水，致喝馬溺，便可想見。所以像紅柳園好容易新開一井，卻給勇丁洗東西攪臭，文襄公為之大怒，出示嚴禁糟蹋水井。又像阜康到黑溝，也是一片戈壁，數十里沒有水泉可供汲飲；因此文襄公特命老湘軍就有水處開渠導流以供軍士。吾們不要以為做大帥的太注意這種小節目，須知一井雖微，關係着數十萬人馬的安全呀！實在不光是關外，便在關內，西北行軍也有多少地區缺乏飲水，值得重大的注意。

宣統三年（1911），袁大化（字行雨，安徽渦陽人）做新疆巡撫，在他到迪化的途中，著有《辛亥撫新記程》一書。書中一段說：

> 光緒初年，左文襄公進兵新疆，因水草不便，從三道溝、橋灣營出邊，走蒙古草地，入黃蘆岡，進剿省城，未嘗經安西、哈密間戈壁，最為得計。否則大軍一出此途，水草俱無，即無前敵阻撓，人馬飢渴而死者必多。至今三十餘年，謀國者尚未將後路開通，誠大恨事。現擬先浚水源為入手辦法。

後來謝彬著《新疆遊記》，也抄上這一段。可是我考查當日各軍出關，似乎都走安西、猩猩峽、哈密一路。這路雖屬荒涼，但其時沿路供應，已有相當佈置，不至“水草俱無”；哈密也已有防軍，更不怕“前敵阻撓”。袁大化所記，不知是何根據。況出關各軍，都以巴里坤或古城子為目的地。如走蒙境，也盡可直達，何必再進黃蘆岡，再到哈密，反要翻過天山。不過老湘軍最初出關，為接濟軍火，文襄公曾寫信給劉錦棠說：

> 此後或由此間官民車徑解巴里坤、古城，以取捷便，不過哈密、天山，似較妥速也。（《書牘》十六卷二十二頁）

既是不過哈密和天山，想必就是繞走蒙境，而不再進黃蘆岡。所惜文襄公這個計劃，有沒有實行，無可稽考。可稽考的，當時直解古城的軍實，卻仍走哈密。文襄公又為：

> 巴里坤有數徑可達安西，不復經由哈密，飭記名提督徐占彪帶所部馬步四營駐之。（《奏稿》四十八卷三十三頁）

但在給幫辦甘肅新疆軍務劉典信中說：

> 徐占彪於昨十七日始統所部出關，由玉門、安西、哈密至巴、古，聯營繼進。(《書牘》十六卷四十四頁)

這又似乎沒有繞走蒙境。況且徐占彪原駐寧夏，盡可打從蒙境，一直往西；現在仍打從肅州出關，也似乎沒有再繞走蒙境的情理。

七

收復新疆

（甲）緩進速戰

光緒二年（1876）三月十三日，文襄公以欽差大臣，從蘭州省城移節肅州，督辦新疆軍務。駐城東南大營，面對雪山。烏魯木齊都統金順、廣東陸路提督張曜和記名提督徐占彪各帶所部先已出關。總理文襄公行營營務、總統湘軍劉錦棠也早到肅州。文襄公把前敵指揮全權交給劉錦棠。劉錦棠所部馬步二十五營，分三批出發。最後於四月初三日，劉錦棠也祭旗啟行。收復新疆的一本歷史劇快要上演了。

這一本歷史劇，可以分做三幕：第一幕是收復北路；第二幕是收復吐魯番；第三幕是收復南路。劇中主角劉錦棠，用兵向來勇猛無前，所以綽號叫做"大鬮"，我們現在正好靜看大鬮大獻好身手。

這時新疆的形勢：俄人佔據伊犁，在西部；清政府殘餘的勢力，保存於從哈密，經巴里坤、古城子，到濟木薩和塔爾巴哈台的一線，在東部和北部；其餘部分，都在安集延阿古柏控制之下。清政府所保地區，雖只有狹長的一條，但很重要。因為由甘肅出關到新疆，哈密是第一重大門，巴里坤是北路的門戶，吐魯番是南路的門戶。漢和匈奴爭西域，也以控制哈密為主要關鍵，雙方為奪哈密，經過幾次血戰。現在吐魯番雖已失去，虧得哈密和巴里坤還存在，足供文襄公進兵之用。這是上面所說巴里坤總兵何琯勉力掙扎的結果。後來文襄公以微詞把何琯劾罷，難免刻薄寡恩之誚了。阿古柏本人並不在北路，他只派馬人得做阿奇木，守着烏魯木齊，同時管理古牧地、昌吉、呼圖壁和瑪納斯諸城。馬人得原是自稱清真王妥得璘同黨馬仲之子。先是妥得璘攻阿古柏，給古阿柏所敗。接着阿古柏連合馬仲攻妥得璘，迫其投降，馬仲就為阿奇木。後來，馬仲又給徐學功所殺，馬人得繼為阿奇木。妥得璘死後，餘黨馬明等也降了阿古柏。陝回白彥虎自從竄出關外，也削髮易服，和阿古柏結為一起，守着紅廟子，就是烏魯木齊的漢城——迪化州城；因為那邊有一座山，叫做紅山，山上有一座廟，叫做玉皇宮，於是土人就把這個地方叫做紅廟子。

文襄公的佈置：徐占彪守着巴里坤到古城子一線，扼敵北竄；張曜守着哈密一區，扼敵東竄；金順一軍駐濟木薩，在最前線。文襄公楚軍馬步二十九營，分屯肅州、玉門、安西、敦煌和哈密間，在大後方。從肅州，經哈密、巴里坤、古城子，到濟木薩，這一條二千八百里綿長的路線，是官軍主要的運道，也是到處可給敵人截斷而竄逃。所以文襄公防護異常周密，特別注意嘉峪關內的青頭山，因為敵人在這裏可以竄入青海和西藏，這樣，兵事又要蔓延開去了。在這一條路線之後，便是烏里雅蘇台、科布多和塔爾巴哈台等城，所有其中要隘，都歸這幾城駐軍扼守。文襄公又命令哈密回王，不准容留奸細。他說：從前金人謀宋，派精通漢話的親信，假充商人，來往開封達十餘年之久，宋朝虛實徹底明了。故兵端一開，宋人防守情形，都在金人控制之下，便沒法抵抗。奸細足以亡國，不能不防。於是雖以哈密回王之尊，文襄公也要以命令行之了。

北路用兵的目標是收復烏魯木齊。從濟木薩往，向西二百四十里是阜康城，又西一百多里是古牧地城。再從古牧地往，才是烏魯木齊。這樣，古牧地便是烏魯木齊的外衛。所以當六月初一日，劉錦棠到濟木薩和金順討論進兵方略時，探得馬明和白彥虎等已移防古牧地。從阜康到古牧地，有兩條路：一路走西樹兒頭子，是大道，卻要經過戈壁，汲飲難得；一路走黃田，水源充足，是別徑，卻已給敵人筑卡樹柵，嚴密守護。分明敵人意中要迫官軍走大道，好從中斷絕水源。劉錦棠故意在西樹兒頭子築壘鑿井，裝出走大道模樣，突於六月二十一日夜，約金順軍潛向黃田出擊。於是二十二日便拔了黃田，二十八日克了古牧地。劉錦棠在古牧地檢得漢回文信一通，正是烏魯木齊答覆古牧地求救的機密文件，大致說：烏城精壯都已派來，沒人防守，南路的兵也不能就到，古牧地可守則守，不可守便退到烏城。劉錦棠知道烏城空虛得很，立刻更向烏城進發，二十九日便又收復了烏城、迪化州城和妥得璘所筑偽王城。接着，盤踞在昌吉、呼圖壁和瑪納斯北城的回眾都棄城翻山而逃，只有瑪納斯南城還有人守着。於是金順從昌吉進攻瑪納斯南城，劉錦棠就東南各山谷間搜剿殘敵，計劃乘勝南下。不料瑪納斯南城城小而堅，金順打從七月十五日起，連攻一個月，無功。八月中，劉錦棠調湘軍往。八月底，伊犁將軍榮全也帶兵往。三軍會攻，直到九月二十一日才算攻下，收復了新疆北路。

阿古柏既失去烏魯木齊等城，招集各城殘部守達坂城——九台，拒劉錦棠軍。達坂城在烏魯木齊南二百里。又命馬人得守吐魯番，拒張曜軍。吐魯番在哈密西一千餘里。阿古柏本人守托克遜（今托克遜設治局），構成犄角之勢。達坂城又叫做阿喇巴爾噶順（準噶爾語謂"黑虎城"），形勢險要，為南疆門戶，阿古柏在這裏筑上三個城池，為固守之計。白彥虎一股起先逃匿南山小東溝，見官軍有進兵達坂城模樣，又從南山竄入古牧地和阜康一帶，想牽制官軍後路。經劉錦棠發覺擊敗，也便退入托克遜。後來，阿古柏得知官軍停兵不進，又把達坂新城移筑兩山間，命大總管愛伊德爾呼里帶着重兵防守；調白彥虎幫馬人得守吐魯番；調他第二個兒子海古拉守托克遜。阿古柏本人退守喀喇沙爾策應。喀喇沙爾北距托克遜八百四十里。

在文襄公這方面，也另有一番調度：調派侯名貴等炮隊一營、馬隊二營和金運昌步隊五營，出關到烏魯木齊，補充劉錦棠的湘軍；調派徐萬福等五營，從安西移屯巴里坤，替出徐占彪的蜀軍；調派哈密辦事大臣明春的健銳營兩營和威儀軍兩營接屯哈密，替出張曜的嵩武軍。這都是文襄公預備進攻吐魯番的，統共馬步四十多營。因為金順軍攻瑪納斯南城，不能就得手，耽延了兩個月，已到大雪封山的時候，故直待至來春才發動攻勢。

光緒三年（1877）三月初一日，劉錦棠從烏魯木齊往南，翻山向達坂城和托克遜城進。張曜從哈密經瞭墩往西，先屯鹽池。徐占彪也從巴里坤往西，經穆家溝到鹽池。在鹽池取齊，再往西向七克騰木和闢展進。三軍最後目標是會師吐魯番。吐魯番是南路門戶，有着滿漢兩城，海古拉又筑了一個王府，很雄壯堅固。因為哈密到吐魯番有一千多里，巴里坤到吐魯番也有七百多里，而烏魯木齊經達坂到吐魯番只四百多里，所以張徐兩軍行止，全聽劉錦棠規定。三月七日，劉軍克達坂城。同日，張徐兩軍也會克七克騰木，這樣便打開了吐魯番的大門。初九日，張徐兩軍又會克闢展，便指吐魯番移師，一路又攻拔回王的魯克沁城（漢柳中，西域長史治所）和哈拉和卓城（漢高昌壁，戊己校尉治所）。劉錦棠也於十二日在達坂城分軍指吐魯番移師，盡一日一夜之力，於十三日到吐魯番。這時，張徐兩軍也已到，便於當日會克滿漢兩城。同日，劉軍克托克遜城。達坂城之捷，係星夜潛行，出敵不備，殲盡守城之寇，殺盡外援之寇，使阿古柏部眾一人一騎不返。故風聲所播，海古拉早已棄守托克遜，白彥虎早已棄守吐魯番。達坂城的愛伊德爾呼里代阿古柏乞降，願縛送白彥虎，獻出南八城。吐魯番的馬人得也開城乞降。這樣，就收復了吐魯番全境。

四月初十左右，阿古柏在庫爾勒（今庫爾勒設治局。回語謂"觀望"；便是說："地形軒敞，可供眺覽"）自殺。原來阿古柏自在吐魯番失敗，便從喀喇沙爾撤退庫爾勒。愛伊德爾呼里派人勸阿古柏縛送白彥虎，獻出南八城。可是，這時的阿古柏已沒有甚麼威權，不能控制白彥虎。便是當地纏回，因為阿古柏以往的橫暴，怨毒很深，正想乘機反抗，不肯再受阿古柏約束。並且吐魯番是南路八城門戶，現在門戶敞開，官軍盡可直入堂奧，已不易抵抗。阿古柏明知大勢已去，便服毒而死。海古拉把他父親屍體沉池水中三天，然後取出，用香牛皮包裹，和他死黨運往西去。於是白彥虎踞守了庫爾勒。海古拉行到庫車，給他哥哥伯克胡里所殺。伯克胡里搶了阿古柏屍體，退守喀什噶爾的滿城，命曾把自己女兒獻給阿古柏作妾的綠營叛弁何步雲守着漢城。庫爾勒在開都（回語謂"曲折"）河西岸。開都河源出天山，所以又名通天河，向南流過喀喇沙爾城西，向東注入博斯騰淖爾，又向西流過庫爾勒城東。白彥虎便壅開都河水，使喀喇沙爾和庫爾勒間一百數十里成為澤國，使官軍無從問津。

放在眼前的態勢，進兵南路，分明已是不成為一個過於困難的課題，文襄公卻並不急於續進，他以為這時正值夏天，氣候太熱，不便用兵，且等秋高氣爽，再行長驅直入。原來吐魯番的熱，正和巴里坤的冷、安西的風並稱，叫做"關外三絕"，所以明代名為火州。文襄公支配進攻南路的兵力，劉錦棠湘軍為前驅，張曜嵩武軍為後勁，徐占彪蜀軍調回巴里坤和古城之間。吐魯番境內，另調易開俊馬步七營填防。文襄公預測：伯克胡里只會堅守，不會流竄；白彥虎只會流竄，不會堅守。因此文襄公以為將來進兵南路，最要阻遏白彥虎的流竄。文襄公又預測，白彥虎流竄的路有三條：第一條，是往西竄庫車和阿克蘇一帶；第二條，是往西北，繞過伊犁境界，竄昌吉和瑪納斯；第三條，是往東北，繞過《漢書》稱蒲昌海或鹽澤的羅布淖爾和吐魯番境界，竄敦煌，入青海。假定白彥虎走第一條路，那也是官軍必經的路，當然向西追剿，沒有問題。假定走第三條路，所過既是地僻人稀，大隊人馬不易通行，況且後路官軍盡夠截擊，狡猾的白彥虎未必冒這險着。那麼，只有昌吉過來，地勢平衍，道路紛岐，最易奔衝，最難遮截，所以白彥虎走第二條路，也是最有可能。文襄公着眼這一點，就先知會精河以東和以北各城防軍，務必加意偵探，加緊防範。

在文襄公沒有進兵南路以前，可把南路地形先說一個大概。南路自從乾隆朝平定，設立八城：從吐魯番而西，是喀喇沙爾、庫車、阿克蘇、烏什，這又叫做東四城；從阿克蘇而西南，是葉爾羌、英吉沙爾，從葉爾羌而東南是和闐，從英吉沙爾而北是喀什噶爾，這又叫做西四城。吐魯番和喀什噶爾間，統共四千一百里。

光緒三年七月十七日，劉錦棠湘軍開始從托克遜出發。先撥幾小隊分兩路到曲惠（楚庫爾），沿路搬運柴草，開浚泉源，按程預備，給大隊供應。二十一日，劉錦棠親督大隊，也分兩路前進，都在曲惠取齊。還有一枝部隊，留着隨後出發。二十七日，劉錦棠的大隊離曲惠，又分兩路：他自己從大路向西，指庫爾勒的面，這是正兵；另派一枝向東，傍博斯騰淖爾，再向西進，指庫爾勒的背，這是奇兵。已在上面表過，這時喀喇沙爾和庫爾勒間一片汪洋，深的地方可以滅頂，淺的地方也及馬背。湘軍或跣足而過，或搭橋而渡。一面堵塞上流，一面趕修車道。九月初一日，錦棠不受絲毫抵抗地收復了喀喇沙爾城，城內也水深數尺，甚麼都沒有。初三日，到達庫爾勒，又只是一座空城。從捕獲的間諜口中，探知白彥虎收了秋糧，便連人帶物，搬到了庫車。幸虧懸賞找尋窖糧，掘得數十萬斤，才得果腹。原來西北地氣乾燥，農民習慣闢窖藏糧，這批糧卻沒有給白彥虎捲去。劉錦棠把糧食安排妥當，才又向庫車出發。在兩天之中，奔了七百九十里路。十二日，才在庫車城外打了進兵南路以來的第一仗，很容易的克復了庫車城。文襄公知道了"得羊一萬二千隻，西瓜有重一百二十六斤者"，快活得認為"物產豐盈，實非意想所及"(《書牘》十九卷四十四頁) 離了庫車，就以阿克蘇為目標。過拜城 (漢姑墨國。回語謂"富厚")，得知白彥虎和安集延人方從昨天過去。過木雜喇特河邊，望見敵人方催眷口渡河，在上下銅廠間，大殺一陣。又過一段戈壁，於九月十八日，直抵阿克蘇城下。白彥虎又已竄逸，城內纏回正列仗以待投誠。劉錦棠問明白彥虎向烏什，安集延人向葉爾羌，決定姑且放過安集延人，專追白彥虎。直到阿他伯什地方，卻只見一片黃沙的戈壁，已沒有白彥虎蹤跡。二十一日，回頭收了烏什城，仍回到阿克蘇。阿克蘇正是南路交通的中心，往北可通伊犁，更是南北交通樞紐。這時，湘軍後隊也到了阿克蘇，張曜軍正從喀喇沙爾向庫車續進。

東四城既已收復，自應依次進取西四城，由葉爾羌向喀什噶爾而英吉沙爾。至於和闐，那回目呢牙斯早已通款求撫。不料呢牙斯得知官軍已過庫車，便自動的帶着回眾，去圖葉爾羌。伯克胡里親從喀什噶爾來援，打敗了呢牙斯，佔領了和闐。可是喀什噶爾的何步雲又反正，派人請速撥兵搭救；又報告白彥虎已到滿城，伯克胡里允其入城，幫打漢城。於是劉錦棠決計先取喀什噶爾，分兩路出發：一路是正兵，從西四城門戶的巴爾楚克（回語：“巴爾”謂“有”，“楚克”謂“全有”）—— 葉爾羌第八台進；又一路是奇兵，從烏什取道布魯特邊界進。劉錦棠自己督隊，從瑪喇爾巴什（漢尉頭國，今巴楚縣）—— 葉爾羌第七台，直搗葉爾羌和英吉沙爾；又一面策應喀什噶爾，一面規取和闐。於是向前從巴爾楚克到喀什噶爾，都是作戰之兵；向後從庫車經過托克遜、吐魯番，到肅州，都是防守之兵；在這兩地區中間的，都是且戰且防之兵。十一月十三日，收了喀什噶爾；十七日收了葉爾羌；二十日收了英吉沙爾；二十九日收了和闐。只在喀什噶爾有小小接觸，其餘三城，安集延人早已逃亡，剩下當地纏回望風歸附。這樣，就收復了新疆南路，連安集延舊地收入版圖。布魯特原有十九部落，西北五部落早已歸俄，還有十四部落，願歸中國，文襄公也便欣然接受。不過，讀者須記着，這時在新疆已是冰雪世界，而大軍不顧斷膚裂指之痛，一往直前，殺敵致果，揚威絕域，使喀什噶爾各國僑民五千人，竦息聽命。結束這本歷史劇的，正是最精采、最悲壯的一幕。文襄公由一等伯爵，晉為二等侯爵，劉錦棠封為一等男爵。伯克胡里和白彥虎，本還待作最後的抵抗，想不到大軍人不止步，馬不停蹄，夜半直抵喀什噶爾城下，立刻大舉圍攻。迫得兩人乘月色微茫倉皇分道出奔，還留下阿古柏子女九人不及帶走，和當初招引阿古柏的金相印父子給大軍所俘。大軍發覺兩人已逸，便分部窮追，直到俄國邊境，眼見給俄兵收納而去。聽說伯克胡里後來卻又給俄人所毒死。白彥虎經清政府幾次要求引渡，俄政府說是國事犯，堅拒不肯。原來容留和利用我國叛徒，是俄人慣技。最後，只允嚴加看守，不放他竄擾我國邊境。

綜括新疆三個階段的戰役，從光緒二年六月初一日，到三年十一月二十九日，先後不過一年半。分析起來：收復北路，從光緒二年六月初一日到九月二十一日，不滿四個月；收復吐魯番，從光緒三年三月初一日到十三日，不滿半個月；收復南路，從光緒三年七月十七日到十一月二十九日，也只有四個半月，真可以說得神速。當然在敵人方面，自有許多弱點。譬如阿古柏黨和妥得璘黨，和白彥虎黨，大家結合不堅，是一個致命傷。原來妥得璘和阿古柏兩黨，本是處於敵對的地位。白彥虎黨是後來加入，沒有甚麼深切關係；阿古柏也沒有牢籠的能力和氣度。阿古柏死後，長次兩子自相殘殺，這又是一個致命傷，分散了許多力量。還有安集延人，平日壓迫當地民眾太甚，掠取他們產業，奴辱他們子女，大多數民眾心中老是不平，所以一經官軍招撫，就紛紛歸附。不過，安集延人素稱強悍善戰，阿古柏也是一位高明的將軍。他們從印度等地方，購入許多新式槍炮。英國人又派精熟的技師，教安集延人在新疆自造軍火。這個勢力，便是俄人也認為不可輕視。只是交戰的結果，安集延人節節失敗，官軍所至，竟如摧枯拉朽一般。那麼，文襄公的勢力更不能不重視。文襄公自以為這一次戰役，決機制勝，全在“緩進速戰”四字。甚麼叫做“緩進”呢？便是事前有充分的準備，準備沒有完成，不妨慢慢地進。甚麼叫做“速戰”呢？便是準備一經完成，便選擇時機，用迅雷不及掩耳的手段，把戰事盡可能的趕快解決。其意義差不多就像如今的閃電戰。吾們現在看文襄公整個收復新疆，歷時一年半，但上溯同治十三年八月，文襄公奉命籌辦大兵出關糧運，歷時也有一年半，在這一年半中，文襄公是在準備。再看從督師肅州到進兵北路，相隔兩個月；從收復北路到進兵吐魯番，相隔半年；從收復吐魯番到進兵南路，又是相隔四個月，在這些時期之內，文襄公也在準備。準備些甚麼呢？第一是算準要用多少兵，便從哪裏採辦多少糧，用多少車馱，運到哪裏，供多少時間的給養。第二是算準天時和地理，避去冰雪封山的時節，又避去酷日如燒的時節，使大兵前進，不受氣候的威脅，而在到達或收復某一地點，又恰逢那裏糧食的收穫，便可就地給養。其次，算準敵人奔竄的途徑，佈置下攔截網。再有知道了安集延人是有新式兵器的，自己也配備了相當數量的新式槍炮。再有看透了當地民眾的不附阿古柏，很用了一番宣傳功夫，使他們傾向於官軍。兵法所說："知已知彼"，知了以後，就得準備。知得越透徹，準備得越充分，成功也越迅速。閃電戰是一種科學化的戰爭，文襄公緩進速戰的戰略，依他種種計算，種種佈置，實和閃電戰相仿佛。不過，這種戰略，佈置稍有脫節，就不免發生意外。即如瑪納斯南城之役，因為金順的圍攻部隊稍複雜，心志不齊一，便拖延了三個月，阻滯了戎機。又如老湘軍南進，因為在路上涉水時，放棄了所裏帶的糧食，不料到了庫爾勒，當地無糧可用，後路糧運又沒有到，幾乎大鬧饑荒。

說到新式槍炮一點，文襄公軍中早已使用。金積堡和肅州的攻克，且多仗炮火之力。這一次進攻新疆，因預知敵人阿古柏也有新式槍炮，故準備更多。現在可以考證的：金順出關時，文襄公曾配給開花大炮一尊；桂錫楨出關時，曾配給布魯斯後膛開花大炮一尊；張曜出關時，曾配給連架劈山炮十尊、布魯斯二號螺絲後膛炮一尊、七響後膛槍三十枝。劉錦棠是主力部隊，當然配備最優。除原有槍炮外，出關時，文襄公曾配給開花後膛大炮二尊、車架開花後膛小炮四尊、後膛七響槍三百枝、快響槍八十枝。後來又撥過大洋火一百萬顆，標響槍子二萬八千顆，大號、三號開花後膛炮兩尊，各配彈五百餘枚；七響後膛洋馬炮三百枝，每枝配子八十排，每排七發；來福前膛馬洋炮五百枝，每枝配子三百發；合膛大號洋尖子十五萬顆。又撥過田雞炮，不記多少尊，配彈五百枚，這是當日最新式的炮，可打好幾里路遠。至侯名貴炮隊出關，又管帶大炮二尊，車輪小炮四尊，七響馬槍三百四十枝，每枝配子八十排，每排七發。至於阿古柏呢，如在克復古牧地後，收得他火藥硝磺數千斤；在克復達坂城後，收得他精利槍炮軍械一千四百多件；在克復南路西四城後，收得他大小炮位一百數十尊；又如炮轟達坂城時，擊中城中火藥子彈庫，釀成爆炸的大慘劇，則其配備的豐富也可想見。大概在新疆戰役中，雙方都儘量使用新式槍炮。阿古柏的槍炮多是英國製造，文襄公的槍炮多是德國製造。這可見得新疆之役，已具有現代戰爭的規模。不過據文襄公說，阿古柏的槍炮沒有官軍的鋭利，安集延人又不善施放。這一點也可認為文襄公奏功神速的重要原因。

《西國近事彙編》載一八七八年五月某西報云：

> 喀什噶爾為中國克復，則彼處確為中國之一隅。中國於亞洲，即為有權。當初陝甘總督左欽帥募兵於關外屯田，外國人方竊笑其迂。乃今觀之，左欽帥急先軍食，謀定而往，老成持重之略，決非西人所能料。一千八百七十六年，兵克烏魯木齊，分略諸地。部署定，然後整軍進對強勁之虜。阿古柏帶領大隊兵馬迎敵，離喀城二千七百里之遙，狐火宵鳴，鼓角曉震，有氣吞天南之概。乃中途隕命，後人爭位自亂，不復禦侮。漢兵自吐魯番、庫車進阿克蘇，勢如破竹，迎刃而解。其部伍嚴整，運籌不苟，如俄人攻碁法一般。其兵亦耐勞苦，志堅力果。計二十日經過一千二百里荒野沙漠，而得三城一大捷，由是葉爾羌、和闐各城先後克復。一千八百七十七年，兵在喀什噶爾過冬。中國至喀什噶爾一律肅清，可謂神矣。其克喀喇沙爾也，兵以寡勝；其克喀什噶爾也，兵以合圍勝。使歐人當此，其軍律亦不過如此。平時歐洲人輕料中國，謂中國人不能用兵。今觀中國之恢復回部，足令吾歐人一清醒也。

這一段話，正可引來證實文襄公收復新疆的功烈和緩進速戰的奇績。

（乙）國際交涉

新疆南北兩路既都收復，只剩伊犁還在俄羅斯佔領之下，於是收回伊犁的交涉又上議程。

伊犁包括九城。中間為大城，原是伊犁將軍和滿營駐紮之所。大城西北有五城，東南又有三城。縱橫二百里，實是新疆形勝所在。俄人佔領了伊犁，把大城毀去。西北各城，除了收容漢回四千名外，其餘廬舍也都夷為平地。利用這些拆下的材料，在大城東九十里金頂寺地方，另外建設一個市區，街道有二十里長。便在這裏，駐紮着俄官和俄兵，住家和商店也很熱鬧。俄人把這一個佔領區劃歸七河巡撫主管，駐阿爾瑪圖，東距伊犁八百餘里；也歸圖爾斯坦總督兼轄，駐塔什干，這就是浩罕的都城，東距喀什噶爾數十程。俄人這種佈置，分明已有久假不歸之意。當日俄人在伊犁已公然開徵捐稅，每年收入數十萬兩，後來交還時，卻又要求償還巨額的代管費，留待以後再說。

俄人初入伊犁，曾聲明俟中國收復烏魯木齊和瑪納斯，便可把伊犁交還中國。可是得到文襄公收復了烏魯木齊和瑪納斯，俄人卻沒有表示。及至文襄公收復了吐魯番，正值俄土戰爭發生，金順主張乘虛襲取伊犁。文襄公則以為北路兵力能不能收得伊犁，沒有把握；便是收得伊犁，是不是守得住，也沒有把握。萬一發生意外，反使收復南路的計劃發生障礙，很不值得。並且就中國地位說，不犯着捨堂堂正正之師，出此趁火打劫之行動。文襄公之意：不必急急向俄人要回伊犁，姑且先把南路收復，看俄人怎樣，再作打算。如果俄人自動交還，當然最好；否則先向交涉，交涉不成，再用武力。後來文襄公果然收復了南路，而俄人對於交還伊犁一事，依舊沒有表示。於是文襄公開始打算收回伊犁，且以為收回伊犁，那時是一個最好的機會。文襄公慷慨地說：

> 腴地不可捐以資寇糧，要地不可棄以長敵勢。非乘此兵威，迅速圖之，彼得志日驕，將愈進愈逼。而我饋運艱阻，勢將自絀，無地堪立軍府，所憂不僅西北。（《奏稿》五十三卷三十一頁）

清政府也就由總理各國事務衙門着手提出交涉。文襄公先主張：俄人如在新疆地方有甚交涉，統歸他應付，以免意見參差。此刻又主張：在伊犁沒有交還以前，不允許俄人通商。

說到這裏，要一提當日國際間幾多關係。中亞諸國大多崇奉回教，新疆南路人民也大多是回教徒，所以叫做回疆。他們對於清朝的統治新疆，向不痛快。過去幾次事變，領導的都是回教徒，在後幫助的，也就是安集延和布魯特等幾個回教國。而俄人在中亞擴充勢力，吞併各回教國，也是他們所痛恨。所以阿古柏在新疆的成功，中亞回教諸國都很表同情。蔥嶺外諸小國中一大國，叫做布哈爾的，也尊阿古柏為畢條勒汗。土耳其封阿古柏為天山南路的愛彌兒，意思就是說謨罕默德的聖裔。新疆市場所銷茶啊、布啊和一切日用品，向來販自中國內地。自從陝甘亂事發生，交易斷絕，於是轉向印度取給。英國早在嘉慶年間（1796—1820），想從喀什噶爾往北通商，利用這個千載一時的機會，便和阿古柏交換使節，更供給阿古柏軍火。最後於同治十二年（1873），簽訂一個通商條約：英國公然承認阿古柏為喀什噶爾和葉爾羌的愛彌兒，阿古柏也承認英國在回疆通商，設置領事，並有領事裁判權。英貨輸入回疆，值百抽稅二·五（2.5%）；如從喜馬拉雅運入，更可免稅。再說阿古柏當侵入新疆之時，正值浩罕內亂。浩罕包括四個部落，俄人吞併了其中三個，光剩一個安集延，便是阿古柏的祖國。所以阿古柏和俄人惡感很深。俄人見着阿古柏和中亞回教諸國交好，更和英國往返，也很嫉忌。加上俄人要求在回疆通商，給阿古柏所拒絕，格外惱羞成怒。及至阿古柏侵入新疆北路，俄人便出兵佔領伊犁，對阿古柏作武力壓迫，再要求阿古柏在通商和交戰兩條路中自擇其一。阿古柏自覺實力不及，遂允通商，於同治十一年（1872）訂約。俄國公然承認阿古柏為回疆領袖。俄人在回疆，回人在俄境，都得通商，旅行，並得通過以入鄰境。俄人在回疆各城，回人在俄國圖爾斯坦，都得建造貨棧，設置商務官員。雙方商貨輸入，各按值百抽稅二·五（2.5%）。但事後給阿古柏種種阻撓，俄人實在未能照約享受通商的權利，及見阿古柏和英國訂約而條件又比較優惠，格外不滿。於是表面上是俄人和阿古柏之爭，實際上成為俄人和英人之爭。結果，俄人要消滅阿古柏，英人要維持阿古柏。阿古柏對於俄羅斯當然也有所畏懼，所以在他打敗妥得璘以後，自己沒有入據新疆北路，安排妥得璘黨在烏魯木齊一帶，作為緩衝。狡猾的英人實在也不願在印度背後更有一強大的國家，所以只認阿古柏在喀什噶爾和葉爾羌有他勢力範圍，作為俄國和印度間的緩衝。上面不是說過阿古柏的次子海古拉給長子伯克胡里所弄死嗎，據說海古拉是親英的，伯克胡里是親俄的，這裏邊或許含有國際陰謀，也未可知。

現在且說英人怎樣維持阿古柏。英人所希望，就是文襄公的大軍以收復新疆北路為止，於是對於進兵南路務要設法阻擋。他的辦法，有暗的，有明的。像在上海新聞紙（按：報紙），偽造文襄公部隊在關外失敗的消息，就想動搖清政府收復新疆的國策；禁止上海英商借款給文襄公，就想打破文襄公繼續進兵南路的計劃。就是當日李鴻章的反對用兵新疆，沈葆楨的拒絕給文襄公借外債，傳說也是受英人的播弄。這些都是暗的。至於明的，就是公然見之於外交方式，先後共有兩次。

第一次在光緒二年（1876）六七月間，其時文襄公快要進兵南路，英國駐華公使威妥瑪向總理各國事務衙門給阿古柏求降說：情願降為屬國，但請免除朝貢，文書中竟稱阿古柏為喀什噶爾王；且說：如果雙方兵連禍結，只怕俄國侵入，不光是害着印度，於中國也沒有利益。總理衙門就回覆說：阿古柏是中國的敵人，不是屬國；如果要降，該先把所收容反叛中國的犯人獻出，並交還新疆南路八城，但這事應由阿古柏自向前敵統兵大員聲請。一面把這個案子知會文襄公。文襄公痛快地表示：

安集延本境，東與喀什噶爾相連，其東少北，與俄新闢之境相連；是安集延畏俄之逼，在其東北緊連處所，非南八城之謂。特恐官軍進攻南八城，彼首尾受敵，無以自存也。安集延既竊據南八城，阻我進兵克復，更欲我保護彼疆，不被敵人侵擾，設心當不若是。英人代為請降，非為安集延，乃圖保其印度腴疆耳。（《書牘》十七卷三十一頁）

南八城自乾隆二十四年入中國版圖，至今與五印度無絲毫之損；豈賊踞此地，則於英有益，中國復此地，翻於英有損乎？（《書牘》十七卷二十三頁）

同時，文襄公通知劉錦棠：阿古柏倘來乞降，沒有帶着兵，可允許其傳到肅州大營，聽候核示；倘若語言支飾，意圖緩兵之計，便教他回去，也不必誅戮。後來阿古柏自殺了，沒有乞降。

第二次在光緒三年（1877）六七月間，其時，文襄公已收復吐魯番。英國政府又向中國公使郭嵩燾要求中國允許安集延人繳還北部數城，留着喀什噶爾數城，使可立國。郭嵩燾就把這個案子報告清政府，並加着一個按語說：看英人意思，只怕俄人侵併其地，希望給印度加一層保障。清政府交給文襄公核議，文襄公又痛快地表示：

安集延本浩罕四部之一。浩罕為俄人所併，安集延侵我回部，諂附英人。英人陰庇之十餘年，明知為國家必

> 討之賊，從無一語及之。上年官軍克復北路，乃為居間請許其降，而於繳回各城，縛獻叛逆節目，一字不及。經總理衙門向其辯斥，乃止。茲復以此絮聒於郭嵩燾，以護持安集延為詞，以保護立國為義，其隱情則恐安集延之為俄人所有。臣維安集延係我喀什噶爾境外部落，英、俄均我與國，英人護安集延以拒俄，我不與聞也；英人欲護安集延而駐兵於安集延，我亦可不預聞。至保護立國，雖是西洋通法；然安集延非無立足之處，何待英人別為立國？即別為立國，則割英地與之，或即割印度與之，可也，何為索我腴地以市恩？茲雖奉中國以建置小國之權，實則侵佔中國，為蠶食之計。且喀什噶爾即古之疏勒，漢代已隸中國，固我舊土也。南八城富庶，素以喀什噶爾、和闐、葉爾羌為最，此中外所共知者。英人以保護安集延為詞，圖佔我邊方名城，直以喀什噶爾為帕夏（阿古柏）固有之地，其意何居？彼陰圖為印度增一屏障，公然向我商議，欲於回疆撤一屏障，此何可許？（《奏稿》五十一卷十八頁）

時英有派員到新之說，文襄公又通知劉錦棠等好好看待，如談及新疆之事，可只說奉令討賊，收復故土，別事不敢過問；如要議論別事，請到肅州大營說話。然不久文襄公大軍已收復南路八城，安集延人在新疆已無立足之地，便是在那邊通商的英國人，也給劉錦棠護送出境，當然這個毫無理由的交涉案子，也不了了之。原來英人經營印度，時時處處要給印度獲得安全的屏蔽，他從前引阿富汗為其保護國，又以巴達克山改隸阿富汗，和如今想造成一個阿古柏的國家，可說抱着同一目的。不過阿富汗原服屬中國，巴達克山地方也是中國的，現在又要侵入南疆，不免太不知足了！然而英人到底沒有忘情於新疆，後來斯坦因從印度入新疆，且到甘肅，託訪古為名，沿路測量地形。這種舉動，誠如文襄公所說“其意何居”！“此何可許”！

再說俄國的交涉。在文襄公進兵新疆之前，有俄官索斯諾福齊一行，來到西北遊歷。其時英國恰因為雲南騰越地方殺死馬嘉理案，大動乾坤。因有一種傳說：英俄互約，英攻中國西南，俄攻中國西北，使中國屈服。於是大家認為索斯諾福齊一行到西北，實為窺探中國虛實。清政府特地關照文襄公謹慎戒備。文襄公卻把他們招待在總督衙門，連住了二十七天。每隔一天，文襄公和他們會食一次。文襄公又索性請他們檢閱部隊，參觀製造局中自製新式大炮。索斯諾福齊表示俄人希望在中國關外通商。文襄公爽直答應：可以相商，惟必須在收復新疆以後。索斯諾福齊自動表示：大軍出關，彼可在在山諾爾供給糧食五百萬斤。又說：如要軍火，俄國也可供給。文襄公接受了這一批糧食的交易，對於軍火，卻說軍中所儲已很足夠，可以不用補充。當然俄人很願幫助中國消滅阿古柏的勢力，也許還希望藉此消耗中國的實力，所以同時也有俄人私下把軍實接濟白彥虎之輩。又相傳文襄公一次在會食時突然問索斯諾福齊一行道：假使一天中國和俄國開戰，你們看誰是可能勝利的？索斯諾福齊等很窘，一時不知所對，勉強說：這是不可想像的事。文襄公說：不必拘忌，無妨談談。索斯諾福齊被迫不過，最後說道：在他看來，俄國也不會失敗的。由是俄人深知文襄公的心理，對俄是要戰的。索斯諾福齊原是帶兵侵入伊犁的一個軍官，還曾在吐爾扈特北遊牧部落中，劫去佛像七十二尊。證以索斯諾福齊自稱俄羅斯以往幾次在西寧等地偵詢中國軍事，他這一次訪問文襄公，必然有他的秘密使命。這一件事過後，文襄公居然把新疆收復，接着當然要向俄人要還伊犁。俄人卻很不漂亮，縱容白彥虎黨和安集延人並糾約布魯特人等，四次侵擾回疆西北境，想藉口地方秩序沒有恢復，要求緩交伊犁。不料文襄公剽疾的大軍很輕快地把他們完全撲滅。第一次便擒斬白彥虎黨敵酋金山以下二百多名。第二次又擒斬安集延寇酋阿里達什並陣斃布魯特人等三百名。第三次又刺斃布魯特頭目之子買賣提斯拉木，安集延所稱謨罕默德聖裔號和卓的哎買提，號條勒的阿希木漢，並陣斃寇兵一千一百多名。第四次在葉爾羌邊境色勒庫爾地方，為最後一次之血戰，我忠勇的戰士越窮荒絕塞，登石壁冰梯，歷四晝夜，馳八百多里，追奔逐北，槍殪布魯特頭目阿都勒哈瑪，擒斬安集延職官號大通哈的兩名，號胖色提以下的數十名，陣斃寇兵二千數百名，奪獲牛馬數千頭。這時海外盛傳中俄開戰，俄軍大敗。從此白彥虎、安集延、布魯特不敢再犯中國兵威，便是在背後的俄人也為奪氣。我軍還從俘虜身邊搜得俄官所給路票；取得口供也說俄官所指使。所以敗退俄境的，俄人也公然收容。分明這都是非友誼行為的證據。文襄公報告清政府，向俄國提出質問，俄政府也沒有話可說。可是狡詐的俄人又說中俄邊界屢次發生衝突事件，懸案未決，應俟解決以後，再交伊犁。文襄公也就在短期內，一一給他辦結。就像索斯諾福齊搶劫佛像等案，分明曲在俄人，也就息事寧人，不加計較。到這地步，俄人無可推卻，才允清政府派崇厚（字地山，滿洲人）到俄國磋商交收伊犁事件。崇厚庸懦無能，給俄人連嚇帶騙，胡裏胡塗就簽定了一個約：收還伊犁既花了五百萬盧布代價，又在分界條款內劃去了伊犁西境南境之地，其中還包括着到南路的通道兩條，使中國在名義上雖收還了伊犁，事實上還是不能守；此外在通商條款內，也平添了許多不能允許的權利。於是朝野大嘩，文襄公更激烈爭持，他說：

> 武事不競之秋，有割地求和者矣；玆一矢未聞加遺，乃遽議捐棄要地，厭其所慾，譬如投犬以骨，骨盡而噬仍不止。目前之患既然，異日之憂何極？此可為歎息痛恨者矣。（《奏稿》五十五卷三十五頁）

暗示不惜訴之一戰。

光緒六年（1880）正月，清政府改派出使英法大臣曾紀澤（字劼剛，湖南湘鄉人）到俄重議，一面命文襄公統籌戰守。文襄公定計分兵三路，規復伊犁：東路歸金順負責，嚴密扼守精河一帶，阻遏俄人竄截。金順那時有馬步二十營，文襄公又加撥了步隊三營一千五百名，馬隊兩營五百騎。西路歸劉錦棠負責，取道烏什，從冰嶺之西經布魯特遊牧地，直指伊犁。劉錦棠那時有步隊八千五百多名，馬隊一千五百多騎，文襄公又加撥了步隊五營二千五百名。中路歸張曜負責，從阿克蘇冰嶺之東，沿特克斯河直向伊犁。張曜那時有步隊四千五百名，馬隊五百騎。除張曜自己添僱步隊一千名和馬隊數百騎外，文襄公又加撥了步隊四營二千名，馬隊一營二百五十騎。中路是平日商貨往來大路，西路是從前換防軍隊往來間道，距離伊犁都有一千二百五十里。因俄人勢力其時集中於金頂寺，故這兩路大軍都以伊犁大城為目標，西路截斷其援師，中路截斷其歸路；至於精河距離金頂寺只有三四天路程，無須採取攻勢，只要防着他竄出。其北塔爾巴哈台地方，文襄公也加撥了土勇一千數百名，協同駐防。四月，文襄公親自輿櫬出關，誓與俄人決一死戰。五月，行抵哈密，駐軍城西鳳凰台。這時文襄公年已六十九歲，卻是“老當益壯”，仍以“生出玉門”為幸，一片敵愾之情，恰和哈密的夏天同樣的熱。他忙着佈置，調派譚上連督湘軍二千多名赴喀什噶爾，備接西路軍之防：易開俊督湘軍三千名赴阿克蘇，備接中路軍之防；土勇五百名赴烏魯木齊和瑪納斯一帶，備補東路軍後路之防。文襄公探得俄兵分踞伊犁和阿來的，合計不過數千名，安設開花後膛炮也不過十尊。窺測用意，只在固守伊犁和納林河門戶。有時越界放哨或築壘，文襄公嚴誡各部隊概不理會，暫取守勢。只是陝漢各回受俄人利用，充當俄兵的，卻也有三千多名。不過文襄公料他們也必急於另找出路，很可能便從科布多竄出，不是向南犯古城、巴里坤和哈密；便是向東從草地越安西，到玉門和布隆吉、橋灣、三道溝，並從花海子到金塔、毛目（今鼎新縣），這樣河西各郡必很受震動。於是文襄公在古城子以西，加撥馬隊一營一旗；古城子加撥步隊一營；巴里坤加撥步隊一營；古、巴間木壘河地方，加撥馬步三營；安西附近也加撥二營，分段嚴守，遇敵迎頭痛擊。一面在科布多加設坐探，並在科布多通古城子三台外，加設漢三台，以通情報。又警告金順肅清軍中不良分子，以免漢奸混入，泄漏軍機。同時，在安西、敦煌、惠回堡、南大泉、青頭山口等處，分駐防營。更在玉門黃閘灣的總要路口，嚴密梭巡，使他們沒法闖越。文襄公在哈密，除自帶親兵十一哨外，又分次調馬隊一營一旗、旌善回勇馬隊五百餘名、步隊兩營、馬隊數營，以資策應。

到得七月，清政府突然詔徵文襄公進京，說是“現在時事孔艱，正須老於兵事之大臣，以備朝廷顧問。”原來李鴻章輩認為中國力量不能和俄國開戰，主張和平解決。還怕清政府不信，特地邀請從前幫打太平軍的英人戈登將軍來華，向清政府證實這一個理論。這樣，清政府就一意主和，調文襄公入京，減少在新疆和俄人啟釁的機會。這時，曾紀澤已從倫敦到達俄京，開始交涉。文襄公保薦劉錦棠繼任督辦新疆軍務，張曜和金順同為幫辦。十月，文襄公把欽差大臣關防移交劉錦棠，就啟行入關。十二月，又把陝甘總督關防移交護理總督楊昌濬，然後從蘭州省城動身。聞知俄人又在東三省界外備兵，文襄公也調了馬步各軍，令先從寧夏開赴張家口。文襄公雄心勃勃，很想把《璦琿條約》以後所有失地，乘機一次收回。

及至光緒七年（1881）正月，文襄公行抵北京，而曾紀澤在俄京也已換訂新約，總算爭回了多少權益。只是把收回伊犁的代價，加到九百萬盧布。這是晚清外交上僅有的一次勝利，當然全仗曾紀澤折衝之才，而文襄公在新疆積極備戰，也給這一個交涉做了不少的後盾。然而帝俄也是一個貪得無厭的國家，善於巧取豪奪，除早在無形中佔了我庫頁島地三十萬方里外，他和清政府幾次交涉，不佔便宜不休。吾們現在給他清算一下：在《尼布楚條約》中，得了黑龍江上游地七十萬方里；在《恰克圖條約》中，得了色楞格河下游地三十餘萬方里；在《璦琿條約》中，得了黑龍江北岸地二百四十萬零五百七十方里；在《北京條約》中，得了烏蘇里江東岸地一百三十餘萬方里；在《塔城條約》中，得了阿爾泰泊地、額爾齊斯河地一百三十九萬七千方里，伊犁、塔城間地五萬餘方里；最後就在這一個《伊犁條約》中，又得了伊犁河下游地三萬二千方里，南疆俄邊各地五萬七千餘方里。再有蔥嶺西各國，向都服屬中國，其後陸續給帝俄所吞併，或名為保護。吾們現在也給他清算一下：布哈爾地三百零七萬二百方里，浩罕地九十二萬方里，哈薩克地三百二十六萬方里，布魯特地四十萬方里，又和英國分割了中國的帕米爾地二十五萬方里。那莫怪林則徐要認帝俄為中國巨患，而文襄公要對他用武力了！大概文襄公對俄，確有一戰之決心，在新疆確有可以一戰的佈置，俄人是認識很清楚的。所以吾們如今看

《伊犁交涉中俄談話記錄》，俄人屢次問到文襄公是不是仍要用兵，是不是要反對這次訂約。

說到對外，文襄公和李鴻章一主戰，一主和，始終異趣。所以文襄公到京後，像翁同龢（字叔平，江蘇常熟人）輩反對李鴻章的，都很和文襄公周旋，分明形成另一個集團。文襄公死後，部下某在輓辭中有兩句說："絕口不談和議事，千秋惟有左文襄。"確可道着文襄公畢生宗旨。

實在說來，當時中國的兵力和財力，怕真不夠和外國開戰。文襄公以為福建船政局的二十多條船，便可抵得過俄國東來艦隊，這是認識不足。可是文襄公並不一味主戰，文襄公也講和。只是文襄公心目中的和，是不屈辱的和，是公道的和。文襄公認為和外國交涉，只有"戰""守""和"三條路。不過要先能戰，然後能守，也能和。我們想，這個見解，可說是千古顛撲不破的。

新疆是一塊一百六十四萬一千五百五十四平方公里的肥美地區，南有英國，北有俄國，正好比東三省，南有日本，北有俄國。不過和新疆毫沒有連屬關係的德國，對於新疆也有過野心。他想延長三 B 鐵路（按：指當時德國計劃修建的從柏林經拜占庭到巴格達的鐵路），直達新疆。一面在東方租得了膠洲灣，筑成了一條膠濟鐵路，再接造一條鐵路，也直達新疆，相互接軌，這樣便構成一條歐亞大陸交通線，和俄國的西伯利亞鐵路遙遙相對。後來隴海鐵路築路權落入了比人手中，德人這個大計劃便破碎不全。可是我們回頭看文襄公經營甘、新的時代，文襄公的軍火，織呢的機器，開河的機器和技師，都是德國供給的。文襄公舉借外債，德人也幫過不少忙。上海德商泰來洋行買辦福克，文襄公賞給他四品頂戴，也到過哈密，見到文襄公。福克還寫成一篇《西行瑣記》，譯載《申報》。玉門油礦也是在光緒五年（1879）由德人最先提取化驗。所以德商在西北，很有相當勢力。而德技師給文襄公經營織呢局還引起英人極大的注意和嫉忌，他們曾派人到蘭州參觀，在上海新聞紙發表破壞的言論。這些情形，如今想來，很可給吾們一種警惕。

（丙）建置行省

文襄公用兵新疆，同時注意辦理善後。最重要的是安輯難民，招徠流亡，發給種籽、耕牛、農具，幫助他們歸農。這個工作，在鎮迪道所屬，就命地方官吏去辦；在新疆南路，沒有郡縣，那麼，前敵收復了一個城池，就有一批人員跟上去，設立一個善後局，專辦這一種工作，而受成於兩位統兵大員：劉錦棠主西四城，張曜主東四城。文襄公知道，從前回民常受回官的壓迫剝削，最是痛苦，這時遇見這種案件，便命殺了幾個回官，一般回民同聲感悅。文襄公又興修水利，創辦學塾，整理經界，還有旁的幾種充裕民生的設施，這裏姑且不說，以後另外報告。現在先把文襄公所認為最根本的善後問題，便是建省問題說一說。最令人興奮的，當時軍費支絀，而得勝各軍紛紛報解獲得安集延人所遺財物七萬四千八百多兩。文襄公提出賞銀四千八百多兩，其餘七萬多兩便都充辦理善後之用。文襄公的清風亮節，固然不必說；劉錦棠雖是一介武夫，卻也是一介不取的廉吏，身後蕭條，遺篋中只剩幾篇奏疏稿件啊！

新疆建省，遠在道光年間（1821—1850），魏源和龔自珍輩早有這主張。文襄公在早歲也曾賦詩見志，以前都已表過。及至文襄公收復新疆，當然這是他實現他四十年懷抱的機會了。光緒三年（1877）三月，文襄公肅清吐魯番，清政府命文襄公統籌全局，文襄公便說：

> 立國有疆，古今通義。規模存乎建置，而建置因乎形勢。必合時與地通籌之，乃能權其輕重而建置始得其宜。至省費節勞，為新疆晝長治久安之策，紓朝廷西顧之憂，則設行省，改郡縣，事有不容已者。（《奏稿》五十卷七十七頁）

這是文襄公在政治上第一次正式發表新疆建省的主張。

光緒四年（1878）正月，文襄公肅清新疆南路，又奏請把新疆應不應改設行省問題，交付京內外會議。至十月，在伊犁交涉聲中，文襄公答覆清政府的諮詢，又陳說新疆應該建省的兩個理由：

> 諭旨：郡縣之制，以民為本。現由嘉峪關、烏魯木齊至庫爾喀喇、烏蘇迤西，商户、回户各存若干？由吐魯番至南八城，纏頭回共存若干？除舊有各廳州縣外，其

餘各城改設行省，究竟合宜與否？倘置郡縣，有無可治之民？不設行省，此外有無良策？

臣謹按：新疆之變，起於北路。迪化失守，所屬相繼淪陷，户口喪亡最多，漢民被禍尤酷，以逆回仇視漢民故也。比大軍進剿，連拔堅城，而昌吉、呼圖壁、綏來回民又因畏剿，逃奔南路，煙户頓減。克復以來，還定安集，招徠開墾，户口漸增。迪化州各屬，尤成效可觀。自木壘河抵精河，除戈壁外，又均是腴區，土客民人及遣散勇丁領地耕墾，逐漸增加。署鎮迪道周崇傅（字子岩，湖南零陵人）勤慎廉幹，事必躬親，漸有明效。需之時日，百堵皆興。即以目前論之，亦非無可治之民也。吐魯番舊隸鎮迪道，荒地尚少，現委道員雷聲遠（字振之，四川中江人）、署同知奎紱，妥為撫輯，糧石租稅已逾舊額之半。南八城除英吉沙爾壤地褊小，烏什土性瘠薄，餘均較吐魯番為饒，而喀什噶爾、和闐、葉爾羌、阿克蘇庶而兼富，物產豐盈，又較各城為甚。劉錦棠、張曜悉心經理，現委員開河引渠，清丈地畝，修築城堡塘站，鑄錢徵厘，百廢肇興，具有端緒。較之北路，尤易為功。是南北開設行省，天時、人事均有可乘之機。失今不圖，未免可惜。此新疆之應改行省者一也。北路得之準部，南路得之回部，皆因俗施治，未能與內地一道同風，久已概為邊地。將軍、都統與參贊、辦事大臣、協辦，與領隊大臣，職分等夷。或皆出自禁闥，或久握兵符，民隱未能周知，吏事素少歷練。一旦持節臨邊，各不相下，稽察督責，有所難行。地周二萬里，治兵之官多，治民之官少。而望政教旁敷，遠民被澤，不亦難哉！北路糧員但管徵收，而承催則責之頭目。南路徵收均由回目阿奇木、伯克等交官，官民隔絕。民之畏官，不如其畏所管頭目。官之不肖者，狎玩其民，輒以犬羊視之。凡有徵索，頭目人等輒以官意傳取，倚勢作威。民知怨官，不知怨所管頭目也。內地徵收常制，地丁合而為一，按畝出賦，故無無賦之地，亦無無地之賦。新疆則按丁索賦，富户丁少，賦役或輕；貧户丁多，則賦役反重。事理失平，莫甚於此。貨幣之制，子母不能相權；爭訟之事，曲直不能徑達。官與民語言不通，文字不曉，全恃通事居間傳述，顛倒混淆，時所不免。此非官與民親，漸通其情實，去其壅蔽。廣置義塾，先教以漢文，俾其略識字義。徵收所用券票，其户名數目，漢文居中，旁行兼注回字，令户民易曉，遇有舛誤，即予隨時更正。責成各廳、州、縣而道府察之，則綱目具而事易舉。頭目人等之權殺，官司之令行，民之情偽易知，政事之修廢易見。長治久安之效，實基於此。此新疆之應改行省者二也。(《奏稿》五十三卷三十二至三十五頁)

光緒六年(1880)三月，文襄公報告新疆辦理善後，已有可觀，宜即及時設置行省，先派督撫，負責籌備。同時，貢獻一個建制的輪廓。文襄公以為北路烏魯木齊，南路阿克蘇，位在天山南北之脊，居高臨下，足以控制全疆，故建議就烏魯木齊設新疆總督，阿克蘇設新疆巡撫，伊犁仍設將軍，塔爾巴哈台改設都統，喀什噶爾改設提督。其餘從前所設參贊、辦事大臣，一律撤銷。原設領隊大臣的地方，代之以鎮道。當時清政府表示：俟收回伊犁，再決定怎樣辦理。但是當文襄公奉召入京時，奏准把原歸陝甘總督統轄的鎮迪道，劃歸督辦新疆軍務的劉錦棠管理，又把甘新向不劃分的協餉和軍實，都作四六分析，以四分歸甘肅，六分歸新疆，已使新疆隱然成為一省的雛型。光緒八年（1882），伊犁交收完成，陝甘總督譚鍾麟建議：應先酌設郡縣；劉錦棠主張：新疆向依附甘肅，一旦驟然劃分，財政上恐難獨立，應歸陝甘總督兼轄。七月，文襄公在兩江總督任，又奏請甘肅建設行省說：

> 新疆周二萬里，從前分設將軍、都統、參贊、辦事、領隊、幫辦大臣，換防總兵各員，佈置不為不密。然治兵之官多，治民之官少，已有偏重之勢。況他族逼處，故土新歸，治內治外，事同草創。誠及此時，早定大計，其便有五：取我固有之地而自治之，疆索秩然，行國、居國相芘以安，異類無從攙越，一也。中外交涉事件，差以毫厘，謬以千里。有督撫近駐其地，治內治外，凡可以防患未形者，先事綢繆，絕其禍本，不至潛滋暗長，難以收拾，二也。防營未撤，將士用命，既可壯疆臣之聲威，即將來設立制兵，亦可就中挑選久經戰陣之才，錯落佈置其間，士氣既揚，軍威自壯，三也。回民素性雖悍，新出水火，當為急謀安插，結以恩信，則感激易生；施之教化，

則污染漸滌，四也。從前興作各事，藉資勇力者居多，而不可無官以善其後。督撫睹聞親切，黜陟分明，樂事勸功，人知自奮，五也。否則民方有須臾無死之心，而顧等諸羈縻弗絕之列，萬一強鄰窺伺，暗煽併飛，後患方興，前功盡棄。與其搶攘於事後，曷若審慎於幾先。如是則雖一時稍覺勞費，亦有不得而惜者。（《奏稿》五十九卷五十八頁）

於是清政府決定新疆建省，陸續設置各郡縣。光緒十年(1884)，劉錦棠奉命為甘肅新疆巡撫，以迪化州城為省會，而新疆省之體制完成。雖文襄公早於七月間薨逝，不及目睹，然而新疆省之名詞，終於至今存留在地圖上，文襄公也可目瞑了。

文襄公一生偉大的功業，在歷史上佔着燦爛的一頁，這是不須說得。我只想特別提出兩件事，格外可以見得文襄公眼光的遠大、魄力的雄厚和懷抱的公忠。其一就是這裏所說對於新疆，文襄公能認識他的重要性，一意主張收復，一意主張建省，終於貫徹實現。這一個軍事上和政治上的成功，實在是周、秦、漢、唐所創見。吾們現在鼓吹開發西北，建設西北，可說還是蒙文襄公的遺蔭。只是太遲了，未免愧對文襄公。惟有及今急起直追，完成文襄公的志願。其二則是對於台灣。文襄公在閩浙總督任，就認識其重要性。他改派一位台灣道吳大廷和一位台灣鎮總兵劉明燈去積極整理，政治軍事，同時並進。文襄公說：自己不去當心，也許人家要來轉念頭。當文襄公被命西征時，還特地奏准清政府命令繼任閩浙總督吳棠（字仲宣，安徽盱眙人），務使這兩人繼續經營，始終其事。不料吳棠因為曾在無意中有惠於微時的慈禧太后，仗着這個關係，不依朝命，推翻了文襄公計劃。還抹煞了美國領事在台灣的一件交涉案子，迫得這位領事氣憤不過，要求本國派兵佔領台灣，華盛頓政府說他胡鬧，把他解職，他就做了中國的張松，把一份台灣地圖獻給日本，於是而有日人侵入台灣的事件。文襄公胸中藏着這一頁外交秘史，所以中法戰爭，再赴福州督師，結束以後，又一意主張加緊建設台灣，把福建巡撫移駐台灣，這就是台灣建省的先聲。台灣雖終於落入人手，文襄公的先見，至今可以引起人們的感慨。一在東南，關係海防，一在西北，關係塞防；而文襄公都曾發生重要的關係，這是一件很希罕的事。

八

軍事設施

（甲）恢復制兵

在前面已經提到，清代正式的軍隊，就是號稱制兵的綠營。像文襄公的楚軍和劉錦棠的老湘軍，都是臨時募練，叫做勇營，照例，兵事一經結束，就應遣散。勇營是為制兵不中用而產生。制兵的所以不中用，文襄公說得很透澈：

> 國家養兵二百餘年，歲糜帑藏，此次軍興，未能收制兵之效者，由於餉薄而額多。夫兵在精不在多。兵之能戰不能戰，視夫練之精否；兵之能練不能練，視夫餉之足否。若餓乏之卒，自顧不遑，不得不聽其別營生業，心志因之而紛，精力因之而懈，技藝因之而生。兵與將兩不相習，無論不能驅以禦敵，即訓練亦難按時入操。名為制兵，實與惰民無異，徒為地方之蠹而已。各省戎政廢弛，弊雖不一，而其要皆由於額多餉薄，不能勤督精練。初以費餉無幾，可得多兵之用。不知兵不練，與無兵同；練不精，與不練同。雖名為節餉，實則並此薄費而亦覺虛糜。(《甘肅新通志》四十一卷三十頁)

所以文襄公在閩浙總督任上，既把太平軍解決，就用“減兵增餉”的政策來整理兩省制兵。但“減兵云者，只減無用不可練之兵，於兵制實無所損；加餉云者，即扣此項裁兵之銀，於餉事亦無所加。”(《奏稿》十九卷十九頁) 當時兩省減兵四成有餘，便把這四成有餘的餉，加給保留的五成有餘的兵，成績很圓滿。總之，“兵不可多，餉不可少。”(《批札》一卷六十一頁）是文襄公督師的八字訣。

也已在前面提到，西北的制兵實在不中用，並且可說整個制兵系統已經崩潰。所以文襄公在平定陝甘，收復新疆後，就仿照閩浙成案，調整兵制，恢復制兵。現在先看文襄公對於甘肅制兵的說法：

> 甘肅為材武著名之邦，其風氣剛勁，習苦耐勞，並非他省制兵可比。乃此次回亂，列郡淪沒，本地無一枝勁旅殺賊立功，而譁噪之事數見。額兵之數，非不足也，原定餉章本薄，加以層層剝削，馬兵差堪自給，步守各兵未免過苦，難得其力。甘省賦少兵多，軍食資他省，餉源稍絀，動滋事端，惰兵驕騎，由來已久。非亟議更張，望其轉弱為強，不得也。久留勇，則費不支；全裁兵，則患無備；仍循舊制，則難期起色；別議加餉，則無款可籌。亟宜援照閩浙成案，量減可裁之兵，以節餉糈；即以所裁之兵餉，加之所留之兵，庶兵力較紓，可責其勤練。將弁各予津貼，革除虛冒、應差、挂名、辭伍諸弊，庶帑項無增，軍政可期精實。(《甘肅新通志》四十一卷三十頁)

文襄公在西北，所以把減少名額作為恢復制兵的政策，實在還有一個主要的原因，就是以前常說的西北糧運艱阻。因為不易足食，也就不能足兵。文襄公的精兵主義，還是最為經濟。

但吾們須記着：西北還有大批勇營，必先遣散，才有軍費來恢復制兵。不過這時兵事雖已結束，還不能不有相當的可靠的兵力來鎮懾地方，一時不便遣散。為節省餉銀計，只能先縮減為防營，改照坐餉支給。文襄公道：“減防營者，節餉需之糜；改坐餉者，復制兵之漸。”又道：“減防營以復制兵，減額兵以節協餉。”（《奏稿》五十三卷十五頁、十六頁）就是說明這個順序。

在沒有說到恢復制兵以前，我想先一說怎樣遣散防營或勇營。在當日做一個統帥的，不但要會練兵，還要會裁兵。裁兵並不是一件容易的事，而是一件軍事善後最艱難，又最重要的事。第一、先要統帥胸懷坦白，功成身退，沒有擁兵自重或藉兵發財的心；這在文襄公和他直系的幾個統領，都是不成問題的。其次，其時軍中欠餉太多，一旦遣散，必須發清，再要發給路費，決不是空口白話，一紙命令就可遣散；沒有錢，便不能裁。平日籌款養兵，已很竭蹶；臨時籌款裁兵，同樣困難。所以文襄公必等有着一筆款子，才裁去幾營兵。姑照劉錦棠在新疆裁撤徐占彪蜀軍計算，每裁一營，通扯要四萬多兩銀子。幾十營合算起來，真不是一個小數目。有錢遣散了，還要防到勇夫們領着錢，便在當地或鄰近地方隨便花用，及至吃盡當光，流落他鄉，成為遊勇。所以文襄公的辦法，把各勇夫從遣散地點到本籍的路程，分做幾段，每過一段，在指定機關發一部分錢。這樣，大概可以確保回歸原籍，而到家還有些錢可以營生。再則同時遣散一大批勇夫，成群結隊，難免沿路騷擾。所以文襄公的辦法，又把他們分做幾個小組，每隔幾天，遣發一小組，分起行走，減少他們聚眾滋事的機會。

更有兩點要提到的：文襄公用兵陜甘的以後幾年，就地募集土勇，用楚軍的制度來編制，用楚軍的方法來訓練，出仗時和楚軍比肩作戰。文襄公的用意，就是準備挑選制兵。董福祥的董字營，便是一例。在收復新疆後，文襄公允許出關各勇營中精壯可用，願意留在新疆的，撥給荒地，教他們屯墾。當時金運昌的卓勝軍，紛紛棄甲應徵。文襄公的用意，也就是準備新疆恢復制兵時，可在這批人中挑選。

現在回頭說恢復西北制兵，文襄公有幾個方針：其一、甘、新兩省承平時的餉額，統共每年三百數十萬兩。文襄公主張就依這一個餉額去酌定恢復制兵的兵額。制兵的餉，約當勇丁的一半；那就是裁去一營勇丁，招補一營半的制兵。其二、馬隊開支較大，所以文襄公主張僅備少數的馬隊，和步隊成三和七之比。大概減少一分馬糧，可以維持步隊戰守兵各一名。減去騎兵而保留步兵，這原是漢朝趙充國在湟中平羌時的成規。其三、新疆制兵本有一部分是和甘肅制兵按期調駐的，叫做換防兵。這一個制度，因為關內外交通的艱阻，很是勞師傷財，所以文襄公主張取消。其四、文襄公以為只要新疆國防鞏固，甘肅就可安謐，沒有問題；只剩北對蒙古，南對海、藏，還易應付。所以文襄公主張，甘肅的制兵盡可多減，把省下的餉供給新疆支配。最後文襄公主張：由清政府從光緒五年（1879）起，每年撥足協餉五百萬兩，以三年為期，由他儘三年內就甘、新兩省訓練制兵；及制兵一律精強，再把防營遣散，仍在防營中挑選久經戰陣的，充當制兵把總以上副將以下的軍官。就是逐漸裁去防營，恢復制兵。三年之後，便可改照平時每年三百萬兩之數撥發。在文襄公以為：這樣，各省每年可省二百萬兩的協餉，甘、新兩省也有精練的制兵可用。文襄公的主張，清政府都採納；獨是最初三年每年五百萬兩的協餉，不能撥足，仍是前空後欠。

甘肅原有制兵，計馬、戰、守兵五萬五六千名，包括新疆換防兵九千名在內。在文襄公減兵加餉政策下，約保留三分之一，計一萬七八千名。每年還節省六七十萬兩貼補新疆，恰如文襄公所預計。這件事是由文襄公交託幫辦甘肅新疆善後的楊昌濬辦理，因為楊昌濬曾在浙江辦過，很有經驗。新疆由劉錦棠去負責辦理，已在文襄公去任之後，但不出文襄公所主張的範圍，定為二萬一千名，只是由勇營改成防營，已非制兵舊規。陝西大概從四萬二三千名，減到二萬四五千名，是歸陝西巡撫主政，這裏就不說。

陝甘軍制中有一個很奇特的現象：甘肅雖已從陝西分省，而陝西提督仍駐在甘肅的固原，還節制着甘肅的河州鎮總兵。文襄公曾想把河州鎮劃歸駐在甘州的甘肅提督節制，而把寧夏鎮劃歸陝西提督節制。再是各省軍政，照例該歸總督主持，而陝西軍政，卻給前面說過的陝甘總督樂斌，因為厭惡兵事，索性讓給了陝西巡撫。於是甘肅境內陝西提督轄下的標兵，陝甘總督如要調動，反要先知會陝西巡撫，文襄公以為不合事理，曾說應回復舊制。可是這兩個合理的調整，似乎沒有實現。

（乙）舉辦屯田

屯田一件事，雖含有墾荒作用，但最初的用意完全在供給軍食。因為西北糧食的缺乏，因為西北運輸的困難，所以自古用兵西北，最感痛苦的無過於給養。秦始皇帝征胡，軍糧取給於沿海各郡，要費三十鍾——每鍾六斛四斗——的代價，才能運到一石（按：秦漢時期，一斛等於一石）；於是不幸而構成“窮兵黷武，勞民傷財”的罪狀。王莽想用三十萬大軍，帶着三百天糧秣，窮追匈奴。嚴尤給他一算：每人三百天的糧食，就要十八斛，自己搬不動，得用牛力來裝運，而每條牛本身三百天的飼料，也得有三十斛。只這一點，就使王莽的計劃難以實現。可是為要保邊塞的安謐，其勢不能不用兵，對於給養，當然也要從沒辦法中想辦法。辦法之一種，就是屯田。故早在兩漢，遠在如今伊犁河一帶、羅布淖爾一帶、庫車、吐魯番和哈密各地，已實行移漢人去屯田。而趙充國在如今西寧一帶屯田，以平先零羌，更久成美談，為文襄公所樂於援引。綜括一句話：就地生產，自給自足，這是一個軍事上的經濟。不過這些移民，因為好人不肯去，去的大都是解放的罪犯或內地不逞無賴之徒，決不是所謂“孝子賢孫”，平時駕馭，已很不易，遇事倒戈相向，也有可能。這又是當時認為一個嚴重的問題，說來話長，並非本文所及，姑且擱下不談。

西北事變發生，文襄公還在閩浙總督任內，便主張西征之師宜採屯田政策。後來文襄公銜命西征，當然就要實行他的主張了。不過屯田有兵屯和民屯之分。劃定荒地，指定某一部隊開墾，地熟歸官，這是兵屯；劃定荒地，招民承墾，地熟升科（按：徵收賦稅），這是民屯。而文襄公在陝甘所經營，多半是變通辦理。凡官軍收復一地方，安營設卡，派兵防守，文襄公便命這批兵在空閒的時候，利用近旁沒人耕種的田地種莊稼。收穫的糧食，歸營中作價收買，價款攤給種田的兵；各營哨官則另按督導的勤惰，分別獎懲。這些田地，以後如有業主回來認領，就給還業主。同時，招徠流亡民眾，起先給他們賑糧——大口每日八兩，小口五兩——維持生活，然後發給種籽、耕牛、農具，教他們種莊稼。收穫的糧食，也歸營中作價收買。他們和兵勇雜居耕種。這樣，不但軍食有着，而田畝也免荒蕪，最為老百姓所樂意。當然這裏還有一個前提：做兵勇的不可欺侮老百姓。文襄公對於發給種籽、耕牛、農具，都主臨時配給實物，不許預先折發現銀，他就怕人民拿了錢去作別用，或竟把種籽當食糧吃去。

文襄公一路進兵，一路屯田，便從涇州一直到了敦煌。

出關之師，第一片屯田在哈密，也採用這一個辦法。主其事的，是嵩武軍統領張曜。文襄公撥給他屯田費三萬兩。文襄公對於屯事，指示周詳：譬如種的作物，文襄公以為要僱幾個當地老農，向他們請教，視土性怎樣，然後決定哪種最相宜。又譬如招徠流亡的纏回，文襄公以為要給他們粗糧：壯丁能耕，每人每天一斤，老人孩子每人每天五兩。又譬如回民要求借給種子一石，秋後繳糧四石。文襄公以為，不必計較，只要到時能照數上倉，來年再借，可以接受。後來成效果然大著，已在前面表過。

新疆自從乾隆朝收入版圖，就興屯政。兵屯開始於伊犁，戶屯開始於阿克蘇。兵屯之中，滿營所屯，又叫旗屯。戶屯就是民屯，其中纏回所屯，又叫回屯。有了屯，渠道和水磨隨着開發。不幸至同治間，亂事發生，兵民喪亡流散，屯事跟着荒廢。就是在巴里坤一帶，雖沒有經過多大兵事，天時、地利、人和，和大有等屯莊，也逐漸衰落。及文襄公逐步進兵，逐步興屯，始復有起色。先儘荒地開墾，原有兵屯和民屯廢棄的，也不分限制，墾的人多，兵屯就給與民；墾的人少，民屯也可給與兵。這樣，經過相當時期，照文襄公在光緒四年（1878）所得報告：在北路巴里坤，兵民報墾五萬數千畝；古城子報墾民戶九百多，兵屯新墾六千六百多畝；烏魯木齊報墾民戶二千多；昌吉新舊墾戶一千三百多；瑪納斯新舊墾戶九百多。在南路八城，共徵糧二十三萬八千多石，另徵折色（按：古時徵收賦稅，原定徵收之物稱為本色，改徵他物則稱折色。清代折色專指銀兩）一萬三千七百多兩，又錢五百十緡；比從前徵糧十三萬多石，差不多加起一倍，足見屯事已很發達。在吐魯番，則徵糧一萬四千多石。原來北路從木壘河以西，南路從吐魯番以西，都是土沃泉甘膏腴之地。阿克蘇產大米，精鑿白軟，算中國第一。瑪喇爾巴什產米，也顆粒長大，可和阿克蘇產相等；而煮熟成飯，比阿克蘇還多一二倍。庫爾勒和喀什噶爾也產米很精。達坂產包穀，長七八寸。不過新疆戶民，向以畜牧為重，莊稼在其次。當前為供給軍食，只得儘量提倡種莊稼。實在按之民情、地利，還有問題。所以文襄公又指示：

> 經理之始，即當為異日設想。擇其水泉饒沃者，為田疇；擇其水草豐衍者，為牧地。庶將來可耕可牧，正不必概行耕墾。（《批札》七卷三十七頁）

文襄公在西北興辦屯務，也遇到幾個限制，不能躊躇滿志。西北人口太少，所以當日甘肅開屯，只在接近大道地點。新疆煙戶（按：指人煙戶口）更稀，當日雖報每天有數十百人出關承墾，為數還是有限；並且出關的，仍是甘肅人，結果只是減甘肅以增新疆。這是一點。墾地沒有房屋，要起造房屋，沒有木材。沒有房屋，就沒法容留屯民。這又是一點。西北耕牛太少，所以文襄公教他們說：牛沒有，就用馬；馬沒有，就用騾、驢，都大家輪流使用。於是軍中淘汰的馬，降人繳出的馬，和巴里坤孳生馬廠的馬，都撥歸耕墾之用。有時，還驅駱駝去下田。如連騾、馬都沒有，就由三人合管一犁。這又是一點。西北農器太少，一因是鐵料缺乏，二因是鐵工缺乏。烏魯木齊特地由官招工鑄造，經過一個月，只造成犁鏵各幾十具，分明無濟於事，急得文襄公忙令趕快開礦冶鐵。這又是一點。此外灌溉更是一個重要問題，留待以後再說。

文襄公對於屯田，還有幾個卓越的見解，值得歸納報告一下：

文襄公以為舉辦兵屯，第一個條件，便是兵和官要由田野農夫出身。如招市井遊手好閒之人為兵，這個兵就不會種田，也不慣種田，根本談不到兵屯。其次兵屯各單位的主管，

當然大抵就是哨長，都要是樸實勤勞的人，才能勝任。所以文襄公認其當日所辦兵屯稍有成效，由於他

> 家世寒素，耕讀相承，少小從事隴畝，於北農南農諸書，性喜研求，躬驗而有得。所部楚軍，向用農家，不收遊手。其將領又多由傭耕作苦而來。故以其所習，課其所能，不煩教督而自勤。至所屬蜀、豫、淮各軍，固未能一律繩之。（《奏稿》五十卷二十九頁）

這不是文襄公的誇張，就看當初和文襄公同在西北的穆圖善和金順輩，對於兵屯都沒有甚麼舉動，正為他們都是旗大爺，對於農事不感興趣啊！

文襄公以為真要興屯給兵食，還須靠民屯。那麼，第一個條件，要愛護老百姓。當時關外各軍也在辦屯，所用方法恰和文襄公相反。所以文襄公很憤慨的指責道：

> 其志不在恤民，不在濟軍，惟勒派取盈，以顧目前而已。預借籽粒，秋後數倍取償。民不能堪，棄耕避匿，則繫累其家屬，追呼迫索，至不可堪。故立開屯之名，而地畝轉荒。即哈密之纏回，先有二三萬餘口，今只存二三千口，逃入吐魯番者多也。（《奏稿》四十五卷七十七頁）

又說：

從前諸軍亦何嘗不說屯田，然究何嘗得屯田之利，亦何嘗知屯田辦法。一意籌軍食，何嘗顧及百姓。不知要籌軍食，必先籌民食，乃不竭之源。否則兵欲興屯，民已他徙，徒靠兵力興屯，一年不能敷衍一年，如何得濟！(《書牘》十四卷六頁)

文襄公以為令兵勇屯田固可，從屯戶挑練兵勇也可，把屯戶就認為兵勇卻不可。當時烏魯木齊都統景廉摹仿古人徙民實邊之說，要從關內移民關外開屯，且耕且戰。曾有五營調駐濟木薩，才歇營，忽敵警傳來，便在一夜間鬨然潰散。文襄公以為：寓兵於農之議論，已成過去。“兵農既分，不可復合。”“亦兵亦農，名非不美；且戰且耕，事非不勞。”不過既無補於軍政，也無補於屯務，這是不可不認識的一點。

從前已經提到，在文襄公早歲所做《癸巳燕台雜感》詩中，說及西北建設，有“興屯寧費度支錢”一句。當時書生的主見，現在成為大帥的政策。鑒於屯田本是實政，國庫又很艱難，所以文襄公的辦屯，沒有組織，也不聲張，只是實幹。在河西雖曾有一時設過營屯局，但由地方官兼辦，還管採買糧食，不光為屯務。後來在新疆興屯，就明白宣言，概不設局。所以袁保恒在大軍出關時，奏請拔款設局興屯，文襄公立即抗議：

屯事雖由漸而入，隨時隨地，得實心之人辦理，自有成效。若徒騖開屯之名，設局興作，正恐復業之民少，而

局員丁役之費翻多於散賑給種之費，殊非此時所宜。(《奏稿》四十八卷七十七頁)

這真揭穿了一般興屯機關的內幕。

（丙）築路

在西北，因為水道不利於航行，行旅的往還，貨物的運轉，差不多全靠着車馱。於是道路的修築，格外重要。這在軍事上，也是必不可少。西北的築路，可說在秦始皇帝時已很有偉大的規模。當時所說“馳道”，吾們可以引漢朝賈山《至言》(按：參見《漢書・賈山傳》)中所描寫，啟示一個相當的印象：“道廣五十步，三丈而樹；厚筑其外，隱以金椎，樹以青松。”這是何等雄偉的作風。不過秦始皇帝的築路，大致以首都咸陽為中心，而向東南作扇形的散佈，怕就全為應付山東諸侯，便利用兵而設。在二千年後，文襄公在西北築路，也有像馳道的規模。不過他的方向，恰和秦始皇帝背道而馳。

文襄公西征，是從潼關而進。那時，東南運來的軍火、軍裝和軍餉，大部分由潼關轉口。所以文襄公的築路，便從潼關開始，由東而西，橫貫陝甘兩省。後來大軍開入新疆，文襄公的築路，也繼續往西，北路一直到了精河，南路一直到了喀什噶爾。

文襄公築路，其動機無疑是完全為着軍事上的需要：一是調動大隊人馬；二是轉運軍實；三是傳遞文報。就一般說：

當時的路面，也相當開闊，大抵為三丈至十丈，至少可供兩輛大車來往並行，最闊之處則有三十丈，隨地形為轉移。路旁植樹一行兩行，乃至四五行。在文襄公的用意，大概有三點：一是鞏固路基；二是“限戎馬之足”；三是供給夏時行旅的蔭蔽。不過西北築路，有兩個難題：經過崇山峻嶺，坡度太陡，動輒數千百尺，此其一；經過山洪沖刷地帶，往往泛濫數里，或數十里。故鑿山通道和逢溝架橋，正是兩件艱巨的工作。

現在吾們循着文襄公進兵路線，看看築路情形怎樣。潼關到西安省城一段，文襄公一到陝西，就吩咐把路面平治。一次，華州知州為雨後路面泥濘，大車不能通行，耽誤了軍火，還大受文襄公申飭。平涼的三關口，就是金佛峽，路到這裏，高峰突起，從前，路在山上越過，異常危險；這時，則在山腳另開了一條車路，長約二十里。過了三關口，路靠涇河走，一經大水，便難涉足；這時，則從蒿店到瓦亭，另筑了石路四十多里。瓦亭過去，就是六盤山，古時叫做隴坂，正為他山高而路陡；這時，則在上坡和下坡的兩面，另筑了車路二十多里。六盤山過去，從翟家所到會寧城東，俗語所說“七十二道腳不乾”，新築車路四十三里。從會寧到安定間險阻路徑，也一概平治。由此到河西，在平番縣境爛泥灣，又修築石路一道。涇州屬境修築大小木石橋九座；平涼屬境修築大小木石橋二十九座；固原屬境修築大小木石橋十座；會寧屬境修築大小磚石土木橋十九座；安定屬境修築木石橋八座；金縣屬境修築木石橋三座；皋蘭屬境修築木橋一座；平番屬境修築石橋一座。這種橋樑，大抵就是所謂“山橋”，用磚跨溝砌成，積土其上，厚常四五尺，橋欄也壘土而成。會寧境內有兩橋是很有名的：一在青家驛東倒迴溝，長十二丈，寬三丈，文襄公題名“利濟”；一在青家驛西尚家灣，長十六丈，寬二丈，文襄公題名“履順”。還有一條在會寧縣城東數十里山谷險阻之中，文襄公題名“平政”。會寧原是甘肅東路交通樞紐，現在公路穿過華家嶺，會寧地位減少其重要性了。安定的宋家溝，是官商往來要道，乾隆時鞏昌府知府王廷贊筑成一橋，大家都叫做“王公橋”，年久失修，重車不能負荷，文襄公在加固之後，題名“永定”。涇州境內，另有一種木橋，專備涇水漲發時搭渡，大致秋造春拆，吾們可以叫做“活動橋”。蘭州城北的黃河兩岸交通，文襄公早就有意建修鐵橋，當時曾由上海德商泰來洋行福克一度接洽，因索價六十萬兩，文襄公嫌其太巨，沒有成議，不然不須到宣統元年（1909），早在三十年前就可有中國第一座黃河鐵橋了。

沿路設備，相傳每五里有一小墩，每十里有一大墩（其實這是漢代亭郵的制度），現在已無可稽考。只在幾個人的旅遊的記錄中，還有一鱗半爪，可以想像。例如馮焌光（字竹儒，廣東南海人）光緒三年（1877）《西行日記》：

> 自長武西三十里交甘肅界，直抵蘭垣，五里一卡，十里一哨，百里一營。

裴景福（字伯謙，安徽霍邱人）光緒三十一年（1905）《河海崑崙錄》：

> 自黃沖（按在平涼境）以西，每十里，建兵房三間，旗竿台一，土墩五，標明里地。

裴景福所記，大概便是“一大墩”的規模；而馮焌光所云的“卡”，大概便是“一小墩”，至“十里一哨，百里一營”，該是當日還在用兵時防護交通路線的一種佈置，並非常例。

至沿路植樹，照文襄公的記錄，光是從陝西長武境界起到會寧縣止，六百多里間，歷年種活的樹，就共有二十六萬四千多株。在隆無譽（湖南寧鄉人）著《西笑日觚》上說：

> 左恪靖命自涇州以西至玉門，夾道種柳，連綿數千里，綠如帷幄。

這就是如今豔稱的“左公柳”。光緒五年（1879），楊昌濬應文襄公之約西行，見着道旁樹，即景生情，吟詩一首：

> 大將籌邊尚未還，
> 湖湘子弟滿天山。
> 新栽楊柳三千里，
> 引得春風度玉關。

前是思詠文襄公的豪情勝概，後是改造了王之渙“楊柳春風不度玉門關”的理解。傳誦肅州大營，文襄公掀髯大樂。次年，文襄公從關外進京，一路見到：

道旁所種榆柳，業已成林，自嘉峪關至省，除鹼地砂磧外，拱把之樹，接續不斷。(《奏稿》五十七卷四十七頁)

蘭州東路所種之樹，密如木城，行列整齊。栽活之樹皆在山坡高阜，須澆過三伏，乃免枯槁，又不能雜用苦水，用力最勤。

過長武，則別有天地。種樹開渠各節，並未遑議及，殊為惜之。值州縣與防營來迎，即加指示。(《書牘》二十四卷八十一頁)

其時，陝西巡撫為馮譽驥(字展雲，廣東高要人)，文襄公到了西安，又親對馮譽驥說着，馮譽驥欣然從命。由此可知甘肅認真植樹在前，陝西踊躍繼起在後，可說都不負文襄公一番倡導之苦心。後人也不欲負文襄公當年一番倡導之苦心，故沿路曾有下面一種榜示："崑崙之墟，積雪皚皚。杯酒陽關，馬嘶人泣。誰引春風，千里一碧？勿翦勿伐，左侯所植。"本來俗語說得好："前人種樹，後人乘涼。"可是西北人民所需要，卻不是乘涼，而是取暖，而是熟食。所以吾們又讀袁大化《辛亥撫新紀程》等書，那時離開文襄公去任不過三十年，但是已見到左公柳多被採伐為柴薪。如今又在三十多年之後，當然不知更要摧殘到怎般地步！這真應了"一人種楊，十人拔之"的又一句俗語了！朱紹良氏任甘肅省政府主席時期，曾嚴令各縣把殘存左公柳編號登記，切實保存；倘再有砍伐，當地保甲長和該管縣長一併懲處。

文襄公對於種樹，實在極感興趣。凡是文襄公或楚軍、湘軍所到之地，就大家種樹。如今可考的：會寧境內種活樹二萬一千多株，安定境內十萬六千多株，皋蘭境內四千五百多株，環縣境內一萬八千多株，安化縣城及鎮原境內一萬二千多株，狄道境內一萬三千多株，平番境內七萬八千多株，大通境內四萬五千多株。其時魏光燾做平慶涇固化道，大概所有東路路工和橋工，都是在他指揮之下完成的。他在署內外也種活樹一千株；並在他所修復的柳湖書院內外，種活樹一千二百多株。

以上是記橫貫陝甘兩省的一路情形。在甘肅的東北，則所有慶陽、涇州、平涼和固原各屬，以及從固原往北，經過平遠到惠安堡的道路，都重加平治。在甘肅的西南，則狄道州西門外修築了一座永寧橋，這是河州和鞏昌往來要津。又從嵐關坪到白林口，修築道路一百六十里，木橋兩座。從碾伯縣的響鏜到老鴉堡，修築道路二百四十里。在大通縣境內修築道路三百數十里。在丹噶爾廳（今青海省湟源縣）境內，修築東路西石峽峽道十里和南路藥水峽峽道三十里。

出了嘉峪關，築路工作有幾個慘淡經營的成就：第一、從哈密到巴里坤，須翻過三十二盤的天山之脊。統領嵩武軍張曜受文襄公命，駐紮哈密，便在這裏鑿平險阻，減低坡度，立石貫木，裝設扶欄，回繞三十六盤，路寬一丈五六尺。文襄公的《天山扶欄銘》中所說："誰其化險貽之安？嵩武上將惟桓桓，利有攸往萬口歡。"就為紀念這個工程而作。第二、從哈密到吐魯番，從瞭墩到七克騰木，有南北兩道。南路雖是官路，但須經過三間房和十二間房，大風起處，飛沙走石，常把人馬疾捲而去，不知下落，俗稱風戈壁，古稱黑風井，也就是《後漢書》所說“風災鬼難之域”。北路經過一碗泉、七角井和西鹽池等地，雖是小路，卻可以躲避風災，所惜沿路沒有店鋪，行人沒處棲息。這時，便把南路台站移到北路，並且添建房屋，可以供給水草。第三、達坂當天山南北孔道，山路絕陡，車常折輪，馱常失足。回言“達坂”，原就是華言“峻嶺”。這時另鑿新路一里，行旅稱便。第四、從托克遜到喀喇沙爾，須經過蘇巴什山口，山徑曲折，有一百七十里長，這是南路八城的咽喉；其中蘇巴什驛往南八十里到阿哈布隘口，《唐書》所說“銀山道”，文襄公形容它的形勢說：“兩峰壁立，積石崚嶒；一徑羊腸，下臨無際。車馱經過，輒有意外之虞。”這時，便在這裏“鏟幽鑿險，化而為夷”。（並見《奏稿》五十六卷三十一頁）第五、在喀喇沙爾，有清水河西鹼灘五六里，泥淖縱橫，行旅常苦陷沒。這時，一律填築車路，往來無阻。第六、在古稱輪台的布古爾東四五里地方，從北面山峽流下一條河，河上有一座大橋，這是西入回疆要津，《後漢書》所說“葦橋之險”。除此之外，別無路徑。這時，修築完善，人馬輜重一律通行。

當時新疆南路在劉錦棠管理之下，其他築路工作，便可採錄錦棠的報告：從瑪喇爾巴什到愛吉特虎，修築道路五百三十里，大小橋樑二十多座；從玉帶里克到龍口橋，修築其間所有道路和橋樑；在七克托地方，修築橋樑二座；從喀什噶爾城以南，修築道路數百里，橋樑三十多座。

說到築路，帶着一說驛遞。吾國驛遞組織有三種：驛站、軍台和營塘。三種東西，原是一種作用 —— 傳遞文報。不過驛站設內地，歸地方行政機關管理；軍台和營塘限設西北邊地，而前者歸旗營，後者歸綠營管理。新疆制度：每三個軍台，用一個筆帖式管理。每台設外委一員，識字兵一名，供差兵四五名至十三四名，供差纏回或蒙民三四名至八九名，差馬十餘匹至二三十匹，牛十頭，鐵車三輛。營塘只有兵，沒有弁，兵額八名或十名；又只有差馬，沒有牛隻車輛，馬約八匹或十匹。陝甘境內全是驛站。新疆境內，情形很複雜。從猩猩峽經巴里坤、古城子、烏魯木齊到精河，既有驛站，更有軍台和營塘。從精河到伊犁和塔爾巴哈台，從哈密到吐魯番，都只有軍台，沒有驛站和營塘。從阿克蘇到喀什噶爾，從阿克蘇到伊犁，都只有營塘沒有軍台和驛站。但在文襄公西征時，無論驛站也好，軍台也好，營塘也好，在歷年變亂之後，大多數早已毀滅，房屋淪為瓦礫，馬匹化為蟲沙。當然這於傳遞文報很不方便。文襄公先痛恨於陝西文報限行每天六百里的，不能實行一百里，致洛川到臨潼大營飛稟須走十天；後更慨歎於涼州和蘭州省城間文報往來，要歷一個月之久。文襄公又是最注意情報的，那麼，怎麼辦呢？要立刻一律恢復，自為經費和時間都不許可。好在文襄公一路進兵，為維護運輸路線，沿路都有部隊駐防。文襄公便利用這個組織，命他們用馬匹和伕子節節傳遞，分別叫做馬撥或步撥。每隔一個月，酌給犒賞。到驛站制度恢復，然後取消。文襄公對於這件事，很費一番心思。每次指定出兵路線，同時就規定傳遞文報線路：某路為正線，某路為輔線，某地不通，怎樣繞遞，都指示明白。後來大軍出關收復北路，文襄公命先頭部隊儘先恢復驛遞設備，從猩猩峽往西到瑪納斯的靖遠，其中三十多站，都臨時成立；烏蘭烏蘇（蒙古語："烏蘭"謂"赤"，"烏蘇"謂"水"）以西，則暫設馬撥。至於收復南路時，敵人在退卻前，多掘水斷橋，加以南北兩河恰好泛濫成災，各營塘多成巨浸。所以師行神速，獨恨驛遞遲滯。上面所說劉錦棠的築路數百里，造橋數十座，便是為着恢復驛遞。

說到驛遞，還要說到官店。原來西北旅行最感困難的，往往沿路找不到膳宿處所，也沒有東西買賣，真所謂"絕塞"。在平時或許偶有些少市面點綴，一到兵荒馬亂年頭，更哪裏找得到絲毫人跡。這種情形，一出嘉峪關，格外嚴重。在行進的軍隊帶着營帳，背着行糧，還可勉強應付。但是軍隊之外，還有連轉軍實的車馱，怎麼辦呢？就是偶然有些伙舖，也決不夠供給大批人馬的需要。於是文襄公在驛站，或軍台，或營塘旁邊，或旁的相當地段，用官款興造簡單房屋，置備些柴草，以供趕車人等歇宿。有些還搭着安放牲口的棚廠，有備着繩索、口袋、鞍屜等什物，也招着木匠和鐵匠，使車馱損壞或缺少了甚麼東西，可以就便添補，省得停頓下來，耽誤了行程。這些設備，叫做官店。公家略略賠貼了些錢，但於大軍行進，大佔便宜。便是軍隊在西北，駐紮某一個地點，因為當地沒有舖子，使兵勇們日常生活上的供應也有許多不便。於是文襄公又允許在距離營盤的半里以外，得由商人搭蓋棚廠，開張生理，和營中交易。這叫做"買賣街”。買賣街上，妓館、煙館和牌館當然不准有的。營官應隨時稽查，嚴行禁止，明白載在《楚軍營制》。及至大軍出關，更有大批商販隨着做生意，叫做“趕大營”。於是大軍旌旗所在，也就是這般商販蹤跡所到。大家知道的，這些商販之中，天津的楊柳青人最有能力，以後也就在新疆商業上佔着相當勢力。

（丁）築城

相傳夏禹的父親鯀，首創城郭之制，內部叫城，外部叫郭。夏禹父子都是“工程師”。至今西北城垣，大部沿着這個制度。吾們分別叫做內城和外城，或城和關。便是一個平常村鎮，也往往建有很好的城垣。原來西北自古是邊塞，為防異民族的侵入，攻守之具不能不力求完備。在新疆，同一地方又常有兩三個城垣，分成漢城、滿城、回城，使大家異族而居。這些在內地大都是沒有的，有些只有滿城。在如今立體戰爭之下，城垣已很少效用；但在文襄公時，還是軍事上重要的設施。所以在平定陝甘，收復新疆之後，修築城垣的工作也值得一記。

最先要報告的，當然是蘭州省城。內城長一千一百八十丈，外城長三千三百丈。背瀕黃河，面臨蘭山，故南北窄而東西寬。光緒元年（1875），文襄公在外城的西北隅，創建了一座貢院，在院外包筑了一段外城，長二百四十丈。這樣，就形成現在一個蘭州城的規模。光緒二年（1876），文襄公又把原有外城徹底大修。城根深一丈多，寬一丈數尺。城身高三丈七尺，頂寬八尺多。更掘城濠，深寬各有二三丈。如今城郭依然，而城濠已泯滅了。在空襲之下，城垣恰成為目標，然而這堅厚的城牆，恰又利用為防空洞，這不是文襄公生前所能預見的了。特別雄壯的是西門城樓，真足表顯西北重鎮的姿態，對於西路來的人，踏進第一個省城，便給他第一個很深刻的印象。這一個工程，歷時一年，用工一百七十多萬，是由十一個防營合力作成。估計價值，非十多萬兩銀子不辦；事實上只為購買繩索、箕斗、茭草、石灰、磚瓦，花去了三千三百九十七兩多。這樣一個便宜的城工，報銷上去，卻給工部駁下。工部對於修造城垣，要依他的則例，做法有規定，價格有規定。他們要求文襄公照例价刪減，並照做法補開清冊。這就給了文襄公一個難題。工程已做好，證明是堅實，怎樣再具清冊？所購材料，確是這個市價，蘭州的東西確比別處貴，怎樣再能刪減？除非偽造一個報告，設法適合則例。最後便由文襄公自挖腰包，經清政府特准免予報銷了案。原來官廳的審計制度，從古就有這種不合理的現象。“准銷必非實數；實數不能准銷。”本意要求核實，結果製造虛偽。這真足使忠實而勇於負責任事的人灰心短氣。所以文襄公在慷慨地捐出這筆錢後，又憤慨地寫信給幫辦甘肅新疆軍務劉典說：“蘭州外城工三千餘兩，工部尚須核減，附奏以存廉了之，並不請銷，看其更有何說！”（《書牘》二十卷四十六頁）然而安得人人肯挖腰包，更安得人人有腰包可挖呢！

修了蘭州外城，不修外城外的四墩堡，還不能算完成了城防吧！四墩堡是指四個方形的碉堡，排列在城西龍尾山上，從北而南，俗稱頭墩、二墩、三墩、四墩，恰好俯視着西城，一墩更貼近袖川門。這時，文襄公吩咐一併修整。碉堡也是吾國數千年前發明的攻守之具啊！作者曾上龍尾山，觀其末一墩，上鐫“第四墩”字樣。基址每邊長一丈多，高約二丈，四面卻沒有門戶。繞第三墩後面下山，緣定西路入袖川門，則門榜已易名“宗棠門”了，為今甘肅省政府主席谷正倫氏所題；門以南，即為環南城的左公西路和東路。人傑則地靈，不禁緬懷先賢之遺烈，豈只發思古之幽情呢！

文襄公初次駐節肅州時，發見西北要塞的嘉峪關失修已久，邊牆且有四處坍毀，大車盡可自由通過，有關等於無關。因命防營一律修整，每日按時開閉關門；手題“天下第一雄關”橫額，安置關頭，字大於斗。何福堃（字受軒，山西靈石人）詩：“左侯昔日受降歸，釃酒臨關對落暉。額書六字神飛動，想見如椽大筆揮。”（《午陰清舍詩草》七卷二十二頁）就是描寫這一段歷史，可惜至今題額已失所在了。說起嘉峪關，文襄公還吩咐在關上嵌上陝甘學政吳大澂（字清卿，江蘇吳縣人）撰書的《安西頌碑》。這一篇頌，雖是文襄公盛讚他“周秦之文，冰斯之篆”，怕還不夠表揚文襄公的勛業；因為吳大澂撰文時所說安西，只指安陝西和甘肅，沒有包括安新疆啊。這個碑有兩份：一是四條長屏式，初次所寫，在陝甘總督署；準備放在嘉峪關上的一份，是後來續寫，作橫幅式。這一個故實或許大家不很清楚，所以樂意一提，不過聽說現在關上卻沒有這張碑。

文襄公再度駐節肅州時，又修整了沙與牆齊的安西州城。把東西兩面積沙，從城頭掘下二丈二尺，直到城根，鏟除淨盡，現出廬山真面目。更引疏勒河水，環城挖濠，既深且闊，兩岸遍栽楊柳。不光是形成岩疆形勢，還飽和着江南景色了！至於肅州城，當進攻馬四時，曾被重炮轟毀，當然併加修竣，不須贅說。

甘肅其餘郡縣城垣，有在過去的十三年事變中被毀的，有在光緒五年（1879）的地震傾陷的，在文襄公時，大都也已修復或重造。像河州城，修整城堞二千二百四十九枚，更房一百四十座。再像狄道州城，修築炮台六十三座，城堞二千零八枚。再像秦州城，先後加筑中城、小西關城、西關城炮台和東關城。又在南門外修築耤水新堤，長三百五十丈，高八尺，厚二丈；呂二溝新堤，長三百零四丈。夏之日，紅的是堤內的荷花，綠的是堤畔的柳樹，襯着堤上的白沙，何等風光旖旎！再像重筑階州城，長百餘丈，高三丈，寬八尺，炮台二，城堞一千一百六十八枚。並修築南堤，長一百二十丈，寬一丈三尺；北堤長四百餘丈，寬一丈三尺；環城沿堤，栽樹數十萬株。再像階州州判城——白馬關，重筑石城，長二千八百八十一丈，高一丈九尺，敵台四，城堞四百二十二枚。這幾處都是甘南重鎮。

不是前面說過文襄公在隴東形勝之地，新設了幾個州縣麼？這時他們的新城也先後筑成了。化平川直隸廳城長四百十六丈，高二丈五尺，上寬一丈二尺，基厚二丈；城堞五百五十四枚；城門四；炮台十二。寧靈廳城長一千一百三十丈，東西址寬一丈五尺，頂寬七尺，南北址寬一丈，頂寬三四尺；女牆高五尺；城堞一千二百十枚；東西兩門。平遠縣城長八百五十丈；城堞七百二枚；炮台八。董志原縣城長三百九十六丈，高二丈五尺，上寬一丈二尺，基厚二丈；城堞五百三十二枚；炮台十二；城門四。

陝西方面，文襄公初入境，因西捻和北山土匪都係流寇性質，而人民只知聞風逃亡，不知自謀保衛，特設堡寨局，督導各鄉鎮人民自行建設堡寨，為實行堅壁清野之計。文襄公指示其要點道：

> 堡寨一事，總要官民一氣。能通官民之氣者，惟紳士。所謂紳士者，不必舉貢生監，如其樸幹可用，即商民亦當用之。程功次第，自以由近及遠為宜。湖北漢口向遇賊警，即紛紛遷徙，廛肆一空，雖洋商亦然。上年城成壕具，捻逆望而卻退，其效可睹。所費近二十萬，而商民不吝者，較之遷移之多費，閉歇之失利，茲為贏也。陝民慳而懶，晉賈亦少遠慮，仰即詳加開導，務底於成。如有立意阻撓者，示之以罰可也。（《批札》一卷七十三頁）

按太平軍始起，文襄公即主張各地應設碉堡，和團練相輔而行。他說：

團練原制賊要着，所以未睹其利者，正坐不用碉堡之失耳。有堡以安其老弱婦女；米糧器具有事移置其中，則人心自固。堡四隅各建一碉，碉居壯丁；弩銃炮石各守具，預貯其中。兩碉相距遠近，總以炮石相及為度。層留銃眼，不限多少。外環深濠，暗設機阱。計堡之大者，周不過一里，可藏數千人。一堡四碉，壯夫乘碉禦賊者，常不過百數十人。須人既少，可以更番疊戰，晝夜不懈。儲峙薪汲，先時籌辦；守具一切，預行安設。設有警，入堡坐須其來，此不必智勇過人者而後可為之也。鄉民家室在此，身命在此，又憑高依險，不至與逆賊併命須臾，怯者可使勇，愚者可使悟，彼何肯遇賊張皇，伺便奔潰哉。如近賊之處，無地不團練，無團練非碉堡，聲勢聯絡及數百里，官兵擇要駐守，其營壘亦如碉堡之式，為諸堡聲援。逆賊外援隔絕，間諜難通，釜魚几肉，何難撲滅！（《書牘》二卷四頁）

大抵文襄公在陝西倡建堡寨，也便是實現他這個見解。不過當時議論，似有不以為然的，所以文襄公又說：

陝省兵燹之餘，民困日甚，堡寨所以衛民，先務之急，以此為最。論者每謂大亂初平，宜先休息。不知欲求休息，必先圖所以休息之方。堡寨成，則寇賊之患紓，勞於前者必逸於後也。（《批札》二卷二頁）

至於陝西郡縣城池，在文襄公鼓勵之下，修整了一個延榆綏鎮總兵所駐的榆林府城，也把高和城齊的積沙徹底鏟除，環城設濠，沿濠種樹，使成名副其實的邊方重鎮。又同州府城東南隅，曾另建一個新城，完成他關中襟要之形勢。

新疆失守十年，城垣多毀。最利害的，要算喀什噶爾、葉爾羌、英吉沙爾、和闐的漢回各城；其次則瑪喇爾巴什、烏魯木齊、瑪納斯、巴里坤和精河。收復後都加修補。喀喇沙爾是南路衝途，舊城已毀，就利用阿古柏所筑新城，開拓修築。最偉大的工程，是擴大庫車城，就東南和東北兩面，延長一千三百三十四弓（按：弓是古代長度單位，其制歷代不一，據《清史稿·食貨志一》記載：清代一弓為五尺），牆高一丈八尺，寬一丈五尺，四隅炮台縱橫四丈四尺，城樓高四丈八尺。庫車原是龜茲國，漢時歸附，班超、班勇父子曾在這裏發揮其無上之聲威，唐設安西都護，這時算又回復了漢唐盛軌。文襄公又以

> 喀（什噶爾）城形勢，介蔥嶺支幹之中，安集延、布魯特地居西偏。踰山而東，乃達喀城，故各部落入喀，動稱過山，本中外天然界劃。

認為：

> 若南自英吉沙爾，北至布魯特界，按照卡倫地址，改筑邊牆，於衝要處間以碉堡，則長城屹立，形勢完固，界劃分明，尤為百世之利。（《奏稿》五十二卷五十七頁）

文襄公這個建議，立被清政府採納，那更足以上追秦始皇帝長城偉跡了！

（戊）製造新兵器

文襄公創設甘肅製造局，已在同治十年（1871）。其時陝甘兵事快要結束，怕就為籌供用兵新疆的需要。文襄公在西安省城，也曾設立一個小規模製造局，招募浙江工匠，購備機器，自造洋槍、銅帽、開花子等件，但對於開花大炮的彈子，還不能製造。這一個局後來大概就歸入甘肅製造局。可惜這個完備的史實，還沒有發現。就是甘肅製造局情形，也未見詳細的紀錄。

主持甘肅製造局的，是一位記名提督，總兵賴長（字雲亭，廣東人）。文襄公在浙江征討太平軍，賴長剛在帶着一枝粵軍的康國器（字佑之，廣東南海人）—— 康有為的祖父 —— 部下。結束太平軍的嘉應州黃沙嶂一役，賴長也立有大功。文襄公西征，賴長留在福建。他很懂得西洋機器的製造，所以文襄公創設甘肅製造局，便調了他來。局中工匠多數是廣東人，其次是福建人和寧波人。福建工匠就是多從文襄公所辦福建船政局中挑選而來。賴長和他同鄉鄧增（字錦亭，廣東新會人）又都擅長施放開花大炮。肅州之役，久攻不下，文襄公特派兩人去開炮。後來鄧增為金順所調，帶着大炮隨大軍出關，官做到陝西提督。賴長卻不知怎樣下落，從馮焌光的《西行日記》看來，他在蘭州省城有過一個住宅。

製造局中大宗產品，如今可考的，是銅引、銅帽、大小開花子。吾們看以前所記文襄公配給出關各軍的數量之大，想見當時產量也已不小。就像圍攻肅州，用過開花子一千四百多枚，也是局中所造。製造槍炮，可以分做三種報告：一種是仿造，像布國七響後膛槍和布國後膛進子螺絲大炮，文襄公所最讚美的，局中都能照製。一種是改造，中國原有一種劈山炮，文襄公命改用合膛開花子，又把炮架改用雞腳式；廣東新造一種無殼抬槍，文襄公也命改用合膛開花子，並照洋槍式安寶塔嘴，用銅帽子。結果都很不差，劈山炮本要十三人管放一尊，改造後只要五人；無殼抬槍本要三人管放兩枝，改造後可以一人管放一枝，仍能準確而致遠。又一種是創造，文襄公命按布國後膛炮原理，鑄造二百多斤重炮，用車輪架放，也很合用。以前說過到蘭州遊歷的俄官索思諾福齊，常在文襄公面前誇張俄國兵器的銳利。文襄公派人伴往甘肅製造局參觀。回來，文襄公問怎樣？對說：很好，不過所用的鋼，這般精瑩，怕還是西洋的。經文襄公肯定地告訴他確是局中自煉，索思諾福齊只有表示佩服。大概這一番對白，並不是文襄公的浮誇，在索思諾福齊一個伙伴記參觀甘肅製造局一個故事中，也說當日試放四架來福後膛炮，只有一炮是不行。

做子彈用的火藥，起先還從海外採購。文襄公要節省運費，常想自己提煉。光緒元年（1875），由於幫辦甘肅新疆軍務的劉典的籌劃，火藥局也在蘭州成立了。所造火藥，經文襄公驗用結果，認為上好的已能做槍藥；和洋火藥比較，則洋火藥每一發只要二錢五分，土火藥須要加多七分，力量才可和洋火藥相等。其次的則遠不如洋火藥，因子粒稍粗，不很過火。文襄公對於這件事，很感興趣。他的指示：把硝提到七次，其中三次用萊菔片入鍋提；磺提到五次，其中兩次用牛油提。這樣，品質便可和洋火藥一律。有些人以為提煉過精，徒費硝磺，軍營不知愛惜，很不值得。文襄公的見解，則以為上上好火藥，力量可比得上洋火藥，就不必遠向海外採購，所省運費已是不少。況且硝磺提煉極淨，開火後，更可不傷槍炮。每斤加工料，多費不過數十文，總是上算。

文襄公這樣不嫌繁瑣的認真體驗，認真囑咐，只有八個字是主要目的："省錢省力，自給自足。"所以用當時的目光，衡量當時的兵器製造，在短短三五年中的成績，已算很優美。不過擦銅條用青油，還是上鏽，只得仍用洋油。後來德國技師化驗玉門石油，不知是不是要解決這個問題。

文襄公不光是研究兵器製造，還注意教練兵器使用。他命令督標中軍副將挑選將弁兵丁，在廠演習。文襄公要使"製器之人知用器之法；用器之人通製器之意。"(《書牘》十四卷四十九頁) 可惜局中工匠對於要緊關子，大都秘而不傳，故所得只是皮毛。

賴長也不光是製造兵器，還歡喜別種製造。最值得一提的，賴長造成第一架織呢機器，因此促成文襄公的創設織呢局；賴長又造成第一架抽水機，當初叫做吸水龍，因此促成文襄公的開闢飲和池。這些都留待下面分解。賴長也製造水龍，因幫辦甘肅新疆善後的楊昌濬的鼓吹，文襄公也贊成在局搭造，以防省城火災。文襄公對於泰西機器製造，早已醉心。他也認為中國應不光是用機器仿造兵器，還該用機器仿造旁的物品，於是後來在甘肅織呢局中又附設一個機器局。在當時的文襄公的新知識中，他對於西洋的槍炮叫做火器，對於一切用蒸汽發動的機器叫做水器。我不知道賴長對於運用西洋機器，還有多少貢獻，我只想給他起一個頭銜，叫做“機械化的總兵”。

新疆收復，文襄公還命甘肅製造局添造大炮，每尊造炮子五六百顆。也為節省運費，曾在阿克蘇另設一個製造局，在庫車另設一個火藥局。詳細情形，尚無可考。不過後來新疆用的銀圓，那模型是甘肅製造局所製，而由阿克蘇製造局鑄造。

文襄公真是一個愛國的有心人：

> 嘗歎泰西開花炮子及大炮之入中國，自明已然，現在鳳翔府城樓尚存開花炮子二百餘枚，平涼府西城現有大洋炮，上鐫萬曆及總制胡等字，餘剝蝕。然則利器之入中國三百餘年矣，使當時有人留心及此，何至島族縱橫海上數十年，挾此傲我，索一解人不得也！（《書牘》十三卷四十頁）

文襄公的在西北設製造局，也可作如是觀。他的槍炮，口向塞外。

甘肅製造局在蘭州南關，光緒八年（1882）停辦。督標所派學習弁兵，遣入甘肅織呢總局。距文襄公離任，只有兩年。光緒二十四年（1898），陝甘總督陶模把他連同織呢總局中的機器局，併歸軍裝局。這軍裝局也是文襄公所創辦。三十三年（1907），機器局又一度移入城內小倉子。中華民國六年（1917）九月，甘肅督軍張廣建改就甘肅舊貢院後，恢復製造局，並加擴充，這就是如今甘肅機器廠的前身了。至於蘭州火藥局，則在下東關。其建築西部圍牆非常堅厚，而其東靠城垣部分，只有薄薄的一片牆。大家不明其所以然。前幾年意大利軍事專家來觀察之後，認為極合理。這種軍火庫，為照料方便計，其勢不能不放在靠近城市地方；但為防爆發計，把他用銅牆鐵壁完全包圍起來，爆發必更利害。像這個火藥局，因為西面是鬧市，故牆要其厚；東面已是郊外，故牆要其薄。這樣，炸裂時可使其勢儘量向郊外發展，減少鬧市所受破壞。中華民國二十四年（1935），蘭州火藥局不幸爆發，大家才明白要不是這般構造，城內損害還要慘酷；因此又想到文襄公當初必曾經過一個精密的考慮啊！

九

財政設施

（甲）西征經費的分析

文襄公平定陝甘，收復新疆，前後十四年，究竟用了多少錢？這是一個很有趣的問題，卻不容易找到圓滿的答案。虧得文襄公從同治五年（1866）十月離開福州省城起，截至光緒六年（1880）十二月底止，辦過四次報銷案，首尾還連貫。吾們姑且把其中四個支款結數加起來，說是用了九千二百五十一萬多兩。但這還不足以顯示西征經費的全貌，因為有幾個部隊雖歸文襄公指揮，而另外有專餉的，當時各自報銷，如今就沒法算入。總之，必在一萬萬兩以上。原來西北用兵，總是一個巨額的負擔。因為調內地之兵，轉內地之餉，無一不要巨額的費用。康熙、雍正、乾隆、道光四朝，光是平定準回兩部，也總共用到三千三百多萬兩。歷代經營西域費額，雖不能盡知，即如袁安所說，東漢每年要用七千四百八十萬（按：參見《後漢書· 袁安傳》。此數字應為五銖錢，非銀兩），大概也就可以想見。

如把文襄公這筆西征款子分析起來，吾們還可看到幾個有趣的情形（以兩為單位）：

	用途	數目
一	弁勇口糧	五四、三六九、七八三．七〇八
二	口糧貼价	五、五八四、五五四．九〇四
三	募勇經費（包括未成軍前小口糧）	二九八、三四七．一九四
四	兵勇恤賞	四八二、五三七．二三五
五	大營員弁夫役薪工及辦公費	二、九五、三六五．三八四
六	州縣津貼（包括驛遞費用）	一、一三八，八三三．五六四
七	軍裝軍火	五、一二一、三一一．一〇七
八	腳價（包括匯水【按：指匯款手續費】）	一六、五〇七、三九四．四六〇
九	車馱購价及餵養	一、三四一、三二一．四三二
十	押運費	三一六、五二六．八八五
十一	屯墾賑濟	九八〇、二三一．五二九
十二	借款利息	四、二八一、八四四．一八七

其中不光是軍費，象屯墾和賑濟，像州縣津貼，都帶有政費性質。口糧貼价一筆，約佔口糧總數十分之一，這就是西北用兵籌糧困難的一個表現。第八項、第九項和第十項，吾們可歸納為一筆運輸經費，統共約一千八百萬兩，佔全部費用五分之一，這又是西北用兵籌運困難的一個表現。這些困難情形，以前已經屢次表過了。

這些經費的來源，差不多完全靠各省協餉。中央偶然有些點綴，為數不多。就是各省協餉，不但不能按時拔解，還常拖欠幾個月。協餉的總數，前面已經提到：在文襄公用兵陝甘時，每年約為九百數十萬兩；用兵新疆時，每年約為八百多萬兩；平定新疆後，每年五百萬兩。現在總數姑以八百萬兩計，年數姑以十四年計，應共收協餉一萬萬一千二百萬兩。可是在文襄公報銷案中，連旁的進款，統共只收了九千二百六十七萬多兩，除去進款中為數最巨的捐輸和厘金約共一千萬兩，假定共收協餉八千二百萬兩，則積欠協餉當在三千萬兩上下。所以在最後一個報銷案中，雖結存十五萬七千多兩，實在還記明：欠發弁勇口糧三百三十萬兩，欠發恤賞二十五萬兩，結欠華洋借款和墊款六百萬兩。可憐當時的主兵大員不光是要練兵作戰，還要籌餉。文襄公的本性，只會直起直落的向人要錢，不會疲纏。他自信索餉的本領不如人，籌餉的本領要比人強，所以少少博得諸葛亮之名。以下便把文襄公在西北籌餉的事實，作一些報告，其中有些固為應付當前的軍費，同時也就為未來政費着想。原來"籌餉"一個名詞，也得在這裏解釋一下：從前的籌餉，就是如今的理財，因為中國士大夫諱言弄錢或謀利，所以常光說籌餉。

（乙）整理田賦

田賦向來是中國財政上主要和經常的收入。田賦的辦得好不好，其關鍵在經界的正不正。這是一件艱巨的工作，實在不容易辦好；並且其中還有生財之道，大家不願意辦好，所以到處常在一個模糊的狀態中。至於一經兵事的擾攘，格外常成一個混亂的局面。文襄公在東南，曾把浙江和福建兩省的田賦整理一下。現在要把他的經驗，應用於西北了。

《禹貢》把雍州的田，列在上上；雍州的賦，列在中下。足見吾們先民在數千年以前，已能根據土壤的肥瘠，規定賦稅的高下。可是吾們研究甘肅在清代的田賦，便發現一個奇特的現象。他們把田分做幾種：一種叫做民田，就是一般老百姓所有和所種的；一種叫做屯田，就是兵丁所墾熟，已經升科的；一種叫做更名田，就是明代藩王的田，改歸民戶的。這是就一般情形而說。還有兩種：一種叫做監牧地，就是宋代苑馬監的牧場；一種叫做土司地，就是元代以後指撥土司的田畝。這都是由於歷史的關係而產生，所有田賦的等級卻便按照這個種類，分別輕重高下。原來甘肅田賦的科則，不根據於自然的條件，而根據於人為的條件。至於徵收的對象呢？在內地各州縣，徵折色銀兩；在邊地各州縣，徵本色糧和草；在內地和邊地間各州縣，本色和折色兼徵，這還適合甘肅實際需要情形。不過甘肅全年田賦總額戰前只有四十萬兩，戰後更只有二十七萬兩，在省庫總收入上，比重很輕。

甘肅地政，本是簡陋，冊籍契據，也不準確。上面所說的田賦制度，當然很不合理。但是經過同治一朝十三年的變亂，連這些不合理的田賦制度，也破壞不堪了。戶口逃亡，田畝荒蕪，契據散失，哪裏是民田，哪裏是屯田，哪裏是更名田，往往無從指證。老百姓當然避重就輕，不肖的官吏樂得“混水裏摸魚”。種種糾紛，總是不免。光緒二年(1876)，文襄公命令清丈地畝。根據地形，分成川地、原地和山地三等，再根據土質，每等之中分成三則，仍按照各州縣原有田賦總額，分配於境內這三等九則的田地。例如皋蘭縣上上川地，每畝攤糧三升七合，上中川地三升二合，上下川地二升七合，中上原地二升二合，中中原地一升八合，中下原地一升四合，下上山地一升，下中山地七合，下下山地四合，又最下下山地二合。文襄公的目標是："賦由地生，糧隨戶轉；富者無抗匿之弊，貧者無代納之虞。"凡經清丈過的地畝，當時每戶填明兩聯丈單：一聯存案，一聯發給業主。從此以後，民間田房交易，官廳處理田房詞訟，都認這種丈單為產權憑證；對於正式契紙，反視為無足重輕。這可見文襄公的清丈工作，還能取信於人民。可惜文襄公的整理沒有徹底，當時只限於經過兵事的區域。

甘肅向稱地廣人稀，十三年的浩劫又喪失了幾百萬人口，雖在秩序恢復之後，到處仍是一片白骨黃茅，數十百里不見人煙。雖經文襄公招徠流亡，協助歸農，像以前所述，還是不夠開發。於是文襄公特在清賦章程中規定：凡承墾荒地，從開種之日起，第一年豁免全部田賦，第二年豁免一半田賦，作為一種鼓勵。同時，吾們知道清代的考試制度，每一地區，每級考試，錄取都有一定名額，所以最注重應試人員籍貫。取得籍貫，有一定條件，也就和取得應試權利有連帶關係。在甘肅招墾之初，便從這一點開闢招徠之道。文襄公奏准：

各廳州縣招墾新户，就所領之地扣算承糧在一石以上者，即以領照之日作為入籍之年，按照冊內注明之本户

> 及兄弟子姪，准其一體應試；領地承糧在四五斗以上者，按照冊內注明之本户及子姪，即於下次科試，准其報考；領地承糧在二三斗者，按照冊內注明之本户及其子孫，俟下次歲試，准其報考。

當時平涼縣、華亭縣、靜寧州、隆德縣、平遠縣、海城縣、化平川廳、崇信縣、鎮原縣、靈台縣、安化縣、合水縣、環縣、正寧縣、寧州、狄道州、河州、金縣、渭源縣、隴西縣、安定縣、會寧縣、秦安縣、清水縣、兩當縣、寧靈廳、靈州等二十七廳、州、縣，都在招墾，都適用這些優待辦法。新疆的鎮迪道所屬州縣，也援照辦理。

新疆的田賦，也有一種奇特的現象。清代的賦役制度，在內地各省，早把丁賦攤入田賦，所謂“一條鞭”辦法。故有田才有納賦義務，無田便不須納稅。而在新疆，卻把田賦按丁攤徵，結果就發生幾種不均和不平：有的民戶，田雖多而丁卻少，應納田賦反而隨着減少；有的民戶，田雖少而丁卻多，應納田賦反而隨着加多。富戶人丁或許少，義務可輕；貧戶人丁也許多，義務轉重。這種不合理的辦法，要文襄公來合理化一下了。

文襄公先把新疆荒地，招民開墾，起先概免升科納糧。進一步方是實行清丈地畝，按土壤肥瘠，規定賦則高下；撤廢按丁徵賦的苛例，照內地一條鞭法，按田徵賦。對於徵收數額，文襄公主張：根據古時什一之制度，而又參酌“斂從其薄”之理論。譬如上等田，每畝可收糧十一稱子，就徵賦一稱子。回民不懂斗、石，只會使用稱子，合算起來，十稱子約重一百二十五斤為一石。換句話，便是十一斗徵一斗。後決定採迪化州知州陶模（字方之，浙江秀水人）建議，具體規定：以兩畝地當一畝算，上地徵八升，中地徵五升五合，下地徵三升；仍先收六成，緩徵四成，以為招徠移民之計。對於徵收種類，文襄公主張：糧地可酌徵折色或本色；棉地不宜照糧地徵糧，不如概徵折色。因為種棉必揀上腴之地，深怕人民貪利，多種棉而少種穀，這是全從足食着想。對於徵收手續，文襄公主張也參照內地辦法：徵收之先，發給由單（按：賦稅定額的憑證）；徵收之後，發給收據。單據之上，都開明某地方某戶田多少畝分，應上錢糧本色或折色多少。收據上，更註明收訖年月日。所有數目字，都用大寫。因為回民不識漢字，故又在漢文之外，旁注回文。倘有錯誤，允許戶民報官更正。這是為防免經徵的阿奇木、伯克等欺騙民戶，從中侵吞。耗糧限定每徵正額市斗（按：清代西北各地在糧食徵收、交易、折色等方面逐漸形成了京斗、倉斗、市斗三大系統，且這三大系統之間輕重各殊）一石，隨徵京斗二斗五升，仍嚴禁“斛面浮收”等弊。

（丙）整理鹽務

鹽為國家一大利源，而甘肅的鹽務相當複雜，真像所謂“鹽糊塗”。先說鹽的產地：產於鹽井的，有漳縣的鹽井鎮，西和的鹽關鎮，前者叫做漳鹽。產於鹽池的，有靈州的花馬大池，寧靈廳的惠安堡——花馬小池，高台的土鹽池，鎮番的蔡旗堡、蘇武山、馬蓮泉、白土井、董家莊和小西溝，敦煌的小鹽池、青鹽池和巴兒湖。又有產於青海海濱的，叫做青鹽。再說鹽的銷路和稅課：鞏昌府、秦州和階州三屬，是鹽井和鹽關兩處井鹽的引地，按引徵課。前者三千六百二十二引，每引一兩一錢七分三厘五毫；後者一千六百二十六引，每引六錢五分五厘。平涼府、慶陽府、涇州、固原州、化平川廳和寧夏府六屬，是惠安堡和花馬大池兩處池鹽的引地，也是按引徵課，計六萬七千四百四十引，每引二錢一分五厘五毫。蘭州府屬就食白墩子池等處的鹽，沒有甚麼引地，只酌徵土鹽稅。西寧府、甘州府、涼州府、肅州和安西州五屬各食當地池鹽，既沒有甚麼引地，也不徵甚麼課稅。這是同治變亂以前的大概情形。

文襄公肅清了甘肅，要充裕財政，鹽是主要的對象，當然要好好整理。文襄公的辦法，可概括為三種：原有引課的，改引為票，課厘並增，這是用他在浙江和福建的成規；原有土鹽稅的，改徵厘金；原沒有稅的，開徵土鹽稅。上面所說有引課的鹽，原是統共七萬二千六百八十八引，徵課銀一萬九千八百多兩。不過當時有的引地，已把課銀攤入田賦；其餘沒有攤入的，雖有引商，也是人已逃亡，課無着落。文襄公於同治末年改引為票，課厘並徵：漳縣鹽井鎮每斤收厘十三文；西和鹽關鎮每日煮鹽一千三百斤，收厘十一串七百文，合每斤七文；花馬大池每駝二百六十斤，收厘二串八十文；惠安堡每斗四十五斤，收厘四十文。前三處都是設局專徵，後一處由厘局兼徵。但各州縣仍多把鹽課攤入田賦。蘭州府屬土鹽稅，也於同治末年起停稅徵厘。西寧府屬於同治末年起開徵鹽厘，但看做藥材，每年不過幾十兩。甘、涼、肅三屬於光緒元年（1875）起開徵土鹽稅。其先隴東也很苦鹽荒，鹽價每斤漲到一百數十文，人民時虞淡食；所以文襄公同時很注意疏通鹽運，前面所說固原通惠安堡的道路，就為這個目的而建築。

從同治十一年（1872）底到光緒六年（1880）底，統共收過鹽稅和鹽厘六萬零八百十六兩。這個數目太渺小了。其原因為的是甘肅的鹽只銷本省，而甘肅的人口又少，平日消鹽的數量既有限，課厘的收入也不能旺了。

蒙古阿拉善旗境內，擦漢布魯克池產鹽色青，同湖池產鹽色白，紅鹽池產鹽色紅，都叫做蒙鹽。原只由蒙民在甘肅沿邊易換口糧，後來逐漸深入內地運銷，既沒有額設的引，也沒有應徵的課。咸豐八年（1858），才由陝甘總督奏准由官招商承銷，每年繳稅一萬六千兩。同治初，事變發生，交通梗阻，承商虧欠了稅銀十三萬三千多兩，沒法續辦。文襄公於是在同治十一年（1872）把原承商取消，欠稅也豁免，重新招商承辦。文襄公的辦法，最要仍是限定運輸路線：從一條山或五方寺，到畢蘭、靖遠、條城，經安定、會寧、隴西、寧遠、秦州，轉入陝南；不得在甘肅境內隨處銷售，妨礙甘鹽引地。每鹽一百斤，規定收稅八分，抽厘八分。在鹽商設店之處，設一掣驗局，於蒙鹽起運時，先把稅收訖。再在條城設一厘局，於蒙鹽經過時，隨把厘收訖。如不經條城，則於經過省城時，由厘金總局把厘收訖。稅厘既經兩訖，從此直到銷地，只驗重量，不再收費。照文襄公調查，蒙鹽入口，每年不下五六萬駝，每駝二百四五十斤，每年可收稅厘共二萬餘兩。

（丁）整理茶務

茶和鹽，向來同是榷稅的對象。不過在清代，像鹽一般有引地和引課的，只有四川的邊茶和甘肅的湖茶。甘肅的茶，本用來和馬交易。其事的發生遠在唐初，當時就是回紇要求把馬來換中國的茶。因為茶是從前西北異民族"不可一日無此君"的飲料，而在他們自己境界內，又是沒有產茶；所以這項交易，常成為中國對付異民族的一種工具或武器。停止茶的輸出，差不多就是制異民族的死命，結果足使異民族屈服，然而也常引起不幸的鬥爭。自從清代騎兵採用察哈爾的馬，甘肅的茶只是片面的銷售，不再為和馬交易的對手；但是陝甘總督還戴着兼管茶馬的頭銜。

道光朝的甘肅茶務是這樣的：引地是甘肅、陝西、青海、新疆，兼及蒙古和西藏。銷數是每年二萬八千九百九十六引，每引一百斤，另帶損耗十四斤。稅課是每引每年納正課三兩，雜課四種一兩四錢四分，每年統共十二萬八千七百四十二兩有零。來源是湖南安化的紅茶，在西北叫做黑茶，運抵陝西的涇陽，局部的壓製成塊，每塊重五斤，叫做磚茶；四川也有茶運銷，不過數量很小。引商分為東西兩柜，東柜是陝西和山西商人，西柜是回民。這在貧乏的甘肅，不失為一個優厚的稅源。可惜一受咸豐朝太平軍的戰爭，湖茶北運交通阻隔；再受同治朝陝甘的事變，引商貿易沒法維持。而私販卻紛紛而來，佔有了官茶的市場。截至同治十一年（1872），原有引商相率逃亡，積欠課銀四十多萬兩，既無力清繳，自然招之不敢來。要招新商嗎？怕承領後，官廳要責其負擔舊商積欠，也不敢應。前任的幾位陝甘總督雖也有整頓辦法，事實上不能實行，或沒有實行。整個的甘肅茶務陷入崩潰狀態。

文襄公早歲在安化陶澍家教了八年的書，那地方叫做小淹，恰是甘省引商採購湖茶的中心，所以文襄公對於茶市情形很是熟悉。於是經過了長期的研討，提出整個整理方案。先決問題，便是要掃除歷史上的障礙。他採取和整理蒙鹽同一的手段，把舊時引商資格一律公佈取消，所有舊時引商積欠茶課和茶引也一律公佈豁免。然後規定：改引為票，聽商販自由認領；稅厘並徵，而以厘來代替了原有的雜課，因為這些雜課實在就是陋規；領票時先把稅銀一次繳足，或覓具保證，先行領票，隨後補稅；厘於入境時照繳，如轉銷口外，再在出境時徵厘一次；東西原有兩柜外，增加南柜，招致湖南商販參加。這算是一個大綱。

為便於招徠起見，文襄公又定了一個減輕商販負擔或成本的辦法。自從上海開埠，湖茶暢銷外洋，起先本無引課，後來也只抽厘，加以東南水運方便，腳價很低；甘茶票商既有稅有厘，義務已重，況且西北運輸艱阻，腳價又高。商人惟利是圖，當然與其領甘票，無寧和洋商交易。所以文襄公要求湖南省對於領有甘票茶商運茶過境，只徵厘金兩成，其餘八成由甘肅省貼補，便在湖南應解甘肅協餉內劃抵。這可說是文襄公敏妙的手腕，因為這些協餉本來老是拖欠，等於沒有着落啊！

為抵制私茶，使官茶得以暢銷起見，文襄公又定了補塞兩個漏洞的辦法。其一、陝西原也配有茶引，每年一千零三十二道。自從在乾隆和嘉慶二朝陸續提歸甘省引商帶銷，私茶填塞了官茶原在陝西的市場，還侵入了甘肅。這是甘引的一大漏洞。於是文襄公命令在陝甘兩省邊境，凡是湖茶或川茶輸入的要道和間道，都酌設厘卡，嚴密盤驗；如遇無票私茶，便責令補票、補稅、補厘。其二、西北口外茶市，原也是屬於甘省引商。自從在道光朝理藩院另准山西茶商領證販茶，名義上說是每年馱運磚茶七千箱，給蒙民在古城子換取米麵，而所課稅銀又只是每一百斤多則一兩，少則六錢到三錢，晉茶負擔既輕，成本自低，決非甘肅官茶所能競爭。這也是甘引的一大漏洞。於是文襄公要求理藩院照甘肅辦法，同樣給票，課以同樣的稅厘，以免彼此歧異，責成山西歸綏道在口北設卡盤驗辦理。

同治十二年(1873)，文襄公開始發行茶票，每票五十引，即五千斤，另帶損耗七十斤，共發八百三十五票；而以四萬多斤散茶，劃銷陝西。當時領票的只有東柜和南柜商販。南柜領袖是湖南的一位道員朱昌琳。西柜竟沒有人，東柜也很少。每票徵稅銀一百五十兩，厘七十二兩，就是舊時正雜兩課之數；後來又加厘二十一兩六錢，合共每票二百四十三兩六錢。全年可收二十萬三千四百零六兩。因為戰事初罷，市場不能立時復元，也因為湖商不善經營，打得算盤太緊，銷路不能像預期的好。經過了十年，到光緒八年（1882），還有一百十多票沒有銷完。其時譚鍾麟做陝甘總督，酌減票數，變通辦法，銷路才漸旺。以後甘肅茶務，大致保持着文襄公的規模。

甘肅官茶運銷新疆，原在肅州出境前，每票加徵厘金二十兩。後經茶商請得文襄公批准，改在哈密交納。到新疆後，另徵每票稅銀八十兩，後來又加二十兩。於是新疆官茶負擔的稅厘，合計三百六十三兩。同時，晉茶照常湧入。這種晉茶，實在也從湖南販來，因為是山西商人所經營，叫做晉茶。他們本就是甘肅官茶的引商，從歸化經蒙古草地到古城子，然後配銷各地。大概南路天暖，人民喜食細茶；北路地寒，大家喜食粗茶。晉茶就是多粗茶，官茶就是多細茶。這樣，一以北路為主要市場，一以南路為主要市場，雙方平分秋色。文襄公保障官茶口外市場的目的，沒有完全達到。原來關係官吏貪圖每年數萬兩的陋規，對於歸綏一路晉商茶運，不肯增稅嚴查，文襄公事權不屬，無可如何。

文襄公整理甘肅茶務，還有一個存心。原來上面所說俄官索思諾福齊等到蘭州，見過文襄公，曾要求在西北通商，其對象之一則在運銷湖南之紅茶。其時從山西歸綏運往古城子的晉茶已多給俄商攬去，有晉商邵姓在俄邊，也已積資數百萬。文襄公很想先加整理，以待正式通商，一方可為湖茶推廣外銷，一方為甘肅增加茶稅。這和文襄公以後在新疆提倡蠶桑，希望以絲輸俄，同是他老人家的遠見。

（戊）整理厘金

厘金是太平軍時期的產物。創議於錢江（字東平，浙江歸安人），始行於揚州仙女廟。錢江曾把這個和還有旁的幾個意見，向洪秀全條陳，未被採納，以後遂成為清軍進攻洪秀全餉糈所靠最大的稅源。湖南仿辦厘金最早，成績也最好，這是文襄公在巡撫駱秉章幕府中所一手擘畫。後來文襄公做閩浙總督，做陝甘總督，就根據他在湖南的經驗，把整理厘金作為補充軍餉的一個途徑。

文襄公以為抽厘助餉，出於一時不得已，只有妥慎辦理，方免於病商病民之咎戾。現在把文襄公辦厘的見解，歸納為下面幾點：

其一，文襄公以為徵厘宜着眼於有大宗貿易的貨物，對於人民日常生活所需貨物，最要徵得輕微，或竟免徵。

其二，文襄公以為厘金是一種新稅，增加人民負擔，必不為人民歡迎。故他照唐劉晏理財用士人方法，務揀地方公正士紳，主持或襄助其事，完全公開，藉重他們的聲望，減少障礙，取得信用。當時有些省分專用官僚，厘卡遂為弊藪。

其三，文襄公以為厘金人員的主要條件，是“徵收有條理，出入無侵欺”。同時，對於薪費務必優厚，使他們在維持本人和家庭生活外，還有多少盈餘，不再需要營私舞弊。

其四，文襄公以為厘金設卡，要看市場，要看地勢就是交通情形，也要看天時。不妨跟着這些因素的變遷，隨時把厘卡移動或增減，不必拘泥，才可適應需要而減少虛耗。

其五，文襄公以為徵收厘金手續，要嚴密而又不流於苛擾。他創立“二起二驗”制度。在有些省份，貨物每經過一卡，抽一道厘金，累積起來，稅率太大。他只是把全部厘金，支配於四道厘卡，分成徵收，第一道和第三道卡，叫做起厘；第二和第四道卡，叫做驗厘。以後只查而不徵，聽商貨所之。

甘肅很早就開徵厘金，不過收入不旺。吾們在以前已經提到楊岳斌的報告，便是在蘭州省城也不過每月數千兩，隨收隨用去。秦州雖較旺，然除去駐軍開支，維持厘局費用本身還不夠。文襄公整理甘肅厘金，委託周開錫先在甘南着手。那時在秦州設一甘南稅厘總局，還兼辦牙帖（按：指政府為牙行等中間商、經紀人辦理執照），市鎮分繁盛、偏僻，帖分上、中、下三等。這是胡林翼在湖北的方式，周開錫曾跟着胡林翼經營，早著成績。其後每收復一地區，就開辦或改進那一地區厘金。大概每一府或每一直隸廳州治所，設一個厘局；其餘所屬地方則設卡。例如寧夏府城設一個府局，其下有中衛、惠安堡、花馬池、石咀山、橫城堡、吳忠堡等卡。蘭州省城設置全省稅厘總局。徵收鹽厘則在產鹽中心或運鹽要道，別設厘局。最初推行不很順利，秦安鬧過罷市，階州也有商民滋事。從文襄公的西征經費報銷案中，吾們可以看到從同治八年（1869）十二月到光緒六年（1880）十二月底，在十一年中，共收厘金九十萬六千五百七十二兩，連鹽厘大概每年可有八九萬兩模樣。這個數目，比較楊岳斌時代，當然已增加很多；但和別省比較，還很微細。就像文襄公在浙江辦厘，每年增到四百萬兩，福建也增到三百萬兩。原來厘金的衰旺，全看輸出入貨物多少。甘肅當地，實在沒有大宗貨物。瓜果糧料，出產較豐，但因為運輸艱阻，所謂"百里不販粗"，往來交易也不多。皮張在當初粗笨不值錢，藥材也沒有貴重之品。這受自然條件的限制，常使文襄公歎為無可如何。

新疆收復後，文襄公也便整理厘金。最初在巴里坤和古城子開徵，每月約有六七千兩。雖為籌餉關係，實在也因東北來的貨物，通過蒙古草地，一路沒有稅厘，而從關內來的貨物，則稅厘稠疊，雙方成本相差太多，影響市價上落太大，不能沒有平衡。其次在哈密開徵，以後逐步就南路酌辦。截至光緒六年（1880），共收過六十三萬零七百九十兩。時間比甘肅短而收數比甘肅旺，這就可見新疆物資的豐盈。光是吐魯番的棉花，文襄公便認為一大稅源。

當時各軍抽厘助餉，並不限於所在地區，可徵之客省，像曾國藩便曾奏派大員在廣東抽厘，撥充湘軍和文襄公在浙江時的楚軍的餉；也可徵之母省，也像曾國藩便在湖南特設東征籌餉局，直接派員經理，在本省厘金外，加抽半厘，專供湘軍之餉。同治十三年（1874），文襄公擬在湖南仿設西征籌餉局，因為湖南巡撫不以為然，他只願加撥協餉每月一萬兩，不願另外加厘，故沒有成功。

（己）舉辦捐輸

捐輸是賣官鬻爵的較好看的名稱。從漢武帝以來，就有這麼一回事。實在是吾國數千年文明史上一大污點。當國家財政困難之時，在人民提供報效，在政府給與獎勵，原不是一件壞事。像卜式毀家紓難，賜爵關內侯，或許還可算得一個佳話。清初用兵籌餉，也曾偶一為之。但到咸豐朝以後，捐輸名目越出越奇，捐輸價額越貶越低；舟車四出，競爭兜攬，委員就是掮客，完全成為市道。於是只要有錢，儘管早上起身還是一個目不識丁的市儈，中午赴宴就可翎頂輝煌，赫然一位大員了。然而在軍餉壓迫之下，雖賢者像曾國藩，明知其非，也免不得以此為生財之道。文襄公西征，陝甘本已在擬辦捐輸；文襄公到後，也就着實整理一下。這本不成為一種財政設施，但也不能不附帶一說。

當時的捐輸，一切辦法很精密的詳載在《籌餉事例》，這是一種煌煌巨制。現在給他分析起來，可列成四大類：一是捐虛銜；二是捐實職；三是捐得補授官缺的各項優越條件；四是捐復各項處分和捐免各種限制。原本歸戶部集中辦理。太平軍興，也由於上面所說錢江的獻計，戶部把空白執照發給各軍統兵大員，歸他自己去勸募，隨時繳捐，隨時發照。這個方便之門一開，果然生涯大好。這還限於第一類。後來索性打破藩籬，擴充到其餘各類。然這些收入，也是京餉（按：指各省向朝廷上交的餉項）的來源，故只能在有限期的條件下或分攤收入的條件下，取得戶部同意，才由各軍直接辦理。文襄公舉辦甘捐，對於第一類，初次請發各種空白執照五千張；第二次又請發五、六、七、八品銜頭空白部照五千張，貢生、監生執照各五千張；以後是否請發，無可稽考。對於第二類以下，先請求以一年為限，以後又三次請求展期各一年。

捐輸本一律以實銀計算。為廣招徠，再三減成。後又借籌供軍糧為名，從捐銀化為捐糧。胡林翼首創捐米，李鴻章續創捐麥。文襄公所辦甘捐，也以捐米為號召。大概當時的計算是這樣的：第一類和第二類都先按銀額減為四成，再以捐米一石加耗米一斗五升，又加運費三錢五分，抵作捐銀五兩。第三類照十足銀額，以一半折米。第四類照十足銀額，仍捐銀，或折算捐米。但報捐者如在本省路途遙遠地方，或在客省，又可以銀折米。其標準是以銀二兩抵米一石，包括損耗和運費在內。這般一說，一百兩銀子的捐額，折減為四十兩；以米抵銀，作為八石；更以銀抵米，作為十六兩。對於一百兩的原額，成為倒八四折了，真正大減價！

文襄公的捐輸組織，是在西安設立甘捐總局，歸西征糧台兼辦。在秦州，設甘南分局。又在下列各省廣設分局：福建、浙江、山西太原、山西運城、河南、河南南汝光、河南彰衛懷、湖南、湖北、山東濟南、山東濟寧、山東登萊青、江蘇上海、江蘇江寧、江蘇揚州、四川、廣東，連甘南一局，統共分局十八所。此外也委託各省捐局帶辦，則有湖南、江西、四川、陝西、福建、江蘇、江寧、山西等八處；更委託各省布政使帶辦，則有陝西、山西、河南等三處。用現代語說來，這是一個規模相當闊大的“捐輸網”。

甘捐是從同治八年（1869）五月開辦，到光緒元年（1875）五月停止。直接辦理部分折合銀七百四十一萬八千九百零七兩，委託辦理部分折合銀一百三十萬九千八百四十七兩，兩共八百七十二萬八千七百五十四兩。這一個數目，在文襄公西征經費收入項下，約佔百分之九．四（9.4%）。

武職從前也可報捐，但給文襄公奏准廢止了。不然，在文襄公西征的十四年中，保舉留甘武職不下千人，光是已收標的，就有候補提督二十多人，總兵四十人，副、參、游、都、守三四百人，都是有官而無缺，若再加上捐班武職，格外沒有辦法了。

（庚）舉辦外債

這也不成為一種財政設施。可是在文襄公西征時期中，每逢青黃不接時，常靠外債來接濟，所以很值得報告一下。中國第一次以官廳資格借外債，要算太平軍東下時，蘇松太道為防守上海而向洋商借的一筆經費。文襄公的舉辦外債，就是援這個例。

第一次借款規元（按：清代後期，上海等地的一種銀兩計算方法或單位。主要用於記賬，而不用於實際交易）一百二十萬兩。利率按月一分三厘。期限從同治六年（1867）七月至十二月，只有半年。指定閩海關代借二十四萬兩，粵海關代借二十四萬兩，浙海關代借四十二萬兩，江漢關代借十二萬兩，江海關代借十八萬兩。本息除江海關部分便以該關應解甘肅協餉抵付外，其餘都由各該省布政使把應解甘肅協餉撥關代付。其手續由各該海關出給印票，經各本省督撫加蓋關防，交債權人收執，到期憑向海關監督收款。債權人混稱洋商，蓋不出英商匯豐銀行和怡和銀行等兩三家。

第二次借款規元一百萬兩。利率大概也在按月一分三厘上下。債權人也是英商。期限也只半年，從同治七年（1868）三月，連閏到十一月。指定江海關代借十五萬兩，浙海關代借三十五萬兩，閩海關代借二十萬兩，江漢關代借十萬兩，粵海關代借二十萬兩，支付本息和出票手續和第一次同。

第三次借款規元三百萬兩。由英商怡和銀行於光緒元年（1875）三月一日支撥一百萬兩，英商麗如銀行於光緒元年四月十五日支撥二百萬兩。利率都是常年一分零五毫。期限三年。每半年還本付息一次。用粵海關、江海關、浙海關名義代借。支付本息和出票手續也和第一次同，惟先由總理各國事務衙門分別咨會英國公使轉知上海英總領事，命令總稅務司轉飭三海關。

第四次借款規元五百萬兩。光緒三年（1877）起，七年為期。每年還本付息一次。用浙海關、粵海關、江海關、江漢關名義代借。支付本息和出票手續和前三次同。這一次借款有一個特別情形，債權人英商匯豐銀行只允借金鎊，月息一分。文襄公方面以先令和規元比價常有上落，只要借規元。於是由德商泰來洋行出來認包金鎊和規元的比價，由文襄公貼還月息二厘五毫。換句話：借款時，匯豐銀行只交金鎊，由泰來洋行把規元交文襄公；還本付息時，文襄公只交規元，由泰來洋行把金鎊交匯豐銀行。文襄公只多出按月二厘五毫的利息，外匯盈虧都不管。

第五次借款規元三百五十萬兩。文襄公因英商借款麻煩，希望在上海華商方面進行。當由華商組成乾泰公司承借，後來匯豐銀行願意參加，雙方各借一百七十五萬兩。作為一筆平常借款，無須經過總理各國事務衙門和總稅務司行文。月息一分二厘五毫。光緒五年（1879）起，每半年還本息一次，以六年為期。由廣東、浙江、江蘇、福建、湖北五省各在應解甘肅協餉項下每年劃二十萬兩，交各該省海關代付本息。大概華商要藉重洋商，匯豐銀行也不甘放棄這個機會，於是造成合借之局。

光緒七年（1881）四月，文襄公已奉召在京。因清政府所允撥給甘肅、新疆的每年五百萬兩的款，仍沒有着落，繼任文襄公的楊昌濬和劉錦棠不禁發愁，要求文襄公設法接濟。文襄公不忍坐視，又為接洽一筆外債：規元四百萬兩。年息九厘七毫五絲。六年為期，前兩年每半年只付息一次，第三年起每半年還本付息一次。只須由總理各國事務衙門知會英國公使，一面由陝甘總督出票。文襄公起先希望德商泰來洋行能承借。因為他們曾向文襄公表示，本國有銀出借；後來卻仍由匯豐銀行出面招股承借，這不是文襄公所願。文襄公自從鴉片戰爭，向來痛恨英國；自從在新疆發生了護持安集延人的交涉，對於英國格外沒有好感。所以文襄公在福建經營船政局買的機器，是法國貨；在西北買的軍火和機器，又多是德國貨。獨有文襄公舉的外債，卻都是英商的，這可見英人早就把持着中國的金融市場。

這幾次外債，都由前面所說文襄公所派上海採辦轉運局委員胡光墉一手經理。當時很受人家責難的，就是利率太高。記得《申報》還有一篇評論，說是“飲鴆止渴”。在曾紀澤《使英日記》中，吾們也可見到中國駐英使館中的英國客卿告訴曾紀澤：英商承借這種款項，通常取息不過三厘半，重則四厘；借給中國，債主得八厘，銀行經手得佣金二厘。而胡光墉報一分五厘。所以曾紀澤對於胡光墉，很表不滿。吾們相信文襄公的清德，始終無可指摘；不過文襄公的信任胡光墉承辦這些外債，不免為盛名之累。現在吾們試為計算一下：前五筆外債，統共規元一千一百九十五萬兩。在文襄公西征經費報銷案中，統共付出借款利息四百二十八萬一千八百多兩。當然這筆利息還包括旁的短期零星借款的利息。但須知截至光緒六年（1880）止，第四次借款還有三年息金要付；第五次借款還有四年息金要付。分明賠出的利息，至少要佔借款的半數，不能不說是一個大損失。但在中央和地方都不能援手之時，大家都知道借外債是下策，卻也都知道除了借外債，沒有別策。不然，真讓元老陷於絕塞麼？吾們不能不感覺文襄公的西征，真是一個窮打仗呀！

吾們在前面已經提及：宣宗皇帝（道光帝）鑒於邊疆重要，曾命甘肅布政使封存實銀二百萬兩，備不時之需。這筆錢到咸豐年間已經用完了。據說文襄公於臨去甘肅時，又補足二百萬兩存着。光緒晚年，甘肅舉辦新政，就用着這筆錢來挹注。

（辛）整理幣制

太平軍興，各省協餉停解，甘肅財政無法維持。咸豐四年（1854）起，先後自鑄“當千”和“當五百”紫銅大錢；“當百”和“當五十”黃銅大錢；“當十”和“當五”紫銅黃銅大錢；還有八分錢。回事既發，省帑格外艱難。同治元年（1862），加鑄鐵錢。這時，制錢已不見市面，大錢更脆薄，八分錢真像鵝眼榆莢。後來銅、鉛來源也斷絕，自己鑄錢根本不可能。同時發行錢鈔，先後由戶部發過一百萬串，甘肅布政使發過八百九十萬串。規定每錢二串，作銀二兩。起先還可向官錢局兌錢，同治三年（1865）停止鑄錢，官錢局也只好關門停兌。久而久之，鈔价跌到銀一兩換鈔二百五十串，鈔一串只抵制錢六文；還只能在省城行使，外來商賈不肯帶出。這樣，物價大漲，民生大困。

同治十二年（1873），文襄公備款收回錢鈔，便按當時市價，以制錢六文抵鈔一串。部鈔部分，除官錢局呈繳四十萬七千四百八十八串，又破爛無着五十七萬七千五百三十三串外，實收回一萬四千九百七十九串；司鈔部分，除官錢局呈繳三十三萬九千三百三十二串，又破爛無着十八萬三千六百四十四串五百文外，實收回八百三十七萬七千零二十三串五百文。計付過實銀一萬三千九百六十四兩六錢，制錢二萬九千四百零五串一百十五文。這件事分在省城各地點同時辦理，隔五天就辦了，商民大歡，省城市面始有起色。讀者至此，或許要找到一個漏洞：前面不是說過制錢不見市上麼？又說沒有銅鉛鑄錢麼？那麼收換錢鈔的這一大批制錢從哪裏來的呢？原來河州回先曾焚毀蘭州城外的名勝五泉山，文襄公在平定河州時，便教馬占鰲傳知他們：如果真心求撫，每人應繳制錢一千文，作為賠修之費。大概文襄公就運用這筆制錢來收換錢鈔，使制錢重行流通於蘭州市上，而河回實力也因此大為削弱。又陝西市上流用鐵錢，文襄公早主張收回，因陝西布政使認為發餉不便，沒有實行。這時，文襄公重申舊說，他意："如慮鐵錢無價可收，則照斤重收，以鑄槍炮，自亦可耳。"（《書牘》十三卷十一頁）

新疆南路向用"普爾錢"。用紅銅鑄造，所以也叫"紅錢"。其型式比清代制錢為小而厚，沒有方孔。每枚重一錢四五分乃至二錢。每五十文合一個"騰格"，兩個"騰格"作銀一錢。蓋回語"普爾"，實在就是稱"一分"；回語"騰格"，實在就是稱"五分"。乾隆朝既定南路，收毀普爾錢。改鑄制錢，每枚一律以重二錢為準，每制錢一文換普爾錢兩文。後減重為一錢五分，以普爾錢一文換領制錢一文。及阿古柏侵入，行使一種銀錢，叫做"天罡"，於是制錢逐漸消滅。文襄公收復南路，於光緒四年（1878）在阿克蘇錢局再鑄制錢，仍照乾隆形式，並照法定重量每文重一錢二分。後復從民間希望，加重至一錢三分。以五百文為一掛，兩掛合銀一兩。又規定制錢一文，換普爾錢兩文。錢面仍用漢文，仍鑄"乾隆通寶"字樣，背用滿文和回文，鑄阿克蘇地名，袪除纏回疑慮，便利行使。

"天罡"銀錢每枚重五分，就是"騰格"一聲之轉。因纏回不能辨認銀錠真贋，且銀錠零星使用時計算麻煩，於是天罡得以通用。然成色分量，任意減低，阿古柏着實從中取利。光緒二年（1876），張曜駐兵庫車，加鑄天罡，分量一律以五分為準，並在錢背用回文書明“足銀五分”字樣。光緒四年，文襄公改定制度，合兩個天罡為一枚，便是每枚重一錢。用制錢十文，兌新銀錢一枚。銀錢為母，銅錢為子。其型式也是外圓內方，和制錢一般，不像天罡的沒有方孔。兩面仍鑄回字，一面是“阿布丹咪木須”，意思就是說“好銀子”；又一面是“熱斯伯爾木斯哈立”，意思就是說“實足一錢”。銅模是甘肅製造局做好，交張曜在阿克蘇鑄造。其造法不像從前用銀鎔成，而使用銀片錘成。此種新銀錢一發行，一般纏民都稱便，市面樂於使用，因更由文襄公撥二萬兩作為成本。惟文襄公不主張禁止舊幣，也不主張限定彼此之間兌价。於是兩種銀錢和兩種銅錢，都同時在南路流通，即北路也使用。

這種銀錢可說是中國自造的第一種銀幣。惜其命運僅維持到光緒七年（1881）二月。這時，經理人員報告：每匠一人，爐一座，幣工五六人，每天只能鑄造銀錢二百枚上下；合計工炭火耗，要賠銀四兩。於是就奉到“暫行停止”的命令。

十

民政設施

（甲）用人之道

文襄公說：

> 天下之亂，由於吏治不修；吏治不修，由於人才不出；人才不出，由於人心不正，此則學術之不講也。（《書牘》三卷三十七頁）

又說：

> 戡亂之道，在修軍政，尤在飭吏事。軍政者，弭亂之已形；吏事者，弭亂之未發也。用人之道，重才具，尤重心術。才具者，政事所由濟也；心術者，習尚所由成也。（《奏稿》四卷十二頁）

綜括這兩段話的意義，就是文襄公認為：人才的盛衰，足以決定吏治的良窳；吏治的良窳，足以決定國家的治亂。由於這個見解，文襄公所至，一面平定變亂，一面就整頓吏治。如今在報告文襄公整頓吏治之前，對於文襄公用人先作一番檢討。

《湘軍志》作者王闓運（字壬秋，湖南湘潭人）批評湘軍首領：胡林翼能求人才而不識人才；曾國藩能用人才而不求人才；左宗棠能識人才而不容人才。姑無論王闓運的批評準確不準確，究竟能不能求要看心願，能不能識要看眼光，能不能用要看本領，能不能容要看氣度，這四個條件決不能求備於一人。而文襄公對於用人之道，也自有其一番議論。文襄公曾把用人譬做做菜，他說：

> 廚丁作食，餚果都是此種，而味之旨否分焉。解此，便可知用人之道。凡用人：用其朝氣，用其所長；常令其喜悅；忠告善道，使知意向所在；勿窮以所短，迫以所不能，則得才之用矣。（《書牘》二卷五十四頁）

文襄公又曾把用人譬做配藥，他說：

> 人各有才，才各有用。嘗試譬之，草皆藥也，能嚐之試之而確知其性所宜，炮之炙之而各得其性之正，則專用、雜用，均無不可。否則必之山而求榛，必之隰而求苓，烏乎可，且烏乎能也！非知人，不能善其任；非善任，不能謂之知人。非開誠心，佈公道，不能得人之心；非獎其所長，護其所短，不能盡人之用。"仲叔圉治賓客，祝鮀治宗廟，王孫賈治軍旅，夫如是奚其喪？"此聖人指示用人之法。（《書牘》三卷四十六頁）

文襄公更自道其用人之過程說：

> 吾察人頗嚴，用人頗緩，信人頗篤，此中自謂稍有分寸也。（《書牘》二卷五十四頁）

文襄公這一番話，意義很精。文襄公能不能做到，又是一個問題。就大體說：文襄公有心願來求人才，有眼光來識人才，有本領來用人才，就只是缺少氣度來容人才，這就是吾們在以前說過的文襄公的弱點。

從來擔當大事的人，羅致人才，大抵都有一個標準，或許說幾個條件 —— 當然只是相對的，決不是絕對的。這一點關係很大，所說“物以類聚”，引用了某一種人才，就有某一種人源源而來，於是可以幫助一個人或一件事的成功或失敗，同時也常就養成一時期或一地方的風氣。曹操歡喜用跅弛之才，不問品行卑污，因有魏晉兩代浪漫之風。范仲淹歡喜引進氣節之士，有宋一代忠義之氣，也就這樣作成。清代同治的中興和光緒以後的衰落，湘淮軍領袖和他們引用的人才，握着一個相當重要的關鍵。曾國藩部下人才濟濟，然大家知道他的用人標準，只有六個字：“少大言，有條理。”曾國藩的事業也可說就在“少大言，有條理”中成功的。李鴻章用人，駁雜不純，後來許多事業的失敗，本是可以早望見的；而北洋軍閥的養成，也可說李鴻章要負相當的責任。文襄公歡喜用怎樣的人呢？從他平日議論中，吾們可以把“廉幹”兩字，作為文襄公用人的標準。其引證在以後所錄文襄公文件中，就可見到。文襄公曾說：

> 廉僅士之一節，不廉固無足論，徒廉亦無足取。（《書牘》八卷十一頁）

換句話，就是貪污誠然要不得，顢頇也是要不得。所以文襄公的用人，既要廉潔，又要能幹。他批評不滿意的人，常說這人“利心太重”，或這人“太糊塗”。廉潔是就性行說，能幹是就本領說。所以說到廉，就關係着心術。文襄公道：

> 人不可無才，然心術實是制事根本。心術不正而才具覺優，則所謂才者，亦只是長惡濟奸，自便其私而已，於事實何益？（《批札》六卷五十九頁）

又說：

> 知人不易，大約以廉恥信義、剛明耐苦為大界劃。出乎此者，雖才不足用也。（《書牘》二卷二十九頁）

反過來說，就是：

> 只要其人天良未盡泯沒，便可有用。（《書牘》二卷五十四頁）

楊昌濬幫辦甘肅新疆善後，文襄公在通訊中和他討論甘肅吏才說：

> 范廷樑記是一營書，曾記犯有案件，鑽營得保，故抑之。（《書牘》二十三卷五十三頁）

王裕湘陝西貿易人，記曾有與本家爭財互控案，不可令其補缺，亦不可署事。(《書牘》二十三卷六十四頁)

從這兩件細微之事，就可抉發文襄公用人標準的中心意義。用人標準，也可說只是用人者本身氣質的一個反映。文襄公的做人，"廉恥信義，剛明耐苦"；當然引用的人，也要他能"廉幹"。所以一個人的用人標準，無妨就認做他的做人標準。還有，差不多的人都歡喜引用和自己氣味相投的人。歷史上很稱道諸葛亮能用度外之人，就是說和他氣味不相投的，諸葛亮也能引用而使盡其才。文襄公立身行事，常摹仿諸葛亮，獨有用人沒有能像諸葛亮，因為這一點多少也和氣度有關。

（乙）整飭吏治

經過十多年變亂以後的西北，吏治怎樣？文襄公怎樣整頓吏治？在下面幾個文件中，或許可以窺豹一斑。

文襄公批甘肅布政使崇保（字峻峰，滿洲鑲黃旗人）等詳查前署徽縣楊國光（四川簡州人）營私一案道：

楊令國光前在署徽縣任內，一意營私，聲名狼藉。業經本爵大臣閣部堂札飭撤任查辦。該司等會移鞏秦階道董文煥（字堯章，山西洪洞人）委查覆核，據情具詳，尚無不合。茲據董道查覆、據委員留甘縣丞陳炳基稟覆情形，節節代楊署令設詞開脫。徽縣雲令亦代為彌縫。

無非為貪猾之令，曲意保全起見，殊出意料之外。除雲令慶、陳縣丞炳基先記大過，陳炳基並永停差遣外，鞏秦階董道向附清流，到任稟覆時，亦力以實事求是自任；乃到任以後，隨俗波靡，於應辦各事，並無整頓實效。此次委查楊令國光劣跡，又漫不加察，僅據委員一面之詞，輒行轉覆，不知是何意見。甘肅官場惡習，惟以徇庇彌縫，見好屬吏為事，不復以國事民事為念，馴致上下相蒙，吏事廢弛。若再事因循，不知伊於胡底。興念及此，實深歎恨！惟鞏秦階董道已經徑札先記大過一次，勒令實查楊署令劣跡具覆，如有一字含糊，定惟該道是問！（《批札》五卷二十四頁）

文襄公致新任甘肅按察使史念祖函道：

　　隴中吏事，雖漸覺改觀；而骫骳玩泄，積習已深，非切實整理，難期丕變。所望風紀之司鼓舞振興，乃有成效可睹。敦煌互訐一案，鐵紹裴（名珊，漢軍正白旗人）來肅晤間，詢悉兩革令曾因狡執，持刀拚命。承審各員或因此慮激成別端，遂擬顢頇了結，並請均與開復，以解其紛。似此綱紀掃地，三尺何存？囂淩之風一開，尚安問吏治仕風耶？已批駁矣。希與峻峰方伯覆訊，迅即具詳，以憑奏結。如該革員等仍敢狡執，抗不遵依，或竟行同無賴，則稟請刑訊，亦由其自取，不能任其刁橫也。（《書牘》十八卷十一頁）

文襄公收復新疆時，駐節肅州，雖在軍書旁午之中，對於甘肅吏治，未曾放鬆一步，常在給幫辦甘肅新疆軍務劉典和崇保等信中，指示詳明。例如：

白馬關案，如實因勸捐肇釁，周捷平何所辭咎。弟瀕行前，曾接周捷平到任後稟，中有修署一節，據稱出其地紳之意，弟即批斥未允，蓋已料其為藉端營私起見。不料其膽敢擅便，竟至如此，自不能不據實參劾。階州處隴蜀之交，地險民悍，恐長刁風。洪惟善（字葆卿，湖南寧鄉人）以嚴治階，一時稱治。顧牧超（江蘇華亭人）以庸懦嗣任，諸務解弛，恐難久處岩邑，請留意焉。王得隆膽妄凶橫，其為老冒無疑，自應參辦。（《書牘》十六卷三十三頁）

階州顧牧庸懦無能，一切均惟吏目之言是聽。顧牧、周倅撤後，吏目段成詳未可從寬，當咨革之。（《書牘》十六卷五十二頁）

鄧光榮回，具述尊意，令其便道訪察州縣差徭之弊，開呈一單，閱所呈似尚確實。請遴委員逐一覆查，以剔積弊。省西州縣各缺，肥瘠不同，軍興皆以供億為苦。台里車藉資民力，亦有津貼，以均苦樂。如果地方官吏實力奉行，則民累減而官事辦，何至復有怨咨？無如甘涼一道未得其人，一任各屬欺蒙，互相容隱，以致實惠不能下究。甚且於弟所發差價及客車差價，亦均隱匿侵吞，恬不為怪，良用慨然。愚見俟尊處委查完畢後，即催鐵道履新，

由涼而甘，逐加履驗。然後擇尤撤換，以示懲勸，庶可漸睹實效。(《書牘》十七卷三頁)

徐翰藻本是猾吏，周受三曾言其不可用，故數年置之高閣。方伯與前臬楊慶伯(名重雅，江西德興人)屢為言之，弟不為動。今代西和篆缺，仍然作惡，可知饞貓之性未改。其妾毒殘婢女斃命，尤屬奇慘。請飭首府嚴訊重辦，勿稍含糊。民婦陳王氏控姜倅竊其衣物，已屬奇談，而並及腳帶，則奇之又奇矣。賈令受其詞已奇；用拘票將姜倅收管，則奇之又奇。吏事如此，亂未已也。篆缺代理，無不搜括席捲而去，今歲尤甚。寧朔賀令昇運(字季和，湖南善化人)亦言被代理者嚴比錢糧九百餘兩，攜之徑去，並不一面，亦一奇也。(《書牘》十七卷六十七頁)

徐翰藻已徑稟到營，臬司稟尚未見到，大約是挽和之意。甘肅官場控案，只是講和息事，是非不明，刁風更長，殊可歎也。(《書牘》十九卷六十八頁)

鞏昌顏守(士璋，字聘卿，山東曲阜人)在刑部，頗有聲望。初履外任，或於官場陋見未忘。曾見到任後所上稟帖，言隴西地荒人少，意在縣令辦理不善，已知其心中頗欠分曉。甘南地方，鞏郡尤形困敝，以受禍獨酷，孑遺僅存，急切斷難望其有起色。鄭令署篆一年，謂其治理無效，已屬不諒之詞。若未睹其廢弛實跡，而即謂其廢弛，屬吏亦必不服。聞該守此次到省，帶有放債門丁，向該縣索取過當之說，或亦因此耶？請告峻峰方伯轉飭恩守(霖，滿洲鑲黃旗人)，以弟意告之：如實帶有放債門

丁，即准其支用養廉，速將此丁逐去，毋為聲名之累；如不肯聽，弟當下札訪拿矣。（《書牘》十八卷二頁）

其後顏終於撤任。

新選慶陽綸守（增，滿洲正黃旗人），才具甚短，而借六扣之債赴任，累何可言。安化李令，又不能相助為理，何能放心？前准支養廉，為清還重利之債起見。其借沈吉田（名應奎，浙江平湖人）之百金，魏午莊之五十金，屬其緩還，蓋不得已而代為籌措耳。已飭其回省學習，只盼其略有長進，再令履新。（《書牘》二十二卷十八頁）

同時，還有一位階州直隸州知州文治（滿洲正紅旗人），也為債多才短，經文襄公令暫緩到任。

當然文襄公還同時拔擢許多賢明吏員，在這裏不必列舉。文襄公臨去，乃奏報其整頓甘肅吏治之結果：

甘肅一省，荒瘠著名，兵燹之餘，雕攰尤甚。筮仕者久已視為畏途。臣度隴之初，府廳州縣佐雜候補者，每班寥寥數員，或竟缺乏不備任使。其實缺署事各員，缺稍優者，或由夤緣鑽刺而得，恃有庇護，靡所不為；其苦瘠者，則視同敝屣，棄之如遺，求去惟恐不速。於此而空言遴選賢能，整飭吏事，實恐無從着手。乃裁革陋規，以正其本；崇尚節儉，以表其廉；酌發廉俸，加給津貼，以恤其私；薄予到任盤川，免其挐債之官，以輕其累。又於軍營保舉人員，寬加甄錄，以博其選。即保有省分，才堪器使者，亦間由差遣得力，委權地方篆務，以覲其能。於是仕風一振，而留省候補及投效隨營人員日漸加多，堪資選擇矣。(《奏稿》五十一卷五十四頁)

新疆自歸中國版圖，向只有軍事設施，少有政事設施。新疆人民大多數為纏回，當局對之，也只有剝削，沒有甚麼教養。文襄公在京時，曾晤一位旗人奕山，談起回疆往事，奕山說："只要文武各官都肯以平民待回，不以牛羊視之，則回永不叛。"文襄公以為這幾句話，很有道理，很值得尋思。文襄公主張新疆建省，就是要使新疆從軍事統制進而為政治管理，從吏治改善民生。在沒有改省以前，他在北路就責成鎮迪道，在南路則酌設善後局，刷新吏治。哈密雖已設廳，回民仍歸台吉、伯克等管理；這時，也由文襄公劃歸通判主持。文襄公怎樣關切新疆吏治呢？也可看他的書牘。其時英翰(字西林，滿洲正紅旗人)做烏魯木齊都統，文襄公寫信給他說：

長道於委查各件，只持兩端，從不肯下斷語，已改委周道崇傅署理。其人謹慎廉樸，則弟所素知耳。棨令糊塗，不但因案應撤。(《書牘》十九卷三十五頁)

又一信說：

奇台一缺，尊意需人更換，現酌委文案隨員王牧新銘前來，以備差遣。前派赴綏來查事之彭令椿年，過於渾厚，恐未足用也。和甫處錄用人才，頗嫌雜遝，恐將來難免因人受累。關外向為腥穢淵藪，失職無聊之輩多藏匿其間，狗苟蠅營，靡所不至。稍失檢點，便滋貽誤。各軍營濫收雜用，比比而然。弟軍不輕收投效員弁，並於出關投效之輩時加譏禁，意在截斷眾流，然亦未能悉行禁遏也。（《書牘》十九卷四十九頁）

又，其時張曜主持南路東四城，文襄公也有信給他說：

喀庫局委員黃丙錕（字之軒，湖南長沙人）辦事尚好，近聞頗有嗜酒之癖，已戒飭之。吐魯番委員姜文錦於門牌票費，均需索有據，已飭雷道察實稟覆。此皆不容已，新復之區，風氣不宜綿惙。（《書牘》二十二卷七頁）

文襄公又素知回疆阿奇木、伯克等以回民充回官，管其同族，卻也恣睢暴戾，很為回民所嫉首痛心。所以收復以後，極力裁抑阿奇木、伯克等暴行，前已表過。有庫車阿奇木阿卜都拉勒索纏回一千多兩，經文襄公查實，便斬決梟首；同時把他同黨罪犯納思爾等七人，立斃杖下。

陝西吏治，本有巡撫和布政使主政。然文襄公以陝甘總督而兼轄，也着實注意。例如譚鍾麟初任陝西布政使，文襄公便寫信告訴他：

北山以內，荒苦較甚。承平時，專以此位置不能迎合之人。南山以內，亦間如此。同、西、鳳三郡，則非其人不與調補。關中吏治頽廢，此其大端。朝廷設官，所以為民，當為地擇人，不當為人擇地。現在北山以內賢能尚多，此皆克庵之力也。當留其賢者久任其職，責其成功，加以拔擢，其不肖者重法繩之。（《書牘》十二卷十四頁）

後蒲城發生錢糧糾紛，時譚鍾麟已升陝西巡撫，文襄公又寫信指示道：

蒲城錢糧歸紳徵收，官但報解，又借息耗扣其例得盈餘，小民究未霑其實惠，殊堪髮指。愚見紳士頑梗至此，非擇尤嚴辦，不足息此刁風。州縣之不能整頓，固由玩泄成習，各存一得過且過之見；亦由司道未能擇人任使，預存一息事之見，以致釀此厲階。亟宜遴選廉幹之員前往整理，乃收實效。譬猶痞塞之癥，非峻利猛劑，無以為功。庸醫但以甘草、薄荷進，希幸目前無事，究至奄奄待斃，終於不治而已。秦中仕氣綿惙，豪惡全無忌憚。由於喜用圓熟而善敷衍之人，謂能了事，不圖痼弊日深，將益決裂也。誠遴得能者，假以權勢，資以津貼，飭辦清漕，察其橫梗者鋤之，一復自封投柜成法，宿障自清，乃可徐睹治效。想高明亦以為然。辦此等事，須先存一拚字，庶僚屬胸有成竹，不預存畏事之見，乃能破除積習，克竟全功。始雖怨誹，終必謳思，蓋所惡者害人濟惡之奸豪，所

卹者愚懦受欺之百姓，於理為順，於事為平，斷不致釀成事故耳。（《書牘》二十二卷十一頁）

在第二個信中，吾們知道地方土豪劣紳，常為整飭吏治的障礙，也常在文襄公密切注視之下。於是平涼武生李振基因壓迫撫回而訊決；靈州呂廷桂因訛詐撫回而就地正法；甘州喬良庭和李太和因造謠惑眾，阻納官糧而杖斃；平番監生王好賢因干預地方公事而黜革；蘭州張慶元因戴了都司頂戴給法國教士打頂馬而褫奪捐職。魑魅魍魎，難逃文襄公洞矚，嚴厲裁制，不稍放鬆。

以上是報告文襄公整飭吏治的事實，現在再報告文襄公整飭吏治的方法：

今日道府以上至督撫，均言察吏，而不知察吏之外，尚有訓吏、卹吏兩端，訓之使不至為惡，卹之使可以為善。斯其成就者眾，而轉移自速也。（《書牘》八卷十七頁）

欲知民事，必先親民；欲知吏事，亦須親吏。今人但言察吏而不知訓吏，但言課吏而不知親吏，故賢不肖混淆，而屬吏亦無所觀感。所謂親者，不在勤接見，通聲氣。要有一副勤懇心腸，與之貫注，見善則獎，見過則規，寬其不逮，體其艱苦，則中材自奮者必多，而吏治有蒸蒸日上之意。各屬壅蔽悉去，彼此誠意交孚，何為不成，何事不辦，百姓有不被其澤者哉！（《批札》四卷三十四頁）

分析起來，文襄公把整頓吏治一件事，提供“察吏”“訓吏”“恤吏”“課吏”和“親吏”五點。歸納起來，訓吏可以包括課吏，恤吏可以包括親吏。所以吾們不妨把“察吏”“訓吏”和“恤吏”作為文襄公吏治學的範圍，看文襄公用在這方面的功夫怎樣。

> 或因公接見，詢以吏治得失；或接閱稟詳，考其政績設施。（《奏稿》十一卷九十五頁）

這可說是文襄公的“察吏”。此外當然還派員密查，和從士民方面採納輿評，不用多說。察吏的標準，文襄公有過兩個說法：

> 州縣最須得人，樸勤者為上，安靜者為中，沾染近時習氣者不可留也。（《批札》五卷二十八頁）

這是一個說法。

> 官無論大小，總要有愛民之心，總要以民事為急，隨時隨處切實體貼，所欲與聚，所惡勿施，久久官民浹洽，如家人父子一般，斯循良之選矣。勤理案牘，操守端謹者，次之。專講應酬，不幹正事，沾染官場習氣者，為下。其因循粉飾，痿痺不仁，甚或倚任丁役，專營私利者，則斷不可姑容也。（《批札》六卷六十六頁）

這又是一個說法。吾們再參考以前所引幾個書札，大概可以說文襄公所憑以甄別屬吏，總不外乎這幾點。

文襄公在平涼時，便把汪輝祖《佐治藥言》和陳宏謀《在官法戒錄》，分給屬吏。到安定後，又採陳氏施政文書、汪氏《學治臆說》和于成龍等論治文章，編成《學治要言》一書，印發通省地方官吏；並聲明：

> 因公接晤時，當即是編相與考訂往復，以求一是。（《咨札》三十三頁）

這可說是文襄公的"訓吏"。此外，文襄公常於核閱屬吏稟詳時，親加批答，作個別的、懇切的訓。這像批臨潼縣知縣伊允楨稟接印視事道：

> 做官要認真，遇事耐煩。體察久之，無不曉之事，無不通之情。一片心腸，都在百姓身上，如慈母撫幼子，寒暖飢飽，不待幼子啼笑，般般都在慈母心中，有時自己寒暖飢飽，翻不覺得。如此用心，可謂真心矣。有一等人，其平日作人好，居心好，一旦做官便不見好，甚或信任官親、幕友、門丁、差役；不但人說不好，即自己亦覺做得不好。旁人謂其無才，上司亦惜其無才。實則非僅無才，還是不認真耳。如果認真，則保赤之道，心誠求之，天下無不知愛子之慈母，故無不能愛子之慈母也。今以百姓之事，交付官親、幕友、門丁、差役，若輩本非官，

官既非真，心安得真耶？《詩》曰："弗躬弗親，庶民弗信。"當引為大戒。因來稟雖是到任例稟，而其中有東國迂儒及自愧疏庸、難膺繁巨等語，預以無才自命，覺其用心非真也，姑書此箴之。（《批札》二卷四十五頁）

更像批階州州判劉立城稟陳地方情形道：

官莫嫌小，由小可以至大。地方莫嫌瘠苦，惟瘠苦益足顯其措施。民莫嫌刁頑，惟刁頑正賴官為訓導。昔王文成曾為龍場驛丞，卒為有明一代名臣，良由動心忍性，增益其所不能，故後來之成就大也。白馬關雖陋，較龍場驛為勝。該倅果能實心實力，為民謀生全，為民廣教化，安見瘠苦不可致富厚，刁頑不可遷善良哉？該倅自知忠信篤敬，生平所短，即宜切實體認此四字，念念不忘，自有進境。蓋作事不可荒唐，語言不可荒唐，而念慮尤不可荒唐。心能主一無適，自然罄無不宜。該倅前在保甲局辦事，便想做官。蒞任不過數月，又想回省聽差，希冀寸階。此是志不專一，便是念慮荒唐也，能弗返己自省哉！（《批札》六卷四十頁）

至於文襄公的"恤吏"，可提供幾點：一方面要求其清廉，一方面設法維持其生活，文襄公以為做官就為謀生，光是不許他們弄錢而不給他們想正當的出路，決不是經久的辦法。一方面嚴密其考成，一方面寬恕其可以原諒之公罪。

文襄公以為則例繁苛，足以使人動輒得咎，如必處處執法以繩，必致使好人不敢動，反使壞人得弄奸巧。在用兵和善後區域，文襄公以為一切要做得快，要行得通，要能適應事機；故更一方面督責其非常措施，一方面允許其便宜行事。而在下面幾件批札中，則又可表顯其親愛精誠。

批甘州府知府龍錫慶（字仁荄，湖南安化人）道：

> 該署守潔己愛民，早所深悉。當此時局艱難，非虛心觀理、實心任事不可。於行己、事上、養民、使民，一切尤宜細心斟酌，務期措置咸宜，方為盡善。黃署道（慶章，字籽雲，湖南人）於事理或體察未周，或用人欠酌，盡可隨時據實婉商，和悅而諍，自可轉圜。若婞直自將，無論於使民之義、養民之惠多有窒礙，即以該守行己事上言之，亦有未盡，可深思之！（《批札》六卷十六頁）

蓋因其時道（甘涼道）府雙方正發生嫌隙。

批巴燕戎格廳通判龍崑道：

> 該署倅在任，苦心孤詣，諸所設施，條理秩然，已有成效。本大臣爵閣部堂慰愜過望，擬列薦剡，以示優異。覽稟頗不免意外吹求之慮，此卻不然。巴燕戎格苦瘠難治，他人必不覬覦及之。且幫辦楊前撫院好善為懷，於該署倅素深許可，豈浮言所能搖撼？此固無庸過慮者。身入仕途，即宜立定主意，毀譽聽之人，升沉付之命，惟做

一日官，盡一日心，庶不負己，以負斯民也。（《批札》七卷四十六頁）

蓋因其時文襄公正要奉召進京，龍崑要求隨行。

再像批綏德州知州成定康（字滌泉，湖南寧鄉人）道：

該守積勞成疾，實深挂念。血性男子遇事不肯放過，不肯隨人，固是本色。然當百忙之中，亦須稍存暇豫之意。庶心神和適，不致竭蹶。古人云："愛其身，以有待也。"又云："能事不受人迫促。"乃為入粗入細經綸好手。願賢者百尺竿頭，再加進步！（《批札》二卷三十頁）

則是因其病情而加以慰勉。

綜括文襄公的恤吏：一是物質上的，二是法令上的，三是精神上的，而歸宿於能做好官的一點。

不過貫串這"察吏""訓吏"和"恤吏"三種功夫的，文襄公還運用一個"誠"字。

陋規是中國吏治上最大的癥結。陋規的發生，不全為有心貪贓枉法；也由於微薄的薪俸不夠維持生活；或由於在包辦制度下的辦公費用不夠開銷。陋規的負擔者，不一定是老百姓，也有低級官員，有吏胥差役，不過最後無不着落在老百姓身上。從法律上說，陋規是應該禁革的。從事實上說，有些陋規是有相當淵源和理由可聽其存在的。於是很常有人主張索性用明文來規定，化陋規為正規。清宣宗皇帝在他剛即位時，有心整飭吏治，就曾有一個通諭，要調查各地方原有陋規，調整為公款，准其公開收支。後來經幾位賢明的大臣勸諫，以為這件事有傷政體，終於收回成命，然而他們並不主張回過頭來切實取締。便是在十多年前，還有某市一位公安局局長，公然宣佈把各警察單位所有陋規，一律歸公，另行分配。反對者的理由，認為本是官吏私人的“外快”，一旦歸公，自己落空，勢必仍向下頭要索，豈不反而增加了下頭的一重負擔。總之，陋規就是陋規，倘要在禁革外觸着這個問題，就得鬧笑話。文襄公對於陋規的見解是這樣的：

> 懲貪獎廉，必先將義利之辨剖晰至精，毫無假藉，而後紀綱正而仕風清，法戒昭然，纖鱗雖遺，吞舟必期無漏也。官之薪廉，應得者也。此外如相沿之陋規，或藉以辦公，或取以充交際之用，尚可謂為應得之款；至因巧取而創立名色，因營私而潛通請託，則贓款也。若亦指為應得而以陋規寬之，是夷、蹠可同科，貪夫多倖免，法未立而弊已滋矣。（《書牘》二十六卷二十九頁）

所以文襄公對於陋規，主張一概禁革。開支不夠，另籌津貼，就是說：

> 苦缺州縣，須定津貼，免其剝民；監司道府，須定津貼，免其蠹國。（《書牘》二十卷十七頁）

怎樣禁革呢？方法很簡單，教各地方官把他收入和開銷，清清楚楚開一個單子，不夠的數目，另指的款貼補。現在舉一個例：涼州府知府劉思詢（字考軒，湖南新寧人）報告：每月辦公費四百八十兩，每年收入一千六百兩，每月平均虧短一百七十八兩。文襄公一算不錯，便指定在經收畜稅項下津貼每月二百兩；還說：以後如有不夠，儘管報明，可再加撥。文襄公又在批答中，予以嘉許：

> 官評以操守為重，屬吏饋贈，官價派買，與衙門一切陋規，不准收受，例禁綦嚴。晚近以來，仕風不正，道府取之州縣，州縣取之民間，上下交徵，吏事遂不可問。該守權篆劇郡，蒞任之始，即將一切陋規概行裁革，具見清白傳家，志趣不苟，深為嘉悅。做官不要錢，是本分事。但能不要錢，不能為地方興利除弊，講求長治久安之道，於國計民生，終鮮裨補，則亦不足貴。所望於該守者，固猶有進也。然非操守清嚴，劃定界限，大本不立，其見諸事為之末者，又安足道哉！（《批札》七卷二十九頁）

其時，第一任甘肅學政許應騤（字筠庵，廣東番禺人）任滿回京，他照廣東規矩，要一筆回程費。文襄公說：十八省中只廣東有這陋規，甘肅是窮苦省份，況且正在裁革陋規，豈有從新添設之理。因此就沒有致送。學政是一位欽命大員，有相當地位；三年一任的回程費，實在也有限。然而文襄公既不允許陋規的存在，也就決不破例通融。這是文襄公應付陋規嚴正的態度。文襄公既不許人家收受陋規，他在任對於陝甘總督自來應得陋規，當然也一概拒絕。文襄公去任後，陝西布政使王思沂（字雩軒，浙江歸安人）怕他老人家在京不夠開銷，想到從前陝西經收甘肅捐輸，剩有一筆尾款，恰好移濟匱乏，託人向文襄公致意。卻又引出文襄公一番議論：

> 僕早歲甘於農圃，不樂仕進，所求易足，無營於外，心亦安焉。入世三十年，漸違素願，而無負於官私，始終猶可覆按也。近時於別敬，概不敢受。至好新契之例贈者，亦概謝之。匪惟介節自持，人己本無二致；亦俸外不收果實，義有攸宜。至甘捐尾款，儲為關隴不時之需，以公濟公，於事為合。弟已去任，不能指為可取之數。若因一時匱乏，遽議及之，將人知己知之謂何，斷有不可。（《書牘》二十五卷十二頁）

所說“別敬”，所說“例贈”，是當日一般京官公然的收益，實在也含有陋規意味，莫怪文襄公避之若浼了！但文襄公只是痛恨貪污，對於清貧的僚屬，也常加體念。譬如他知道張宗翰（字介卿，湖南湘陰人）署西寧道，光景艱窘，籌給每月津貼一百兩；陳萬春署肅州鎮總兵，也非有津貼不可，給他每月五十兩。又例如林發深做了幾任知府，境況蕭條，在他因病請假回去醫調時，致送川資五百兩。對於新疆北路州縣，都酌定公費。諸如此類，更就是恤吏的實例。

（丙）振作政風

> 吏治之振新，全在上司精神貫注。除貪鄙、吸煙及全無知覺運動之人，斷不宜用外，餘皆隨才器使，令其率意導民，亦可漸收轉移之效。大抵中人之資，可與為善，可與為惡。吾之好惡一端，斯吏之趨向定矣。長沙一滑吏曾語人云："吾輩所工者，揣摩風氣耳。使上司所尚者果是廉幹一路，吾亦何樂而為貪庸乎？"此言雖諧，卻亦近理。（《書牘》八卷十七頁）

文襄公這一番話，可引出一個原則："要振作政風，先要上官能正躬率屬。"

振作政風的首要，在"去貪尚廉"。文襄公的不貪，文襄公的廉，我在前面早經揭明，不用再多說。不過所謂"儉以養廉"，去貪尚廉的關鍵，還在崇儉。吾們須知甘肅雖是瘠苦，但高級官吏例用旗人，他們講究吃喝，講究穿着，講究玩，在這種風尚的鼓蕩下，甘肅官場生活早已流於奢侈而不自覺。文襄公是老農出身，過慣他寒素生涯，在陝甘總督衙門，在肅州大營，常親自灌園種菜，以蔬食為美味。光緒五年（1879），文襄公第四兒子一行五六人西來省視，文襄公給他們一個戒約：

> 在督署住家，要照住家規模，不可沾染官場氣習、少爺排場，一切簡約為主。署中大廚房，只准改兩灶，一煮

飯，一熬菜。廚子一，打雜一，水火夫一，此外不宜多用人。爾宜三、八日作詩文，不准在外應酬。（《家書》下七十二頁）

當日甘肅第一流循吏陶模曾寫信告訴友人：文襄公這般儉約的作風，確曾矯正了以往官場淫靡的習氣。

振作政風的又一要件，是“崇實黜華”。文襄公還沒有到省，蘭州人士已給他在五泉山清暉閣建設一座生祠。文襄公到後，命改祀泉、雹兩神。西寧和甘州人士要給文襄公建生祠，文襄公不歡喜隨聲附和的歌功頌德，也一概謝絕。他說他生平不務聲華，只講實際。只此一點，已可想見文襄公怎樣崇實黜華。文襄公的下面一個通飭，也是崇實黜華的例子：

照得新疆軍務未竣，本大臣爵閣部堂駐節肅州，啟處不遑。所有關內外文武及營局各員，凡遇慶賀禮節，概應刪除。即謂長屬分義攸關，宜隨時通候，以表虔恭之意，稟啟將意，亦無不可。斷不准擅離職守，來轅進謁，致曠職守。其有專差呈送禮物者，尤干例禁，已早飭文武擯棄不收。各文武印委均應勤思職業，毋得非分相干，自取咎戾，凜之！（《咨札》四十九頁）

文襄公本人的崇實黜華，也可在對於糾正文書的三件小事見得：文襄公從平捻回陝，耀州（今耀縣）知州王某通稟致候，文襄公批道：

本爵大臣已行抵臨潼矣！日接閱各屬來稟，於所陳地方利弊及賊情地勢，無不隨時批答。惟一切稱頌賀候套稟，概置不覽，且拉雜燒之。該署牧初權耀州，地方事宜豈無應行稟白者，乃僅以書啟套話上瀆，徒煩省覽，何耶？原稟擲還。（《批札》二卷二十六頁）

金積堡收復後，寧夏府知府李藻（字湘川，湖南平江人）稟謝委到任，文襄公批道：

謝稟用駢語，殊可不必。此即所謂官氣，懶殘所謂為他人拾涕者也，於實事無益。（《批札》四卷七頁）

移節肅州時，署哈密協副將魏忠義稟報哈密情形，文襄公批道：

該副將在邊有年，風土人情，自已熟悉。應將確實情形詳細稟知，毋得照綠營惡習，摭拾浮詞具稟。凡有稟牘，盡可據實直陳，如寫家信，不必裝點隱飾。（《批札》五卷四十六頁）

說起文書，更可提到兩個例子：一件是批甘肅按察使蔣凝學：

所亟欲聞者，甘肅近事耳。兵事、餉事、賊勢、軍情，可逐一詳陳之。隴之艱危，天下共曉，然亦豈無辦法？該署司在蘭垣有年，見聞多矣，當有以告我。另簡寥寥數語，似有欲吐仍茹之勢，其或有不得於中者耶？抑實有知之不盡者耶？詳陳事理之當然，於人物臧否則略之可也。度隴伊邇，亟盼遠謨，本所聞見，無隱乎爾。（《批札》二卷六十頁）

其時文襄公方將入甘，蔣凝學故通稟致意。又一件是批劉錦棠：

細閱所稟各情，雖條理秩如，不免疏略。而詞意之間，時露視事太輕之態。雖係捉刀人代擬，本大臣爵閣部堂不能不勰勰過慮也。武侯不云乎："寧靜以致遠。"聖人云："凡事豫則立。"切宜三思，並告知幕下諸君子。（《批札》六卷二十六頁）

其時劉錦棠已平定新疆南路，原稟是陳述辦理善後情事。這都可以見得文襄公檢校文書，怎樣精詳，怎樣要求篤實。至於文襄公不受僚屬饋贈，始終如一。胡光墉從上海遠道送給文襄公禮物，文襄公只領了一些食品，也還報了一些甘肅土產，卻把金座珊瑚頂一架和大參兩件完璧歸趙，以為這兩樣東西太貴重了，他一生享用不敢過厚，素性硜硜，萬不能領受。這不但是崇實黜華，也還是去貪尚廉。

"公私分明"，也是振作政風所必要。文襄公對於這一點的作風，可以舉幾個實例：文襄公家中有一看門的，叫做何三，老實而晚景不好。文襄公夫人曾說，要給他一名勇价。文襄公起先也答應，過後覺得勇糧不可給家人，就沒有辦。文襄公夫人死後，文襄公自己給了何三二百二十兩六錢，算是四年的勇价。從前上官和他眷屬過境，僚屬照例辦差。文襄公眷屬到福州省城，崇安縣知縣用過招待費二百三十多千，後來文襄公西征路過崇安，就當面償還了知縣。文襄公二、三兩兒到肅州後回家，文襄公先給他們盤川一百兩，說明過蘭州由支應處撥一百兩，過西安由糧台再撥一百兩，都在文襄公本人廉俸內開支，沿路只教防營就便照護，地方州縣概不招呼。

用人方面，也可見到文襄公的公私分明。文襄公西征，到離開甘肅為止，可說文襄公沒有用過私親。文襄公的女婿有要求追隨丈人峰的，文襄公都沒有答應。文襄公的子姪輩，文襄公的妻舅輩，都沒有安插。賀昇運是文襄公親家的兒子，總算親戚，但在禁種罌粟失察案內，與別人一般的處分。王詩正（字莼農，湖南湘鄉人）也是文襄公親家的兒子，總算親戚，但在營務處當差，文襄公不准多開支薪水。同族和不中用的同鄉陸續西來求事，文襄公一律打發回去。對於草鞋赤腳的，按八兩和六兩兩等，對於穿靴戴頂的，按十六兩和十二兩兩等，分別貼補川資。這筆數目很是可觀，光是在肅州的，分五批遣送，已花銀四千兩。文襄公自認受累不淺，然而文襄公不願以累公家。

實在文襄公不光是公私分明，還公而忘私，國而忘家。文襄公駐軍浙江嚴州時，害過一次很利害的虐疾，從此健康大受影響。他在西北，常患着脾泄之癥，一夜天要起來十多次。伊犁交涉吃緊時，他數度咯血。出防哈密時，正是滿身風疹，痛癢難當。文襄公也自覺“食少事煩”，然而責任心使他“鞠躬盡瘁”，不敢稍圖安逸。文襄公自從咸豐十年（1860）出山督師，沒有回過家。他在西北，第四個女婿和女兒、周夫人、第二個女兒、姪兒和大哥、大兒子和大媳婦，一個個在長沙亡故，連續演成生離死別的慘劇。然而他馳驅邊塞，沒有心情想家。他的老姨太太 —— 周夫人在連生三個女兒後，以其婢女請文襄公收納為妾 —— 西上省視，文襄公還說他年已六十六，“到此不能侍候我，翻須我照料”，大不以為然。直到新疆軍事告一段落，文襄公才稍稍求田問舍，想端整回去養老。不過他的產業，前已表過，實在有限得很。記得曾國藩的次子在京貧病而死，文襄公幫助他醫藥棺殮之費；不料過不多年，文襄公襲爵的長孫在京病故，身後蕭條，也要靠同鄉京官來給他告幫料理了。

我在這一節書中，抄了許多文襄公的《批札》《書牘》，用意固在說明文襄公對於整飭吏治的見解和方法，同時還在闡發文襄公整飭吏治的精神。照纂輯《文襄公全集》者的標準，必須是文襄公自己的寫作，方得編錄，這就可見這些《批札》《書牘》，都是文襄公的親筆。即如上引通飭中“以表虔敬之意”和“稟啟將意”，“斷不准擅離職守”和“致曠職守”，在接連兩三句中，使用重疊的字樣，正可想見確是文襄公在戎馬倥傯中自己隨手寫成，沒有點竄。要是經過幕僚的手筆，對於這些文字上的瑕疵，必得修飾乾淨。文襄公不是說過，“吏治之振新，全在上司精神貫注”嗎？認真檢校文書，一些不放鬆，就是這個精神的表顯。對於僚屬的文牘，親自仔細核閱——當然擇其重要的；閱罷之後，再親自認真批答——也當然擇其重要的。這樣僚屬的思想行動，就常在上官心目之中；而上官的意志和趨向，也就不斷地給僚屬以一種深刻的印象和感應。這樣，不一定是要召見，不一定要出巡，而所說察吏、訓吏和恤吏，也有多少功夫可以做到。從前張居正以綜核名實的精神，來振作晚明頹廢的政風，他的主要工具，就是親手寫作的書牘。我們讀《張文忠公集》，或指示方略，或糾正謬誤，或披陳懷抱，或呼吁同情，或溫詞鼓勵，或厲聲訓飭，覺得他的聲容笑貌，至今如在目前，當然也就在當日受書者的目前。上下呼吸，息息相通，政風自在無形中改觀。後來胡林翼做湖北巡撫，便採用這個方法，大收整飭吏治和振作政風之效。曾國藩要他的稿本來看，看了以後，大為同情。後來他做兩江總督，做直隸總督，就照樣辦理。張居正的苦心孤詣，早已埋沒人間，自經胡、曾兩人闡揚，大家就認識了這位大政治家。張居正的集子近經當局重行刊佈。文襄公的辦法，無疑的也是脫胎於這一種典型。他因此還批示一位知府道：

> 每閱該署守稟牘，詞意多不暢達，而一稟之內，雜引各端，文繁義寡，不成章片，於省覽批答，均有未便，嗣宜改之。（《批札》一卷三十頁）

可是這種作風，當然和“尚無不合”，“礙難照准”等不痛不癢的官樣文章，完全不同了！

（丁）荒政

四千年來，中國始終是一個農業國家。一逢水旱災荒，國計民生都就感受重大的恐慌。所以救濟工作，常為做官吏者的重大責任。積四千年的經驗，這一部分的工作，也就構成一種精深博大的學問，為有心用世的人所不能不潛心探索。吾們在前已經說到，文襄公早歲便注意研究荒政，並且在湘陰本鄉兩次大水時辦過荒政，所以文襄公對於荒政，確有着豐富的學識和經驗。文襄公做浙江巡撫時，曾把《康濟錄》一書刊發各地方官吏，作為舉辦荒政之準繩。這本書原就叫做《救饑譜》，是清初陸增禹所編，是一個歷代帝王官吏和士人救荒的言論和方法的結集，經乾隆朝倪國璉重加增刪，才改名《康濟錄》。最近也經當局翻印，流傳於世。

文襄公在西北，曾逢到一次三百年來未有的大旱，災區廣及河南、山西、陝西三省和甘肅的慶陽一府。災情最嚴重的陝西同州府，一畝地只值制錢三百文；拆下房屋木材當柴薪賣，每斤不滿制錢一文；一兩個麵餅，便可換一個婦女。其時為光緒三年（1877）。陝西是陝甘總督的兼轄，慶陽是直轄，現在吾們就把文襄公在這次災荒中督導賑濟的情形報告一下：

首先吾們要提示文襄公作事的機警、細密，也可說這就是文襄公對於老百姓的真正關切。經過了幾個月的乾旱，文襄公便對陝西當局說：現在災象已成，快快籌備救濟方法。倉儲糧食還存多少？需要糧食該是多少？都得先調查明白。並研究向甚麼地方，用甚麼方法來採運補充？災區要調查分別等次，災民也要調查分別等次，以為施賑的標準。

賑糧的來源，是文襄公最關心的。文襄公的意思：客販囤糧，當然禁止，人民窖糧，也得開放。就地照市價收買，本是一法，但顆粒都是飯碗中物，須防各地糧價看漲，不如在境外產糧之區多方採購。陝西當局起先擬在洞庭湖一帶購運湖米，文襄公說：那邊湖北米販很多，陝西委員去時怕已落後。無妨到資江和沅江一帶去採購，那裏有一種旗米，只用礱去粗糠，不過碓，每穀一石可得旗米五斗三四升，每礱每天可出兩石幾斗；收集較快，且裝船不能攙潮，防弊也比較容易。後來陝西當局擬在漢口購運熟米，文襄公又說：每石价二兩零五分，極為合算；只是熟米慣於攙潮，每石常攙到一斗，久放要霉爛，入春更易變味。最後文襄公作一個結論：旗米可用作賑糧，熟米可煮成賑粥。更有一個問題，運米北上，如要利用丹江和淅江，則老河口以上，水淺航難。故文襄公鄭重關照，須把撥船（按：即駁船）早早準備，並查看雍正朝利用這兩條水道辦運賑米的成案，以供參考。便是走陸路，也因每逢荒歉，牲口不是疫死或被宰食，車馱不易找僱，得先籌劃。後來不出文襄公所料，賑糧堆積在河南的裕州（今方城縣）和汝州（今臨汝縣），正為缺少運腳，沒法轉搬。於是我想插入一個辦賑人員的描寫：其時饒應祺（字子微，湖北恩施人）正做同州府知府。荊紫關以上陸上的交通，慣習以五十里為一站。他就仿照文襄公在那裏搬運軍需的方法，每站設一局，每局僱夫子一百名，每名負米五斗重七十斤，每天走一站。這樣，節節接送，散給了大量的賑糧。他的做事，很為文襄公所賞識，他的官也就做到了新疆巡撫。閒話少說，言歸正傳：文襄公當日這樣不怕繁瑣地囑咐，作者如今也這樣不怕繁瑣地報告，就想說明文襄公應付任何一問題，一貫到底的精神。並且這樣的窮極事理，將使吾們怎樣的驚異他老人家常識的豐富啊！同時，山西也鬧饑荒。山西的糧食向有一部分取給於陝西的北山，文襄公關照：無論北山有沒有餘糧，應允許山西採購。河南要來陝西購糧也行，總不准閉遏。又把牛犋和包頭的糧劃歸山西去採運，不許陝西搶購。自己正在缺糧，還容人家在自己境界內採購；自己寧可到遠處採糧，卻把鄰近的糧讓給人家去採購。文襄公一生這樣的不分畛域的精神，最值得敬仰。

賑費，文襄公認為應充分準備，以便隨時應付。文襄公的意思：辦賑要撙節，也要放手，不可泥滯，以致貽誤。雅步救火，怎能撲滅燎原之勢？文襄公的軍費，常在三空四盡的境界。他先還借着陝西三十萬兩，這時便命拼湊歸清；一面允許西征糧台在收到協餉內儘先截留十萬兩，專供陝西賑濟。文襄公又自己倡捐一萬兩歸陝西，三千兩歸慶陽。這是文襄公向來最慷慨的。同治八年（1869），湖南水災，文襄公也捐賑一萬兩。他對兒子說：記得從前在柳莊辦賑，那時是一個寒士，人家還可說是義舉；如今做了總督，每年享受養廉二萬兩，這算得甚麼呢？還有一般大老捐款，常出公賬，可以說是慷公家之慨，博私人之名；文襄公的捐款，的確挖的是自己的腰包。文襄公很不滿意於陝西人的吝嗇，坐視同胞淪亡而不肯解囊援手。於是他想出兩個辦法：一是勸捐，一是勒捐；對於君子用勸，對於鄙夫用勒。文襄公激昂地說：

> 捐其餘粟餘財，以救桑梓之急，誰曰不宜？

又說：

> 出其有餘，為其市義，何容其煦煦孑孑為哉！（《書牘》十九卷二十三頁、二十五頁）

文襄公說得到，做得到，就奏明清政府幹將起來。當然對付為富不仁之輩，這件事幹得很痛快；但只有廉公有威的文襄公可以辦，決不是不肖官吏所能援例。

辦賑的人選，文襄公以為：總要居心懇惻而有條理，不憚煩勞，把所辦的事看作自家生活。一念疏忽，便關着無數生命，真是可怕。只要有一分實心，自有一分實效；多救治一人，自免一分罪過。所以他主張：與其去用微末官吏，不如多用地方賢明紳士。文襄公以為鄉黨自好者，多能心存利濟，教他們去辦賑，必肯盡心。因此文襄公特地派兩個在他幕下的陝西人回去辦賑。魏光燾做平慶固涇化道，很有建樹，這次慶陽旱災就在他轄境之內。但是文襄公對他辦賑是不是盡心，所委人員是不是可靠，很不放心。他認為魏光燾做事，不怕不妥，只是賑務要有實際，要肯耐煩，不光是敷衍場面。後來慶陽州縣玩泄賑務，給文襄公一一撤任。至於侵冒賑糧，怎樣處分呢？在文襄公制裁之下，可舉另一個辦理中衛善後案中總兵周東興為例，一經發覺查明，就是軍前正法。

陝西旱荒，在最初嚴重的過程中，綏德州發生搶糧之案。文襄公立刻命令重辦。他引用宋辛棄疾辦荒政“閉糶者配，強糶者斬”八個字，認為如不究搶案，不辦搶犯，則有糧人家勢必格外不敢出糶。所以荒政救饑，必先治匪，就是要維持地方秩序。

西安粥廠開辦了！文襄公說：來的人一定很多。誰有資格來喝粥呢？當然要有一個限制，但也無妨聽人家隨便喝去。蘭州冬天辦粥廠，照例路過的人要喝一盂，嚐嚐味道好不好，也有小販人等竟每天當做晨餐。這種事，到底所費有限，無須計較。與其失之刻，毋寧失之濫。只要顆粒入窮民之口，不入官吏丁胥之腹，便是好事。後來在西安粥廠喝粥的多至七萬人。

文襄公以為：辦賑當然救人命最急，然而也要給老百姓救耕牛，救農具，為下一季下田準備。接着保嬰、恤嫠、施藥、施棺、施寒衣等等一連串的事，都得盡心盡力去籌辦。“雖是極難極大題目，卻不能擱筆而交白卷。”這是文襄公告訴陝西巡撫的話（《書牘》十九卷四十頁）。文襄公又以為施賑養人，差不多看做乞丐，決不是辦法，總要把地方可盡的地力，可利用的物產，想出方法，幫助災民自己去解決生活。文襄公在杭州時，教人民收拾廢鐵，官為收買，便是文襄公這一個思想事實化的例子。在這一次西北的災荒中，文襄公勸老百姓去挖煤，又是一個例子。文襄公也曾倡導鑿井，由他捐廉以工代賑，寫到水利問題時，再詳細報告。

因為這一次災荒，文襄公於光緒三年九月，命令各地方勸辦義倉。各地方的反應怎樣？沒有記錄。在我手頭只有幾種地方志，還可查出下面一些情形：皋蘭縣捐得糧三千三百四十二石；洮州廳捐得本糧二千六百十九石，本大錢二百串；固原州捐得倉糧六千八百石，分儲一個城倉和四個鄉倉；平遠縣捐得秋糧四百石；崇信縣捐得倉斗穀七百六十石；鎮番縣捐得倉斗糧二千四百六十五石，又三渠社倉捐得倉斗糧八百二十石，蔡旗堡社倉捐得倉斗糧一百二十一石；張掖縣丞捐得市斗小麥一千零二十七石，分儲本城、六壩、南古和洪安四倉；丹噶爾廳集得三包市石糧四百三十九石；涇陽縣捐得京斗麥一萬一千一百二十一石，分儲本城和十鄉。猜想當日情形，既有大府通令，各州縣必多少都有些積穀，不過如今文獻不足徵罷了。至於經管辦法，從《平遠縣志》得知當時經過了甘肅布政使，還發佈社倉章程十二條；而從《崇信縣志》又得知這種社倉是官督紳辦性質，崇信就每倉遴派倉正副四人負責管理，兩年一任。然而陝甘原本也有社倉，例如陝西延安府知府宮爾鐸（字農山，安徽懷遠人），便早於同治十一年（1872）稟報擬設社倉情形，當下文襄公批道：

> 社倉，善政也。每因經理不得其人，遂廢不舉，甚或反以為累。然古今無不敝之良法，人存政舉，徒法不能自行，雖聖賢立法，亦不能保其不敝。惟於所屬良願士民，留心採擇，令各司其社倉之出入；地方官但按年稽核，不令吏胥涉手，稍可留遺久遠，與古人當社立倉之意有合。惟士民不盡良願，而地方亦有無可舉充社長者，是用士民一法，有時而窮。安得留心造士之賢有司，俾善氣熏陶，比户可封乎！（《批札》四卷二十五頁）

這段話或許可就引做文襄公對於西北社倉的展望吧！

（戊）禁煙

自從林則徐在廣東禁煙，引起了一場鴉片戰爭，誰再敢努力禁煙。清政府雖沒法停止英國的鴉片貿易，還在國內禁吸、禁售和禁種，不過這也成為具文。在林則徐以後遙遠的三四十年中，最熱心禁煙的，怕只有文襄公了！文襄公在東南時，對於這件事沒有多大注意。到了西北，卻把禁煙認做要政，真可說辦得不遺餘力。文襄公的禁煙，是禁種罌粟；對於煙土，只禁運而不禁賣，對於煙民，只勸戒而不禁吸。文襄公的見解，看下文自會明白。

文襄公西征，一腳踏進潼關，第一件事使他駭怕的：西北剛勁的民風，不料已變得奄奄沒有生氣。回事發生，頹唐的精神鼓不起他們勇氣來自衛。便是戈矛已殺到門首，也常因為懶得動彈，不能及時逃避，終於束手就屠。這是甚麼緣故呢？文襄公認為是鴉片的流毒。還有種罌粟要膏腴之地，罌粟生產加多，米麥生產減少，這就對於軍食和民食發生嚴重的威脅。所以文襄公便於同治八年（1869）六月開始禁種罌粟。他作成四字韻文的告示，由章壽彝（字伯和，湖南善化人）寫成徑寸楷書，刊印成冊，散發各地，從事廣大的宣傳。當時還沒有甚麼統計，但據文襄公的考查，即如陝西的三原一縣，城裏人吸煙的十佔其七，鄉里人吸煙的十佔其三，這真是一個驚心動目的數字，無怪文襄公要把罌粟罵做“妖卉”。

就在上面所說光緒三年（1877）陝西全省和慶陽一府的大旱中，人民死亡的不知多少，文襄公以為這也是鴉片流毒。一般煙民的身體，都是脆弱不堪，格外捱不住餓。所以真為饑饉而死亡的，十之八九倒是煙民。更奇怪的，他們領到了賑款，卻又不去買糧而買煙膏，這使文襄公歎為“真正豈有此理”了。慶陽誠然是旱荒，可是他的鄰境寧夏府沒有受災。況且寧夏本是產糧之區，該可以把寧夏的糧來救慶陽的饑。事實使文襄公很失望而生氣，寧夏府沒有多大的餘糧，原來大多數的良田，都開着嬌豔的罌粟花了。受了這個教訓，文襄公對於禁種罌粟，格外積極。

漢代和西域發生交通後，就不斷地有西域的、西域以外的植物移植到中國。張騫的鑿空，首先帶來了苜蓿、葡萄、芫荽、胡桃、胡瓜、胡麻、蠶豆和豌豆，以後還有玉蜀黍和紅蘿蔔等等。罌粟產於印度，一說是唐僧取經時帶來的，這怕是“齊東野語”。然而唐人陶雍過斜谷有詩道:“馬頭初見米囊花。”據說米囊花便是罌粟。那麼，在二千年以前，西北已種着罌粟。不過文襄公時代禁種的罌粟，大概是從廣東移來的。原來則徐禁煙之時，西北雖是比較閉塞的地方，鴉片卻早已吸到。最稱上品的，是“廣土”，可是廣土价貴。於是有人從廣東買罌粟種子來在陜西試種，成績很不差。甘肅立刻仿種，涼州和甘州一帶生產最多，品質最濃，這是道光朝的現象。咸豐朝以後，罌粟花滿佈於陜甘各縣，“西土”之名，竟和“廣土”媲美。惟有新疆，因纏回都不吸鴉片，罌粟的種植較少。

文襄公何以不禁售，不禁吸，而獨禁種呢？文襄公以為:罌粟種在田野中，一望而知，無從秘密。從成苗而開花，而結果，而收漿，要經歷較長的時間，既易指認，就易鏟除。不比吸煙的人可避在深房密室，售煙的人也可設法藏匿。挨戶搜查，其勢有所不能；而滋擾需索，其勢在所不免。所以文襄公認為釜底抽薪，禁種最為方便。煙源既塞，煙价提高，煙民自可減少。但是大家所以歡喜種罌粟，只為比旁的農作物利益優厚。那麼，光說不許種罌粟，還是人情所不願。於是文襄公想，想，要想出一種農作物，其利益不比罌粟為薄，而又於西北土性相宜，才可滿足人們的貪慾，使他們自然樂於改種這種農作物而不再去種罌粟。最後文襄公想得了一種棉花，最是適合這個條件。況且西北民生所缺，正是衣服材料。如能推廣植棉，進一步就能紡紗織布，解決了衣的問題。於是一面禁種罌粟，一面勸種棉花。依文襄公調查估計：一畝之田，較好的收穫，可得棉花二十多斤，每斤市價一千文，已足奪罌粟的利；而種棉所費工力，還比種罌粟的刮果收漿來得省便。文襄公高興極了。

甘肅既肅清，文襄公用全副精神來禁種罌粟。文襄公的辦法，由各道、府督同廳、縣、營、汛四出挨查。遇見成片地畝種罌粟的，一律翻犁灌水，整個鏟除；遇見罌粟和豆麥雜種的，光把罌粟拔去。都按月據實報告。一面由布政和按察兩使再派妥員周歷各村嚴密視察。對於違禁的人民，只是杖責枷號。不過無論貧富貴賤，一律清白處治，決不許寬假。也聽地方官自定相當辦法，例如：秦州直隸州知州譚繼洵（字敬甫，湖南瀏陽人）先禁冬種，後禁春種。又於每年二三月間，飭各州縣官帶着鄉總歷行查禁；對於鄉總，酌給口食。夏初結報，再派員踏勘；如發見查禁不力，便把鄉總斥革，州縣官懲處。同時另勸導植桑，以代罌粟。又例如：撫彝廳（今臨澤縣）邀集代表境內三十六渠的農者，吩咐他們，各就所管地段，督同鄉保先行周歷一次，傳達禁種罌粟的命令；到來春，再周歷查報，取具鄉保並花戶十家聯保結呈案。但文襄公督責雖嚴，情弊仍在所不免。像甘南有幾個縣，在人民下種以前，並不禁阻；卻在花苞結成之時，突派差役下鄉，勒令拔除，藉此要索，慾壑填滿之後，就放過不問。這樣利用政令做索詐的工具，當然換得文襄公不容情的處分。寧夏在馬化隆控制之下時，因為回教規律，嫉惡鴉片，居然沒有明目張膽的種罌粟。馬化隆勢力既被消滅，罌粟卻在寧夏到處日長炎炎了。在河東的田地，每畝可出煙土七八十兩；在河西的，也可出三四十兩。利之所在，竟敢違抗文襄公的命令。人民公然說：不許種罌粟，就沒有銀子繳錢糧。軍營暗中包庇。各地方官都表示："地方遼闊，民間栽種罌粟，久已相習成風，一時難以禁盡。"幾次派員查察，也以為"積重難返"，不得要領。最後文襄公把寧夏一府六屬，除了寧靈廳，分別革職、撤任、開缺另補、撤銷保案，一併查辦，中衛營協都司和一位副將也革職；栽種罌粟地畝，丈出充公，士紳依勢抗違，一律拿辦；寧夏將軍部下如有袒縱，也要清查。這是一個大處分，這是文襄公禁絕罌粟的決心。至於按畝攤派煙稅，罌粟既不准種，當然更沒有甚麼煙稅。

文襄公在西北的禁煙，着重在根本消滅煙土的來源。故於鏟除當地罌粟外，又要遏止煙運。文襄公公佈：川、滇等地土煙入境，一律焚毀。洋煙客販入境，一律勒令折回；如已卸貨，由官查封，歸客販自己看管，仍限期出境；如把煙土偷越腹地運銷，追出焚毀；厘卡對於過往貨物，查出夾帶煙土，也一律焚毀，不准抽厘放行。對於正在磋商中的中俄貿易條件，文襄公主張應把不准俄商販土入境一點，明文規定。至於當地售煙，在文襄公記載中，沒有見到禁止的說法。但上面所引的譚繼洵，在光緒五年（1879）已禁止秦州境內開設煙館了。

文襄公在西北禁煙的最後一步，是勸煙民戒除宿癮。文襄公把各種戒煙藥方，介紹給煙民，並鼓勵官紳士民捐資合藥，分贈煙民。救治人數較多，比照捐賑章程請獎。至於官吏，當然不容吸煙。如果吸煙，就有被文襄公裝上"嗜好甚深"和"頗有嗜好"等考語，參劾革職的資格。

到文襄公去任時，自己檢討禁煙成績：在甘肅境內，可說沒有煙苗；在陝西境內，深山僻壤沒有根絕；在新疆境內，南路要比北路乾淨。煙土來源既少，每百兩的市價，從六七十兩漲到三四百兩，後來又跌到三十多兩。文襄公查究他的理由，卻並不是為煙土來源的暢旺，正因煙民減少，煙商為防虧本，大家急着跌價脫手呢。

（己）惠民之政

下面講的是幾個小故事，也很可表現文襄公怎樣關心人民的享受。在如今說來，有像市政的設施。

同治十一年（1872），文襄公在陝甘總督衙門前面左旁，開鑿一個"飲和池。"水從衙後黃河引入，春冬用吸水龍，夏秋用水車。用兵工一萬九千餘，捐廉錢五百餘緡（按：一緡即一吊錢，約為一千文）。十二年（1873），又在衙門右旁——大約如今勵志社相近，開鑿一個"挹清池"，水從五泉山西南水磨溝，經西城門，通過渠道引入。文襄公開鑿這兩個池，作甚麼用呢？因為感覺蘭州人民飲水太污濁，所以公開給他們汲用。同時，還作消防準備。飲和池派弁一名、兵丁三名，挹清池派兵丁一名，分別負責管理，每年約共需薪工和清潔工具費六十五兩；吸水龍派機器匠兩名管理，每年約共需八個月薪工和煤炭費一千零七十多兩。用吸水龍引黃河水，是製造局委員賴長的創舉，前已表過。飲和池的開鑿，為文襄公得意之作。他仿柳州文體，做成一篇記，又用他古茂的小篆，寫成刻石。可惜後人不知愛護，建築電報局房屋時，竟把他夷為平地。為新建設，湮沒了一個先賢遺跡，是何等煞風景之事！然而煞風景之事，不止於此：為要電桿，還伐去了甘州祁連山幾百年菁華所在的一大片樹木。最奇怪的，連合抱的大樹，不適於做電桿木的也胡亂斫了下來。從此積雪不得掩蔭，春暖早融，便怕泛濫；夏時缺雨，又苦旱乾，苦煞了老百姓。飲和池後來由張廣建補鑿了一個，祁連山上伐去的樹，怕就沒有人補栽了。

平涼柳湖書院旁邊，有一個暖泉，古稱柳泉湖，東流過萬竹園，溉田數十頃。所以叫做暖泉的原因，就為冬日飲之不覺冰冷，味也甘美。文襄公駐軍平涼時，曾命葺治，供民汲用，並立碑題識。十年過去，文襄公奉召入京，路過平涼，訪尋舊跡，卻已給平慶涇固化道魏光燾用圍牆圈入書院中了，阻斷了人民的汲用。文襄公很不以為然，且道：

> 此泉向本用以灌地，旱時尤為急需。與其私之院中，為樂饑之用；曷若引之田畦，為救稼之用乎？（《書牘》二十四卷八十一頁）

立命另開牆門，恢復人民的汲用。這時，魏光燾已升任甘肅按察使，文襄公因又寫信給護理陝甘總督楊昌濬，囑其轉向魏光燾說明：這就是文襄公的意思，不要錯怪了後任。

文襄公第二次駐節肅州，於料理軍書之暇，捐廉二百兩，浚酒泉為湖。湖中留着三個沙洲做島。島上筑着亭子。又買魚苗一萬餘尾養湖內。環湖築堤，周圍三里，種着花、樹。堤外拓出肥田數百畝。光緒五年（1879）五月二十日，舉行落成紀念。事後，文襄公作書寄楊昌濬道：

> 酒泉湖堤亭子告成，蓋自天地開闢以來未有之勝概也。白波萬疊，洲島回環。沙鳥水禽，飛翔游泳。水邊亭子，上有層樓，下有扁舟。時聞笛聲，悠揚斷續。近城士女及遠近數十百里間父老幼稚，挈伴載酒，往來堤干，恣其遊覽，連日絡繹。慮其肆志遊冶，或致廢業也，飭有司出示：每年以三月三、四月八、五月五、六月六、七月七、八月中秋，任人遊覽，婦女不禁。（《書牘》二十二卷四十七頁）

又賦詩徵和刻石，“天教餘事作詩人”，後人也就呼做“左湖”，好比杭州的“蘇堤”和“白堤”。而肅州池塘向來不產魚，自從文襄公在酒泉養魚，至今還有小小鯽魚可吃。相傳文襄公聞人說外國有公園是甚麼一回事，便曾把總督衙門後花園開放兩個月。這個酒泉的設施，或許也含有這個意味。宣統元年（1909），毛慶蕃護理陝甘總督，又曾把後花園一度開放十天。而酒泉則當楊昌濬於光緒十五年（1889）重來做陝甘總督時，已淪落荒涼，因此重新修葺一番。

十一

經濟設施

（甲）開渠鑿井

“相其陰陽，觀其流泉。”這一首《豳風·公劉》之詩，證明吾中華民族早在西北發明灌溉制度。及司馬遷生逢黃河泛濫之災，隨了漢武帝親自背着柴草去塞決口，接着武帝吟成《瓠子之歌》，太史公也寫成一篇《河渠書》，於是又傳給吾們一些古代水利工程的史料。文襄公初到西安，就對華州知州說：

> 水利所以養民，先務之急，此為最切。（《批札》二卷二頁）

蓋和當時認為所以衛民的勸辦堡寨，相提並論。從此文襄公經營西北，對於農田水利，着實用過一番研究功夫。下面一段話，或許可代表文襄公的見解：

> 西北素缺雨澤蔭溉，禾稼蔬棉專賴渠水。地畝價值高下，在水分之多少。水足則地價貴，水絀則地價賤。治西北者，宜先水利，興水利者，宜先溝洫，不易之理。惟修溝洫，宜分次第，先幹而後支，先總而後散；然後條理秩如，事不勞而利易見。（《書牘》二十一卷九頁）

涇水在西北是常令人“傷腦筋”的一條河。鄭、白渠是引涇最早的兩條渠。同治四年（1865），幫辦文襄公陝甘軍務的劉典就鄭、白渠遺址，重修龍洞渠土渠一千八百丈，渠堰和石渠五十七丈二尺。利民渠是明成化末年引涇的一條渠，可以灌田三百餘頃。因為民間用這水運磨，所以又叫做頭道磨溝，也經文襄公於同治年間加以疏通，改名"因民"。但這些都是文襄公所不能認為滿足。文襄公駐節平涼有一年餘之久，常觀察這條河的形勢，研究他的歷史，派一位姓瞿的親到上游探檢。他要加以整理。他有他的理想：

> 築壩引涇，可復鄭、白之舊。然弟意頗欲於上源着手，為關隴創此永利，未審能否？平涼西北數十里，為涇水發源處，南數十里為汭水發源處，至涇州合流，水勢漸壯。若開渠灌田，可得腴壤數百萬頃。節節作閘蓄水，並可通小筏。吾鄉湘、資之水，均可於源頭通舟楫。醴陵淥水，小筏可至插嶺關下。平涼郭外涇流大可用，若浚導得宜，何以異乎？（《書牘》十一卷二十頁）

這還是同治九年（1870）的話。其時袁保恒發動在涇陽導涇，文襄公則想就在上源引渠。光緒三年（1877），西北大旱，文襄公想利用工賑辦法開涇，囑平慶涇固化道魏光燾去籌劃。而文襄公重申其理想：

> 涇水自鄭、白渠後，屢經修築，旋復就下。不得其利，反受其害。弟頗謂前人修渠，均慕鄭、白故跡，但擬治其委而置來源於不問。以涇流之悍激性成，自高趨下，

宜非人力所能施。蓋來源既長，收合眾流，水勢愈大，但於其委治之，斷難望其俯受約束。若從其發源之瓦亭、平涼、白水、涇州一帶，節節作壩蓄水，橫開溝洫，引水灌平疇，則平、涇、白水、涇州一帶原地，皆成沃壤，而涇之正流受水既少，自可因而用之。涇州以下，再能節節導引溉地，則聚之為患者，即足為利；而原田變為水地，涇陽南鄉可無澇災。(《書牘》十九卷四十三頁)

魏光燾對於治涇水上源，不以為然，蓋以為流深岸高，不能利用。文襄公則認從上源別源下手，多開溝洫，不患岸高。於是他老人家決定從涇源下手。魏光燾雖再修鄭、白渠——筑堰一丈三尺，浚治渠道二千六百丈，那已是光緒二十四年(1898) 的事了。

文襄公先曾聽見人家說起外國有開河機器，委託福建船政局探詢，一面要求派赴英法留學的學生順便研究這一種機器。可是一直沒有消息。這時，又教上海採辦轉運委員胡光墉去訪求。光墉在德國買到了一套，另外僱定了幾位德國技師。光緒六年 (1880) 秋，他們都到達了涇源工地，文襄公派平涼府知府廖溥明 (字曉東，四川富順人) 設局主持其事，先開一條長二百里的正渠。那年冬天，文襄公奉召入京，順便親往視察，指示新渠應再展寬，並應加開數渠，以資容納，上流寬緩，下游就可沒有急溜，實為兩利之道。據德國技師說：渠底多係堅石，人力施工困難，德國還有一種開石機器，如能辦到，工程更可迅速。文襄公很以為然，隨命胡光墉去添辦。不幸光緒七年（1881）四月，涇源暴漲，沖壞渠工。護理陝甘總督楊昌濬主張停工，以節勞費。文襄公不以為然。他說：

> 西北水性悍濁，不但涇川。平涼受患之烈，較他處為最甚者，由於幹流狹急，無支渠宣泄，以殺其勢。故遇漲發，則泛濫無涯涘，積潦難消，足以害稼。前議速開支渠，治其上源者，以此。何圖肇興工作，猝遇此災，致從前已成幹渠一併湮塞，益見支渠開浚之工之不可緩也。福克所說，大約謂涇源紛雜，治之勞而見利少，主利之贏縮而言；若從養民之義設想，則多開支渠，以資宣泄，實事之不可緩者。（《書牘》二十五卷十七頁）

似其時德人福克也有不主張續開的意思。惟其後依舊施工，原有冬間完成之說。當時用機器開河，在內地還是一個創舉。可是從此以後，吾們再也得不到甚麼消息。作者託友在平涼調查，只得下面一個簡略的答覆："左文襄公於光緒初年，曾在平涼開闢灌溉渠道，名為'皇渠'，起縣城西，繞城北，東注五十餘里。旋以水低，不能上田，遂寢。光緒末年，平涼知府善昌（滿州正藍旗人）復浚治，亦未竟。其遺址至今尚存。"是否即是曾用機器開闢的一渠，還無從斷定。光緒三十四年（1908），寧夏府知府趙惟熙（字芝珊，江西南豐人）擬招商承辦甘肅寧夏墾牧公司，在他小啟中有下面一段話："左文襄公督甘時，擬溝通黃、渭，曾購有開河機器一具，歲久零件多遺失，近已派洋工程師往察，增修缺損，以備應用。”（《甘肅官報》光緒戊申〔三十四年〕四月第六期十頁）文襄公似乎不曾有過溝通黃、渭的思想，怕是趙太守的誤記。這副開河機器，我疑心便是為開涇買來，可憐他飽歷了二十八年星霜，沒有英雄用武之地。

“天下黃河富寧夏”。寧夏的渠，又是致富之本。就歷史說，秦渠創於秦，漢伯和漢延兩渠創於漢；就系統說，幹渠二十多道，支渠一百四十多道；就效益說，灌田八十多萬畝，真是洋洋乎大觀。這時，經過十年的變亂，破壞很多，特別因為雙方都曾利用渠水灌決敵人。金積堡收復，文襄公就酌撥馬化隆繳出款項，整理各渠。寧夏的唐、清、漢三渠初次修理時，為得避險省工，不久就又出事。文襄公於不滿意之情緒下，答應再撥三千兩，把漢渠興修，但是須得秋收歸款。不足之數，他指示一個籌補的辦法：由灌田各戶計畝攤捐，不許有一戶抗違，破壞全局。所收捐款數目，仍公開榜示，以昭大信。惜這次重修，不久又發現埂 —— 西夏人稱堤壩 —— 岸傾圮滲漏，重勞文襄公嚴令加固。光緒元年（1875），文襄公撥銀一萬兩，興辦寧夏墾務，又以半數整治境內渠道。

河州既平定，文襄公命王德榜一軍駐狄道和安定一帶，墾田自給。王德榜就是在以前提過炸去洮河九巔峽，以便向岷州運糧的，現在他又想引抹邦河水來灌田。抹邦河在狄道嵐關坪之上，坪下就是洮河。這一個山頭，高三十五六丈；這一個山坡，長四百二十丈。王德榜便擬把這一段四百二十丈的山坡，挖低二十五丈，開成明渠。他估計要人工五六十萬，每天抽調一半的勇丁二千五百名來工作，大概六七個月後完成，可灌田數十萬垧——每垧二畝半。文襄公做事，向來不怕艱巨，可是王德榜這一個艱巨的計劃，卻把文襄公呆住了。經王德榜再四請求，最後方得到文襄公的允許和援助。完工以後，文襄公派鞏昌府知府前往驗收。王德榜在《龍王廟碑文》中自記道：

斯渠也，始造於同治十二年六月既望之翌日，以同治十三年五月晦日訖功。其長七十里，廣丈有六尺。堤高三丈五尺，寬二十丈餘，橫亙兩崖。糜金錢四百萬有奇，火硝磺二千六百石。

大體已明。以下再引那位知府呈覆文襄公的原文，詳細描寫這一個偉大的渠工：

知府於七月初四日起程，初六日抵狄道州城。次日，會同王藩司德榜、狄道州知州喻光容（字仙橋，湖南寧鄉人）等攜帶丈尺，馳往距狄道城南三十里嵐關坪地方，從迤東之陳家嘴行水舊道勘起。勘得此股渠水，舊由陳家嘴分出之嵐關坪山腰穿洞入渠。據該處民人稱：道光年間，山洞崩塞，是以水不歸渠。此次王藩司於抹邦河上流，築壩一道，阻住來水；另開新渠，引水灌溉田畝。壩高三丈有奇，寬二十丈，俾河水鼓起入渠。引至嵐關坪山腳，復鑿平山石，高七丈有奇，長四百餘丈，中開石渠一道，面寬三丈，深八九尺不等。水由石渠繞入土渠。並於狄城南川一帶，開挖支渠十一道；川北一帶，開挖支渠七道。所有南北兩川民田，均可以資溉灌。其渠口之西，設有板閘一道。需水多少，則按閘板啟放。壩右石山，又開便河一道，東西長三十八丈，深一丈八尺，寬約十餘丈，以備水旺時分泄水勢，免致傷堤。壩之南，便河之北，就石坪上立廟一座，橫聯三楹。其沿山一帶之土溝，鹼水下注，均筑橋漕，架水過渠，由田間另闢水路，將鹼水泄入洮河，不致有傷禾稼。洵為籌畫盡善，辦理得法。查由水入渠口，西行抵嵐關坪高坎，計長七里；自高坎迤北至狄道州城，三十里；過州城迤北搭視渡，過東峪溝，以及八里、十里、十五里，直達清水渠。計自壩口至清水渠，統長六十餘里，始由清水渠泄入洮河。卑府周視嵐關山腳渠道及新開便河，均係石山開鑿，地雷轟成，委非民工民力所能舉辦。且時值雨後，水勢頗旺，渠內源源灌注，亦無泛濫之勢。(《甘寧青史略正編》二十四卷五頁)

從此，王德榜成為一位開河專家，在督帶恪靖定邊軍出征越南以前，還幫助文襄公在北京做成了永定河上源一千數百丈的石壩；開成了六合境內滁河下游二十多里的別枝，鏟除其中最艱阻的二十丈的石脊；整治句容赤山湖到南京秦淮河間又是一個二十多里的水道。

西寧在漢為湟中地。趙充國在這裏屯田，便引湟水或黃河水。河渠之利，早啟其端。宋王安石經營熙（今臨洮縣）、河（今臨夏縣），有知湟州的何灌既修復漢唐廢渠，更引邈川水為廣利渠，灌開達原間田，成沃壤。同治十一年（1872）冬，文襄公知西寧自經事變，水利失修，因命各廳縣詳細調查境內荒廢渠道，準備夫料，以待來年實施春工興修。現在可考的：一為修復府城西陰山崩裂時壓壞的渠道約一里許；二為創修碾伯棲鸞堡一帶溝渠二十餘里。至於小硤外曹家堡一帶，兵燹而後，煙戶蕭條，渠道雖廢，就沒有人力修復。

同治十二年（1873）八月，文襄公赴肅州督師，踏上河西走廊之門了。他在路上見到下面一個鏡頭：

> 自坌口、武勝、鎮羌抵烏梢嶺，（嶺）南水流經河口入大河，嶺北之水會雪山水流經鎮番入大河，計程七八百里，兩水分流，漫佈田野（地形竟可成井田），大似江南風景。惜亂後荒蕪，村堡頹廢，杳無人跡，負此樂歲腴區，良堪歎息。（《書牘》十三卷三十一頁）

原來兵燹以後，涼州、甘州和肅州三屬人民死亡既多，川原之地耕種不過十之三四，旱地更沒有人過問。玉門和安西一帶，孑遺之民力能自耕的，不過十之一二。敦煌人民存者不過十之三四，地畝荒廢大半。河西自漢武帝逐出匈奴，建立武威、張掖、酒泉和敦煌四郡，設渠卒開溝洫，屯卒興耕墾，早為吾中華民族進一步經營西域的要道。吾們就看《河渠書》，還可想到當初“引河及川谷以溉田”的規模。文襄公現在用兵關外，要收回新疆，當然也不得不把握住這一條河西走廊。他第一步，使老百姓安定下來，儘最窮荒的安西、敦煌和玉門三州縣，先發給賑銀二萬兩，寒衣一萬套，使他們不要再流亡。同時，撥款興辦兵民屯田，以為供給軍食地步。這樣，對於境內渠道，也多有修治。張掖開渠七道，又修復馬子渠五十六里，灌田六千八百畝。肅州就臨水河治七大壩，並以均差徭。撫彝廳報開挖渠道，支銀一千七百七十五兩有零。這就是一些例子。

至其他各地防營所做灌溉工程，則有河州三甲集的新挖水渠四十餘里，祈家集的興修水渠一道，狄道州的疏浚舊渠兩道。地方官從事灌溉工程的，則有如固原和海城，文襄公都曾稱許他們切實；而文襄公最賞識的吏材陶模，在秦州直隸州知州任內，就渠北引渭河水，創開陳家渠、毛緱家渠、張楊家渠、河邊渠，連同乾隆朝所開石渠，共為五渠，灌田數千畝，更是一個顯著的政績。

前面已經表過，光緒三年，西北有一次大旱，從這大旱，產生一個鑿井運動。原來西北雨澤稀少，積水如積穀，鑿井就是積水防旱的一法。陝西平原較多，鑿井歷史也較久遠。甚麼叫做水車井，一眼可灌二十餘畝；甚麼叫做轆轤井，一眼可灌五畝；甚麼叫做豁泉井，一眼可灌二十畝；又甚麼叫做秤桿井，一眼可灌六畝，前人也早有切實的估計。乾隆朝崔紀和陳宏謀為陝西巡撫，都曾廣勸鑿井。這時文襄公寫信給陝西巡撫譚鍾麟道：

> 民間開井，雖可以工代賑，不必另為籌給。然愚民無知，無樂事赴工之意。則宜察酌情形，於賑糧之外，議加給銀錢。每井一眼，給銀一兩或錢一千數百文，驗其深淺大小以增減之。俾精壯之農得沾實惠，而目前之救奇荒，異時之永水利，均在於此。計開數萬井，所費不過數萬金。如經費難敷，弟當力任之。（《書牘》十九卷四十頁）

又寫信給幫辦甘肅新疆軍務的劉典道：

> 甘肅各州縣，除濱河及高原各地方，向有河流泉水，足資灌潤外，惟現在辦賑之慶陽、寧州、正寧等處川地較多，尤宜鑿井。勸有力之家，一律捐資開井，計富者出資，貧者出力，兩得其益。（《書牘》十九卷四十二頁）

這算是當日陝甘兩省鑿井的大綱。這一個運動成果怎樣，鮮可稽考。甘肅方面，只在當時一位做過撫彝廳通判的文牘稿本中，發見一些報告材料。他先提供一個撫彝地方水利系統，然後大略說道：

> 南鄉路近嚮山，地勢高亢，土脈堅厚，其較平之處，或一二丈或三四丈，始可得水，工力維艱，費用較巨。但水由山出，偶爾缺雨，便形乾旱。請俟春融之時，於平川之處，試為開鑿。東南至北鄉一帶，均藉黑河，水源充溢，向不缺乏。民間只有汲飲之井，似勿煩再議開鑿，以順輿情。東二十里鋪地勢低下，土脈滋潤，開鑿尚易為力。但地曠民少，其泉水亦足資灌溉；請俟春融，亦試行開鑿，如果水盈費省，更可防天道雨澤之缺。

概括說來，在甘肅，鑿井一事，有些地方不可能，有些地方不需要。撫彝廳的情形這樣，旁的州縣該也相仿。至於陝西呢？《續陝西通志稿》卷六十一《井利》篇略謂：陝西鑿井，在康熙、乾隆間，確曾大興。惟自嘉慶、同治、光緒以來，開井闕如。

> 蓋以地無餘利，而風氣既開，民自為謀，無待上焉者之督催。或地中多砂石，井工過巨，貧民不能辦而利未行。如光緒丁丑、戊寅間，歲奇荒，大荔知縣周銘旂（字懋臣，山東即墨人）導民鑿井，津貼工資，開新井三千有奇。然水淺土鬆，旋開旋淤。非磚石砌成，不能經久；非殷實有力之家，未易舉辦也。

光緒丁丑，即光緒三年，周銘旂之設施，自為響應文襄公之鑿井運動。這樣，這一個運動或許沒有能推行盡利。

林則徐謫戍伊犁時，曾興修伊拉克（坎井）和各城水利，後由伊犁將軍布彥泰奏准加賦二十萬兩，收穫豐盈，可以想見。當初幫助則徐做這一件工作的，正是文襄公的老友黃冕。這一段故事，林則徐曾和文襄公談到，以後常在文襄公腦海中盤旋。同治十三年（1874），文襄公籌劃進兵新疆，於是他自己就做了林則徐而教張曜做了黃冕。張曜的嵩武軍進駐哈密，從事屯墾，發現一個引山水的石城子渠，還是從前道光朝楊遇春西征所經營，雖已破壞，加以整理，還可利用。只為地係砂質，水多走失，當初曾用氈條十萬條鋪底，防止滲漏。張曜報告於文襄公，因知軍費艱難，希望只備六萬條供用。文襄公卻大為高興，為免得日後短缺起見，決定備足十萬條。其時關內兵事初定，做這種氈條的工業，還沒有恢復，則用政治力量，從寧夏、河州和西寧等地普遍搜購，節節搬運出關。張曜得了這個巨大的助力，便墾熟田二萬畝。林則徐前用坎井，文襄公今用氈條，恰是先後媲美。可惜用氈條鋪渠底，費用太貴，難乎為繼，聽說這石城子渠後來又繼楊遇春前功而廢墜了。石城子渠東，更有榆樹溝一渠，同時經張曜修浚，灌新莊子地五千畝。石城子渠西，還有五道溝一處，則雖也由張曜倡修，終因漏水太大而停頓。

自張曜在哈密興修石城子渠成功以後，大軍收復南北兩路，同樣在文襄公鼓勵之下，分別採用：(一) 防營獨力；(二) 兵民合力；(三) 官方貸款，人民自力等三種方式，興修或挖掘各地渠井。現在把可能查得的，開下一張清單：

地點	興修水利設施	概況
哈密	興修渠兩道	一道在天山下黑溪坂地方，引水至黃蘿崗東北之大泉
		又一道在天山下拔木登地方引水，經大泉，至黃蘿崗東北小楊下，長六十餘里，寬七八丈，深十丈餘
巴里坤	興修大泉東渠一道	在城東南三十五里，由導源南山雪水之東溝渠分枝，長二十里
古城子	興修官民各渠	
烏魯木齊	興修永豐、太平、工興等渠	永豐東渠在城西南九十里，導源城南大西溝之西三道口，長三十里。枝渠二：永豐中渠長三十里，永豐西渠長六十里
		太平渠在城南六十里，導源大西溝之西二道口，長八十里。枝渠二：太平二渠長五十里，太平三渠長三十里。按大西溝水泉饒沃，煙戶繁盛
	開闢大地窩堡、小地窩堡與九家灣支渠三道	都從導源烏拉擺水之西河口渠分枝，共長二十餘里
瑪納斯	興修大順渠一道	
吐魯番	興修官民各渠，挖掘坎井一百八十五處	
喀喇沙爾	興修官渠十道	
	開闢上戶新開渠一道	在城西一百八十里，導源哈蟒溝河，長三十里
庫車	興修阿柯寺塘、塞巴里柯兩渠，橫貫戈壁六十里	阿柯寺塘渠在城南六十五里，從導源渭幹河之新托依堡渠分枝，長十里
庫爾勒	興修官渠民渠各一道	
庫爾楚	興修河道四十里歸渠	庫爾楚一名查爾庫，係準噶爾語：忌諱之詞。地多古墓，過者多病

至南路西四城水利，向靠蔥嶺北河 —— 喀什噶爾河和蔥嶺南河 —— 葉爾羌河。時局混亂十年的結果，這時恰逢泛濫為災，南河西岸，從阿克薩克台 —— 葉爾羌第五台，到愛吉特虎台（回語謂："有鬼魅迷人"）—— 葉爾羌頭台、瑪喇羌爾巴什台，到北河南岸，都成澤國；則分別堵筑挑浚，使河復故道，又一面修復沿河各渠，一面添開支渠。北河龍口橋上游決口，直往玉帶里克各台；則先開支河以殺水勢，更分浚渠道（按劉錦棠以巴爾楚克地當要衝，欲安戶屯墾，苦乏水源，而玉帶里克地居上游，水常有餘，於是限制玉帶里克屯民不得超過四十戶，而就紅波戈子莊導源大海，開鑿大連、小連、蕚拉合齊和老南四渠，共長一百六十里，灌瑪喇爾巴什和巴爾楚克一帶之田）。龍口橋以上，英阿瓦提（回語謂："欣幸"）、牌素巴特（今伽師縣）各渠並依次修浚。（牌素巴特渠在喀什噶爾城東南九十里，導源烏蘭烏蘇河，長一百二十里；枝渠為格密桑，長五里。英阿瓦提渠在牌素巴特莊西六十里，導源推滿河，長八十里；枝渠二：咯拉東渠長五里，小英阿瓦提渠長六十里。）於是水利大興，而墾事亦盛。

（乙）振興農牧蠶桑

中國農業有兩種古法：一種是把田劃做數區，種一區，空一區，這制度相傳是商朝伊尹所發明，所以防旱乾，叫做"區田"。又一種是把田分做幾行，今年種這行，明年種那行，這制度是漢朝趙過所發明，所以省地力，叫做“代田”，當時就曾在甘肅河西的居延地方實行過。文襄公在早年，對於這兩種古農法，都曾有過一番深切的研究；且曾在本鄉親種區田，以為試驗。他很想寫成一本書，現在卻只留下一篇《廣區田制圖說序》，發抒他實際的認識。陝西北山平定，文襄公招致難民墾田，便把區田和代田方法，教給他們。其實陝儒王心敬對於區田，也早經倡導，著有《區田書》一種。經過了前面所說光緒三年的旱災，文襄公又出示指導人民興辦。陝西巡撫譚鍾麟也把這書翻印分佈，勸民仿效。王心敬《區田書》上的區田法，是這樣說的：

按農政書，湯有七年之旱。伊尹作為區田，教民糞種，負水澆稼。諸山陵傾坂，及田邱、城上，皆務為之。以是支六年之旱而民少流殍。凡少地之家所宜遵用。至旱荒之時，水泉闕少之鄉，尤宜留意也。其法大約謂一畝之地，闊一十五步，每步五尺，計七十五尺；每一行佔地一尺五寸；計分五十行，長闊相間，通二千七百區。空一行，種一行；隔一區，種一區。除隔空外，可種六百七十五區。每區深一尺，用熟糞一升，與區土相和，佈穀勻覆，以手按實，令土種相着。苗出，看稀稠斷留。鋤不厭煩，旱則澆灌。結子時，鋤區上土，深壅其根，以防大風搖撼。依此法者，倘不為蝗傷，每區收穀一斗，每畝可收六十石。余竊謂其法真貧家濟荒之勝策。但如隔區間種，不但中道難行，亦且耘鋤水灌，皆費周折。不如視地闊狹，於中劃路，以一尺五寸通畛為度；而劃種禾之溝，亦以通畛一尺五寸為度。區規深則一尺，用熟糞一升，照數均入，以手按實，視其可灌，則按時渥灌，之為工省而法捷也。至若一區能收穀一斗，一畝能收六十石及三十石之説，則亦恐不然。昔余當庚子、辛丑（按是康熙五十九年及六十年）大旱時，亦曾力務為此。雖人事未至精到，要之工力頗勤，亦只可畝五六石而止。彼畝收六十石、三十石之説，或古人誘人力務區種之旨乎？然如大旱之歲，鄰田赤地千里，而區田一畝獨有六七石之穫。果若數口之家，能殫力務成二三畝區田，便可得全八口之家父母妻子之命，其收效不亦宏且厚耶！

文襄公則以為這是變通區田而兼用代田之意，應叫做“區種”。其要點便在：

汲井水入總溝，如南中所謂包田甽；由總溝分入各小溝，即種禾之溝，以免負水澆種之繁。（《書牘》十九卷六十四頁）

不過

開井、區種兩法，本是一事。非鑿井，何從得水；非區種，何能省水。但言開井，不言區種，仍是無益。（《書牘》十九卷四十頁）

於是而同時發生鑿井運動，已在上面提到。只是文襄公又曾以為西北地廣人稀，推行區田，並非十分必要。老百姓對於區田方法也不很懂得，墨守成規的習慣更不易改革。近時倡導的精種增產，就是這古農法的蛻化。

同治六年（1867），伊犁交涉吃緊；文襄公於四月出關，馳赴哈密，準備用武力收回伊犁。然而文襄公在一路所觀感到的，你道是甚麼呢？

> 戈壁之水草，不能度地以居民，固也。然憑軾觀之，亦有不得於心者：沙石間雜，中含潤氣，雖無湧見之泉源，雨露之滋潤，其足蔭嘉穀，一也。蘭州北山秦王川，昔稱五穀不生者，近則產量最多，省會民食取給於此。老沙、新沙、翻沙，時形爭訟，其明徵也。惠回堡迤西而北，沙磧尚雜石片。安西前後沙灘，則石子相間，並少塊片。疑可仿秦王川法，用種嘉禾。就中大小沙堆，遍生野草，間有蘆葦叢雜。既產草，則必宜禾，奚僅宜畜牧，不宜耕墾乎？至沙灘戈壁，雖乏樹木，然近水各處，亦見榆柳，疑下濕之地，皆可種植，奚僅宜榆柳，不宜蔬果乎？凡此皆旬日往來胸中，未能少釋者。擬先以畜牧導民，而令其漸謀耕穫。庶幾因其所利，加以相勸，漸合古昔實邊之政而無其擾也。（《書牘》二十四卷三十二頁）

原來他還在思索怎樣利用地力，怎樣充實邊疆哩。說到老砂、新砂，這又是甘肅的一種農法。用沙——井沙、河沙、窪沙或溝沙——鋪在鹼地，所以解消鹼性；同時保持土層濕潤，增高地底溫度。鋪砂以後的前二十年，叫做新砂地；中二十年叫做半刃砂地或中年砂地；末二十年叫做老砂地，則要換鋪新砂了。魏寶珪撰《甘肅之鹼地鋪砂》一文，對於這問題討論很詳，如今抄一段在下面：

> 砂田之發明，距今不過百餘年。當甘肅大旱之年，赤地千里，野無綠色，時適有田鼠竊麥儲糧，遺留麥種於地上，往來行走，帶覆砂石。至次年，則見發苗蓬勃，結實繁盛。農夫驚異而仿效之，卒收意外之效果。至清同治時，回亂蔓延黃河一帶，又遭天災，人亡地荒，滿目瘡痍。左公宗棠平定西北，乃安撫流亡，貸出協餉庫銀，令民旱地鋪砂，改良土地。由是各地流行，成為甘肅特有之砂田。盛行於皋蘭、景泰、永靖、永登、洮砂、靖遠等縣。利用荒灘僻壤，鋪砂耕種，化不毛之地成為良田。民國相革，砂地衰老，且又天災人禍，政繁賦重，貧農逃遷死亡，人口大為減少。至今皋、景交界，百里無人煙。當地農民憬憧當年左公之豐功，常有殷丘故墟之歎。（《中農月刊》四卷二期）

這一個故事，儘夠人們興奮和感慨吧！

文襄公初到隴東，看到民間種的莊稼，只有大小麥、黃白粟、糜子、油麻和包穀等幾種。就是終歲勤勞，儌倖一年能得兩熟，也是穗短苗單，顆粒細小，可憐得很。問收穫多少呢？一畝之地，不過一百多斤。除去自食，出糶易錢，價值又賤，所得也很有限了。一切人生日常費用，哪裏來呢？文襄公在這種悲憫情懷之下，他想到南方農家多種稻穀，利益似乎比較好。他就存着一個勸導大家種稻的念頭。他在平涼，先教勇丁試種。這一次試種的是晚稻。起初很是秀發，到期竟沒有成熟。他認做土性不宜，只好放棄這個企圖。後來有一位平涼知縣王啟春的，也試種稻穀，每畝竟收得四五百斤。於是文襄公勸導民間大家仿種。他認為只要平川足水之地，應無不宜。只是種子要選六七十天便能成熟的，原因為西北天氣早寒，如成熟期較長，結實怕就不能飽綻。

文襄公鼓勵西北民間種棉花，其用意，一在代替罌粟，一在供給衣料，以前已經提到。文襄公認為只要向陽肥暖之地，培種得法，必能獲利。於是他又編印《棉書》和《種棉十要》，普遍介紹。作者見到《棉書》一種，內容包括：選種、佈種、分苗、灌耘、採實、揀曬、收子、軋核、彈花、擦花、紡線、挽經、佈漿、上機、打油等十五項目。對於選種說："棉質最重者曰青核，核色青，細於他種；曰黑核，核細，純黑色。今所種者，宜擇此二種為上。"對於灌耘說："凡種棉者，必先鑿井，一井可灌四十畝。"同治十二年（1873），文襄公赴肅州，路過山丹、撫彝、東樂各處，見到田間已有種棉的，白花累累，恰值成熟。他停車和父老談話，都認為利益不下種罌粟，很為高興。而寧州和正寧兩處，經地方官勸教兼施，民間對於種棉一事，也着實踴躍，由文襄公奏准獎勵。甘肅棉花，向從川陝轉販，每淨花一斤，价大錢七八百文，後市價跌到每斤四百文內外，文襄公以為也是各地棉產漸增的一證。不過甘肅老百姓對於紡紗織布，還不在行。光緒四年（1878），文襄公在皋蘭縣學署設立織紡局，給民間婦女傳習。可是歷時年餘，即便裁撤，卻不知為甚原因。便是這一個組織當初是怎樣辦法，至今也不能道其詳。文襄公說：

> 絲縷布匹，甘省素未講求，全恃商販。又不能有南方舟楫，可資重載，以故價值昂貴異常。民間耕作所入不多，本地銀錢向本缺乏，遂不得不忍受風寒。每至隆冬，念吾民短布單衣，而為上者方輕裘重茵，實為憫惻。（《咨札》二十五頁）

"自愧居處崇，未睹斯民康"，吾們只好在這一種情緒中，追尋文襄公的願望。

說到畜牧，文襄公致力較少。光緒二年（1876），他在省城撥六千八百二十八兩八錢，借給皋蘭貧民買羊孳牧，三年歸本。可惜這是一個失敗的嘗試。貧民領到羊本，不一定都去買種羊。因為飢寒交迫，移供了生活所需要。於是直到光緒三十二年（1906），羊本還沒有收清，終於豁免了案。河西原是遊牧之區，所以匈奴歌詞說："失我祁連山，使我六畜無蕃息。"文襄公從地方官報告中，知道戰前士民還多以牧羊為業，變亂以後，才逐漸銷歇。然山中猶有種羊可買，至今綿羊孳息很多，不止過去一歲一羔的說法。於是文襄公覺得畜牧也該講究。就在上面所說第二次出關時，文襄公見到安西民生憔悴，因撥二千兩，以一半給安西協分發兵丁，以一半給安西州貧民，各自買羊孳牧。當時甘涼道鐵珊散佈羊種，孳息很繁，也為文襄公所稱道。至於新疆，本是畜牧多於耕墾。清政府在巴里坤，設立孳生牧廠。文襄公也指示鎮迪道：揀水草便宜處所，查明戶口，散發羊種，責成鄉保連環結保，把所領成本分三年攤還，不取息耗。羅布淖爾環境之內，本為廣大的牧場，文襄公也鼓勵善後局委員多發羊種，以便繁殖。文襄公承認西北之利畜牧為大，而致富長民，應因其所利。

文襄公為要解決甘肅人民衣的問題，也曾鼓勵蠶桑之業。他以為桑樹最易長成，村堡、溝坑、牆頭、屋角，一隙之地，都可種植。養蠶是婦女所能做，更不妨礙農作。文襄公又仿照陳宏謀在陝西巡撫任前規，倡導飼養山蠶。他把槲樹、橡樹、青杠樹、柞樹和椿樹等五種可以飼養山蠶之樹的形態，公佈於民眾，教他們各在自己環境內找尋，如見到這種樹，便可實行飼養。文襄公以為這都是天地自然之利，只要人民去拾取。可是大家以為風土不宜，應者寥寥。文襄公則歸咎於：

> 民情窳惰，無可如何。不然，向陽之地，未嘗不可植桑。便是育蠶天氣，也可移到大眠節候。何至坐失美利，甘為凍鬼！（《書牘》十三卷五頁）

他有些氣憤了。但是文襄公承認蠶桑之利在五年之後，一般人民眼光短淺，無妨從緩，於是才一意倡導種棉織布。

及至新疆收復，文襄公在那邊大規模地興辦蠶桑之業了。他的動機有兩點：新疆桑樹很多，通常卻只把葚子當糧食吃或釀酒。相傳每逢葚子熟時，纏回相率仰卧桑下，靜待葚子落入口內，以求一飽。雖也養蠶繅絲，可是沒有發達。這是一點。俄國和旁的鄰國都需要絲，他們在新疆不夠收買，不怕老遠地向四川去販。這又是一點。文襄公就想推廣新疆蠶絲，和俄國人做交易。文襄公又調查全境桑樹有八十萬六千株之多，覺得這件事大可做得。他先從湖州覓僱熟諳蠶桑工人六十名，帶着蠶具，後又在湖州覓僱蠶織工匠兩名，帶着蠶種三百九十四張，到新疆教人民栽桑、接枝、壓條、種葚、浴蠶、飼蠶、煮繭、繅絲、織造等諸般技術。從哈密、吐魯番、庫車，到阿克蘇，都就地設局傳授。為甚先南路而後北路呢？一因南疆桑樹多，易於利用；二因纏民做工認真，易於收效。經過兩年的努力，驗看新絲，色潔質韌，不減川產。織成綢緞，也可差比浙品。有些人以為新疆桑葉品質不很宜蠶，當日給文襄公看的，還是湖州帶來，這可說君子可欺以其方了。不過文襄公也曾不怕幾千里路的勞費，兩次從湖州運桑秧到新疆栽種移接。還記得第一批桑秧到時，文襄公尚留肅州，在安西州和敦煌，正同樣設局教民蠶事。於是他自己在清明日，就肅州栽了幾百株桑秧。一面教幫辦甘肅新疆善後的楊昌濬在蘭州蓮花池——小西湖側種桑千餘株，東校場、河壖和總督衙門後園隙地，也照樣栽植。希望“十年之後，可衣被隴中”。他很高興地說道：

移浙之桑，種於西域，亦開闢奇跡。古今美利，非書愚，孰與圖成者！（《書牘》二十四卷十七頁）

那時有一位荊紫關轉運分局委員瞿良份（字敬庵，甘肅寧朔人）的，大概也是書愚，擅自截留了一批桑秧，分致各州縣種起來。文襄公又憎又喜：憎者憎其自作主張，喜者喜其與有同情，於是予以薄懲而仍稱許其為好人哩。

（丙）創辦機器織呢

光緒三年（1877）寒冬的一天，上面我所說的"機械化的總兵"、甘肅製造局委員賴長，用他自己造的機器，把本省所產的羊毛織成一段絨，送給文襄公看。文襄公知道當地本有一種褐子，文襄公也知道外國輸入的有各種洋絨，這時在他辨別之下，覺得賴長所織的這一段絨，竟和洋絨差不離，質薄而細，可耐穿着；而比上褐子，又更美觀。他一邊極口讚美，一邊一心推廣織造。賴長卻說：這機器是他"杜撰"的，不敢自信得用。聽說外國有的是這種機器，倘能買得幾架，即省工力，吾們就可興辦起來了。文襄公立刻答應，把賴長畫的圖樣，寄給胡光墉看，要他去訪求這種織呢機器。後來就決定向德國定購了全套小型的毛織機器，包括每架三百六十錠紡機三架、織機二十架、洗毛機三架，其餘和毛、烘毛、刮毛、修毛、染色和磨光等機，又配上二十四匹和三十匹蒸汽發動機各一架。並僱德國技師來安裝和傳習技能。這樣，中國第一所毛織工廠的甘肅織呢總局算是胚胎了。這時，李鴻章在上海創辦機器紡紗織布廠，比較年代，文襄公還先着一鞭。所以吾們不妨認甘肅織呢總局是中國第一所機製國貨工廠。

光緒五年（1879）春，機器開始運到蘭州，這是一個艱難而偉大的工作。這些機器太大，又太重了。當時內地的交通工具，委實沒有資格負得起這個運輸的責任。但是既已老遠的從德國運到漢口，就得接運進來。可以拆散的，當然零星運。不得拆散的，只好整個運。平常的木船裝不下，定做可以裝得下的。大小機器共有四千箱之多。船到老河口上岸後，利用千百人力、獸力和大車，抬的抬，馱的馱，裝載的裝載。大車不能容，加以改造；村落不能過，只得拆讓。通過山中峽道，兩面碰壁時，等候鑿去一層石壁再走。於是從第一批到蘭州，和末一批到蘭州，足足相隔了一年的時間。啊！吾們如今閉目設想當日一路車馱絡繹，邪許成雷，汗漿如雨，將是怎樣一個驚天動地的奇跡啊！說到這裏，不禁令人想到貴陽永豐紙廠和貴陽電燈廠的故事：

> 遵義茅台成義酒莊的老主人華延儀先生，於釀酒起家之後，兼致力於貴州的文化事業。他想解決印刷用紙的問題，經幾許籌劃，於民國七年購得日本加藤式六烘缸、每日產紙五十令的造紙機一套。沿途換了幾許船隻，經上海、漢口、洞庭湖、沅陵、辰溪、芷江。入貴州省界，運輸的困難就開始更加增了。於是屢換小船，逢灘上

岸，勉強逆溯潕水而至鎮遠。由鎮遠改取旱道，因為烘缸太大，不能折開，只好僱用百餘個挑夫，把它整個抬走。崎嶇的山路尚難不倒華先生，及至抬到貴定、龍里，兩處的窄小城門及曲折的窄小街道時，那可真把他老人家愣住了。他只好商量把礙路的房屋折出，讓烘缸通過，再替人家修整房屋。如此一路抬入貴陽城，竟把貴州造紙業界唯一的機製紙廠建立起來。當周西成任貴州省主席兼第二十五軍長時，他曾有志建設。他的成績的表現，除卻闢路、造林之外，另在他的家鄉桐梓及他的主治地貴陽，各辦電燈廠一所。貴陽電燈廠的發電能力，雖僅有一百二十五千瓦，但卻已大費經營。發電機沿江換船，入到貴州省界，周軍長即派軍隊一師，去用人力把他抬進來。(《民營廠礦內遷紀略》六十二頁)

一在六十年前的西北，一在二十年前的西南，真是"天下事無獨有偶"，我們可以稱為"愚公移山式的建設"。

這一個甘肅織呢總局，文襄公就派賴長去主辦。廠址看定蘭州通遠門外前路後營基址，便是如今所說暢家巷地方。特地蓋起幾座房屋，分成中廠、東廠和西廠三部分。德國總管是李德和滿德，另有德國技工五人，由一個領班管理着。約定任期，把整套技術傳給中國學徒。這是用文襄公創辦福建船政局，以法國人傳授造船駕駛的成例。這些學徒，文襄公命在陝甘勇丁中挑選資質靈敏的充當。所以用勇，大概為易於管理起見。

今日學徒，皆異時師匠之選。將來一人傳十，十人傳百，由關內而及新疆。以中華所產羊毛，就中華織成呢片，普銷內地，甘人自享其利，而衣褐遠被各省，不僅如上海黃婆以卉服傳之中土為足稱也。（《批札》七卷二十四頁）

這是文襄公所表示深切的希望。局中附有機器局一所。

光緒六年（1880）九月，織呢總局開工。其時只開一半織機，便是十架。每天成品八匹，每匹長五十尺，闊五尺。據說機器開足，技術純熟，每年可成六千匹。那年冬文襄公應召入京，便把局中新出品帶到北京給政府中人看。他們看得很滿意，文襄公也很高興。光緒七年（1881）夏天，他還寫信給護理陝甘總督楊昌濬說：

織呢局現有成效可觀否？十年業履，至今猶魂夢難忘。（《書牘》二十五卷一十五頁）

甘肅織呢總局的投資，是機器連進口關稅，湘平銀（按：晚清時期湖南地區流通的紋銀鑄造標準，後為左宗棠帶入西北地區使用。每兩約合庫平八錢一分一厘七毫，合市制九錢六分八厘九毫）十一萬八千零三十二兩；運費從德國到蘭州，湘平銀七萬二千九百七十五兩有零；建造廠屋，購置生財和開辦時期華洋員工薪資，湘平銀十一萬零三百零五兩有零，統共湘平銀三十萬一千三百十二兩。不過機器項下包括上面所說的開河機器在內，現在卻沒法分析了。

像這樣一件中國破天荒的新事業，中國人自己似乎不大感覺興趣。至今要找詳細的紀錄，竟是渺不可得。可是英國人卻大大注意。機器才到，早在上海英文報紙 *Celestial Empires* 已披露了一個消息。織呢總局落成以後，又有人到蘭州參觀，也把報告刊載在上海《字林西報》上。他們的看法：(一) 甘肅的羊毛品質不夠織造上等呢絨。(二) 羊毛中摻雜太多，揀洗太費工力。(三) 局中水井，質既不好，量又不夠，影響漂染。(四) 成品太貴，出品不能運銷遠地，也不能和外國呢絨競爭。他們又說到這個建設工作太慢，局中華洋員司有摩擦。這當然要引起德國技師的聲辯，於是打了一場筆墨官司。大概英國人對於德國人經營這一件事業，醋意很濃。不過他說的四點，怕是事實。最後他斷定：這新企業一年以後就要夭折，竟不幸而言中了。

光緒九年 (1883)，成立才有三年的甘肅織呢總局遽爾停辦。其原因一說為鍋爐炸壞，沒法修理，也無力換新；一說俄國輸入毛織品還便宜，局中出品無銷路，賠本不能維持。其機器廠部分改為洋炮局。二十八年 (1902)，東廠設立甘肅高等學堂，遞嬗而為今之省立蘭州中學。三十二年 (1906)，西廠設立陸軍小學堂，遞嬗而為今之甘肅省立蘭州師範學校。同年，就中廠恢復，補充一部分比國機器，並添建後廠。中華民國元年 (1912)，改為官商合辦，稱甘肅織呢公司。四年 (1915) 停辦。先於三年 (1914)，甘肅督軍張廣建利用其中一部分機器發電，供給督軍和省長公署電燈，後來就蛻化而成為如今的蘭州電廠。十五年 (1926)，又恢復，改名甘肅織呢廠。不久又停辦。二十七年（1938），軍政部改辦織呢廠第一分廠。二十八年（1939），敵機炸壞停工。二十九年（1940）復工。三十一年（1942），改稱第二織呢廠。三十二年（1943），改與甘肅省政府合辦，稱為蘭州製呢廠。作者一度前往參觀，見廠前門楣，還榜着"甘肅織呢總局"赤地金字，似是文襄公手筆。而六十五年前所備機器，只剩和毛機、梳毛機、烘毛機、烤毛機各一架，上鑄牌號為 Saechsische Maschinenfabrikzu Chemminitz Yorm Rich，Hartmanm。譬如老牛，雖已筋疲力盡，還在掙扎着犁他的田。看罷歸來，寫成這一個小小年譜，有似開元宮人談天寶遺事了。

（丁）採金

這是一件沒有結果的創舉，其動機也沒有明了。不過這和開河、織呢，一般地可以表現文襄公想利用西洋機器到民生上的傾向，所以同樣值得一記。

採金的一副小機器，為胡光墉所捐。採金的技師，是德人米海厘。大約於光緒五年（1879）夏間，米海厘到了肅州，見過文襄公，就在距肅城不遠文牲口橫進八百餘里，叫做文殊山地方，找到金砂尚旺之山三處。這裏是一個沒有人煙的地方。其時又已是冰凝雪凍，無法動工。向本地私挖金砂的人調查，據說：採金要四月半進山，到八月大雪封山，就不能再採。因此文襄公又感覺一年工作無多，怕要賠本。米海厘的待遇，供給膳宿外，每月薪金一百鎊。文襄公對於米海厘並不滿意，說他於此道並非內行。實在米海厘去時，採金機器沒有運到，文襄公看米海厘只帶了兩樣傢伙：一測地勢，一測方向，那當然不能有甚作為。米海厘從文殊山出來，改向玉門赤金峽勘視。後事如何，沒有下回可以分解。不過米海厘卻似乎找到了一個石油礦。他曾把油樣帶到上海化驗，驗得其中油五分，蜡三分，雜質二分。本來採金的，如何忽去探油礦，現在不得而知。胡光墉捐的採金機器，也不知下落。

米海厘回去後，文襄公曾用人工淘金。經過情形，讓文襄公自己去報道，在給幫辦甘肅新疆善後楊昌濬信中說：

淘沙取金，此間向以此為禁。因為私掘者，不如化私為官，足養活窮民也。現正試行，由官開辦，計三百人，二十日得金砂四兩一錢有奇，雖無甚利，亦不賠本。為之於年豐糧賤時，尚非不可。行之數月，當任民間開採，抽分歸官，以規久遠。（《書牘》二十三卷二十頁）

又在給甘肅提督周達武（字渭臣，湖南寧鄉人）信中說：

隴地產五金，試辦難期必效。弟飭本地正紳承募本地民夫三十名，淘掘四十日，獲金十四兩有奇。擬增募民夫，接續開採。俟有成效，再議推廣。大抵礦務須由官辦，無聽民私採之理。惟官開之弊，防不勝防，又不若包商開辦，耗費少而獲利多。似須以官辦開其先，而商辦承其後。庶抽分有着，利權不致下移。糧價輕減，民夫可增；糧價昂貴，民夫可減。操縱由官，始期弊絕利生，不致有名無實。（《書牘》二十三卷二十四頁）

“官辦開其先，商辦承其後”，大概是文襄公採礦的方針。所以後來對於新疆庫爾勒東南金場、庫木什東南鉛場和還有幾處鐵礦，文襄公都先教用官本試開。

在文襄公信中，又看出他擬以採金救濟豐年中的民生。這是甚麼意思呢？那就要再看文襄公在這一年五月間給甘肅布政使崇保的信：

關內外雨澤均霑，糧價大減，食物俱賤，僉稱與前承平時無異，洵非意料所及。回首入關度隴，真如隔世矣。所慮新糧上市，斗价太賤，或致傷農。此間小麥，每斗三十五斤，只需錢二百二十文；上白麵每斤只需十二文。將來新糧之价再減，則不足償工本。安能設法使糧價稍昂，為力田者勸乎！（《書牘》二十二卷四十一頁）

原來西北運輸不便，穀賤傷農，問題很嚴重，不能不使惟恐一夫不得其所的文襄公發愁了。

十二

教育設施

（甲）興辦書院

在沒有現代學校以前，蘭山書院可算是甘肅最高學府吧！約在同治九年（1870）春天，金積堡攻勢正吃緊，文襄公囑咐甘肅布政使崇保代發院中膏火。崇保照辦了，還把院生的書信送給文襄公閱看。文襄公親筆批道：

> 覽呈諸生之稟，文理尚可，殊為欣然。本爵大臣四十年前一貧士耳，然頗好讀書，日有粗糲兩盂，夜有燈油一盞，即思無負此光景。今年垂耳順，一知半解，都從此時得來；筋骨體膚，都從此時練就。邊方無奇書可借，惟就《四書》《五經》及傳注，晝夕潛心咀嚼，便一生受用不盡。諸生勉旃！事平至蘭州，當課諸生背誦也。可錄此示監院，以曉諸生。（《批札》三卷四十三頁）

這是文襄公對於敬教興學的第一次表示。後來文襄公規定：院中正課四十名，每名每月給膏火三兩；副課五十名，每名每月給膏火一兩五錢。每年約共二千多兩，都由文襄公捐廉，或在公款項下酌撥。又有官課、小課獎金，每月約十二兩。一度聘請吳可讀為山長。院屋也經一再修葺。文襄公又常親自評閱院生試卷。收復新疆時，文襄公駐蘭州指揮軍事，也常抽暇到那邊的酒泉書院，和師生討論學問，並捐助膏火。

歷年戎馬倉皇，本是大家求食、求生還來不及，更不要說求學。但在文襄公鼓勵之下，各地方秩序一經恢復，文武官吏和士民也紛紛興學了。於是文襄公去任時，見到下面幾所新興的書院：

書院名	地址	概述
尊經書院	莊浪	同治八年，隆德縣丞王季寅創設，撥充公地一千餘畝，收租供維持和膏火
涇干學舍	涇陽	同治八年，涇陽士人姚德（字玉如）等捐五千兩創設，又籌一萬兩供維持，文襄公親題匾額
文明書院	岷州	同治十年，同知吳恕（字子清，湖南益陽人）創設
襄武書院	隴西	同治十一年，知縣吳本烈創設
味經書院	涇陽	同治十二年，陝甘學政許振祎創設
鍾靈書院	寧靈	同治十二年，同知趙承雋創設
金山書院	洪水堡	同治十二年，山丹士人張廷贊等創設
歸儒書院	化平川	同治十三年，提督喻勝榮創設。捐置舖房七間和水磨三架，收租充膏火。化平川是文襄公安插陝回所在，這所書院就是專為回民子弟而設。所以文襄公題名歸儒，而命幕府施補華為文記其事
河陰書院	貴德	同治十三年，西寧府知府龍錫慶創設
南華書院	甘州	同治十三年，甘州士人給文襄公建生祠。文襄公不許，因改為書院
隴南書院	秦州	光緒元年，鞏秦階道董文煥創設。用錢四萬緡。撥給充公地，變價供經費
慶興書院	董志原	光緒二年，安化縣丞創設
五峰書院	西寧	光緒二年，西寧辦事大臣豫師等創設
湟中書院	西寧	光緒二年，就禮拜寺改建。西寧士民原議同時為文襄公設立生祠，也給文襄公所阻止
文社書院	鎮番	光緒初年，知縣錢崇基創設。籌款二千餘緡，設文裕當，取利充經費
鶴峰學舍	三岔鎮	秦州州判薛佩蘭（直隸永平人）創設
鳳池書院	惠安堡	鹽捕通判喻長銘（字新康，湖南人）創設

此外，鎮原知縣左壽棠（字子謙，湖南長沙人）於同治十一年（1872），徽縣知縣楊國光於同治間（1862—1974），通渭知縣夏金聲（字子駿，江蘇丹陽人）於同治間，會寧知縣蕭汝霖於光緒五年（1879），都曾在本縣創設書院。其延安府屬各書院則以陝甘學政吳大澂的建議，由文襄公囑陝西當局籌集二萬兩，普加膏火，並聘名師。

原有書院在兵事時期毀去的，此刻也先後修復，例如：

書院名	地址	概述
瀛洲書院	涇陽	同治八年重建
仰止書院	東樂	原有天山書院既已毀去，士人張文美等於同治十年重建，文襄公為改題仰止。撥東樂糧價二千兩，設廣益當，取利充經費
鶉觚書院	靈台	原有金台書院既已毀去，知縣彭光煉（湖北恩施人）於同治十二年重建。撥桑籽費餘款六百餘串，勘出澗溝潭和鞏家池兩處學田十頃四十畝，年收租錢六十餘串充經費。文襄公以靈台地在秦為鶉觚，就為改題鶉觚。光緒五年，知縣蕭昌晉又捐廉充膏火
銀川書院	寧夏	同治十年，知府李藻重建
河陽書院	靜寧	同治十一年，知州余澤春（字二田，浙江遂安人）重建。光緒元年，知州王長（字鴻齊，陝西三原人）又捐修講舍並捐助膏火
崇山書院	大通	原有大雅書院既已毀去，同治十二年，知縣黃仁治（湖南人）重建，改今名
洮陽書院	狄道	同治十三年，知州喻光容重建
蓼泉書院	撫彝	同治十三年，通判孫承弼（字玉田，漢軍正白旗人）重建

書院名	地址	概述
育英書院	安定	光緒元年，提督劉端冕興復
靈文書院	靈州	原有魁文書院既已毀去，知縣孫承冕於光緒二年重建，並改今名。置舖房三十間和田五百餘畝，收租充經費
又新書院	平羅	光緒三年，知縣孫維孜重建
鳳鳴書院	崇信	光緒四年，訓導孫壽山等藉儒學興復
鳴沙書院	敦煌	光緒六年，知縣蘇俊吉重建
隴川書院	秦安	原有景權書院既已毀去，知縣程履豐（字芑田，安徽歙縣人）重建，並改今名。撥絕產地，收租充經費，並捐廉助膏火
正明書院	階州	光緒五年地震毀去，由知州文治重建

其就原有書院加以修整的，則如蘭州府知府鐵珊於同治十二年（1873）修五泉書院；漳縣縣丞袁範於光緒五年（1879）修武陽書院；提督鄧榮佳（字厚齋，湖南人）於同光間修洮州中部的洮濱書院。而各府縣整頓書院功課和捐助膏火的，更不一而足，像平慶涇固化道魏光燾興修平涼的柳湖書院，最為偉大。文襄公於入京時路過視察，稱為"規模宏敞，間架整齊，新植嘉樹成林，尤稱勝境。"（《書牘》二十四卷八十頁）而陝西延榆綏鎮總兵劉厚基規復榆陽書院，亦相當宏偉，文襄公親題"北學其先"四字，以旌其門。及晚清興辦新教育，這些書院就很便易的都改做學堂，大抵府的書院為中學堂，縣的書院為高等小學堂，而省城的蘭山書院則改做優級師範學堂。

（乙）興辦義學

文襄公於同治八年（1869）駐節涇州瓦雲驛，即已注意蒙學，頒發《四書》《五經》。嗣移平涼，在崇信設義學一處，講師月薪三兩，指由平涼厘金項下撥給。同治十三年（1874），始命地方一律興辦義學。蘭州省城為首善之區，吾們先看這裏的義學怎樣。

光緒元年（1875），文襄公撥北山荒絕田七百七十五畝，收租供各官學經費，於是有四個義學重新修建，就是正德、序賢、養正和存城，後面兩所專收回民子弟。光緒三年（1877），文襄公又創設崇文義學和講義學舍。同時，更在張家河口，創設河口、三門和古城三義學；又在阿干鎮創設阿干義學。光緒五年（1879），又重修紅花義學。在這期間，里民也開設迎恩和柳泉兩里塾。這樣，當文襄公去任之時，在省城內外，連同治十年（1871）先已建立的育英、造秀兩義學，和阿干鎮一義學，共有新興的十六個義學。

外縣義學，當文襄公在任時，經各地方興辦的，下面一個紀錄，可表示大概情形：

地點	數量	概述
狄道	鄉鎮四處	同治十三年，知州喻光容創設
河州	三處	總兵淩春台（湖南人）就三甲集創設
平涼	六處	同治十年，本縣士人創設
平遠	城鄉五處	光緒六年，知縣英麟創設
海城	城鄉六處	光緒六年創設
化平川	十二處	同治十一年，通判左壽昆（字美齋，湖南長沙人）創設，並發給書籍、筆墨、伙食
崇信	城廂二處	同治八年，知縣張照晸創設。捐錢五十緡，另籌得二百五十緡，發商生息充經費
秦州	五十四處	同治中，知州王鎮墉（字協亭，湖南湘鄉人）創設，並購發《小學》和《孝經》等書
秦安	十六處	同治九年，知縣程履豐創設
徽縣	八處	知縣李裕澤（字問樵，河南信陽人）創設
兩當	二處	知縣喻炎丙（字健秋，湖南郴州人）創設。一在楊家店，一在泰山廟。
文縣	城鄉九處	同治十二年，知縣陶模創設三處 —— 振文、敷文、培風。光緒初，知縣長賛（字心齋，滿洲鑲黃旗人）創設六處 —— 育英、崇雅、端習、崇正、龍津、化俗
合水	城廂二處	光緒五年，知縣曾紀安創設
西寧	府義學二處，鄉義學二十二處	同治十三年，知府龍錫慶創設。又府學教諭慕暲（字霽堂，甘肅鎮原人）於光緒二年到任後，陸續設義塾一百二十處
大通	十三處	同治十三年，知縣黃仁治創設
貴德	六處	光緒二年，同知甘時化創設
丹噶爾	四鄉十處	光緒二年，西寧府知府鄧承偉（字厚齋，四川人）創設
肅州	城廂四處	知州創設。文襄公在肅州時，間往視察，以和學童問答為樂

當然這個統計並不完備，還有旁的興辦義學的事實：例如會寧知縣許茂光，於同治十二年（1873）請指撥荒絕地畝，籌辦義學等公益，所需耕牛，价約二百兩，除自捐五十兩，擬向地方捐資採辦。文襄公不贊成募捐，當另撥耕牛二十頭，以供開墾收租。敦煌知縣蔣其章，於光緒六年（1880）舉興義學，籌捐社糧，取息充經費。文襄公以每一石取三斗，未免太重，批令議減。兩當知縣蕭良慶，於同治十二年親勘學田，加徵佃錢，增籌畜稅，發商生息，又自行捐廉、集資，以設義學，獎蒙童。諸如此類，足見當時興學風氣很為濃厚。

對於回民，文襄公主用中國文教，使之潛移默化。所以有專收回民子弟的書院和義學，已在上面說到。還有在考試制度中，為回民特設的名額，下面再報告。河州、洮州、循化、貴德、大通、巴燕戎格、海城和化平川，都是回人族居之地，文襄公對於那邊的回民子弟的義學，特別注意。嵩武軍統領張曜於同治十一二年間，駐防寧夏時，也就各回村普設義學，勸回民幼稚一律讀書。新疆人口，纏回佔大多數，其所以官民難合，政教分離，文襄公認為全在文字語言的不通。官廳政令，專靠翻譯傳佈，其勢不免壅蔽。因於收復以後，便囑各善後局、各防營，廣設義學招收回民子弟。先用《千字文》《百家姓》《三字經》等，教他們識字；並用楷書仿格，教他們寫字。當時成立義學五十七處。以重資延教習，每月多者六七十兩。對於蒙童，供給筆墨書籍，也很優待。其入學回童，雖有相當成績，可是一般習慣，還是規避入學。有錢人家且僱人替代，蓋以入學讀書為苦事。

我在以前說過，文襄公的軍隊，只住營帳，不住房屋，可是其餘軍隊，並不都是這樣規矩。於是自從變亂發生，甘肅許多義學和書院，都給軍隊所佔了。這樣，種種破壞，在所不免。張國香在《五泉書院修理經費碑記》中說：

> 驕弁悍勇，據為邸館，桃李為薪，窗扉盡廢。惟餘數楹破廈，四壁殘碑，與蓬蒿相掩映而已。（《甘肅新通志》三十五卷二頁）

蘭州府知府鐵珊要恢復回民義學，而房屋也已蕩然，不得已，另發木材，搭成涼棚，作為臨時教室。蘭州未遭兵事，且為省城，而猶如此，則外縣的破壞，不問可知。於是文襄公嚴令各軍一律讓出佔住的義學和書院。

（丙）刊發書籍

書院和義學既陸續興起，圖書的供給，隨着發生重大的問題。以往甘肅士子所誦讀的書本，大都是書賈從成都和武漢販來。變亂以後，這個買賣，久已少有人做。並且那種書本，寫的是錯字，圈的是破句，實在要不得。文襄公起先也只買俗本發給，但到底不能認為滿足，於是自己刻書。文襄公刻書的機構，似有兩個：一在漢口，附設崇文書局，歸西征後路糧台經理；一在西安，附設關中書院，歸西征總糧台經理。但西安的刻工，一部分也由漢口僱去。兩處刻書費用，都在文襄公廉俸項下撥付，沒有開支公款。新疆收復時，又在迪化開設書局，刻印供給回民子弟誦讀之書，這個書局壽命相當長，直到光緒晚年才裁撤。除此之外，西寧知府龍錫慶曾在西寧設立尊經書局，刻印《四書》《五經》。而陝西布政使翁同爵（字玉甫，江蘇常熟人）曾利用關中書院藏版，印發《七經》等書。而其後陝西劉光蕡（字古愚，咸陽人）、柏景偉（字子俊，長安人）等倡刻《十三經》《二十四史》《資治通鑒》，賀瑞麟等倡刻濂、洛、關、閩（按：指中國傳統各學派）諸書，似乎也受文襄公刻書的影響。

文襄公刻書，似乎還有一個流動的組織，隨着文襄公走。譬如他所編《學治要言》一書，原版於同治十一年（1872）正月在安定行營開雕；又重刊《吾學錄》，於光緒六年（1880）三月在肅州行營開雕。這就是兩個實例。說到這裏，我想插入一段閒話：文襄公發覺西北胥吏為省事起見，常把輾轉下行的文書，隨意刪割，有時還別字連篇。結果使得文義既不能貫串，事理也就不能明白。這是推行政令的障礙。於是文襄公遇重要事件，就把來往關係文書，整個刻印發下。他要求奉行的官吏，對於這件事的原委、理由、辦法，弄得明明白白，以免誤會。這樣，當然他身邊隨時要有刻工跟着了。

文襄公在西北刻印的書，似乎種類很多。最重要的，當然要推《六經》。這部書用的是歙縣鮑廷康的版本。文襄公在浙江時，先曾影刻過一次。在西北所刻印，已是第二次。文襄公原是要在關中書院辦的，但後來似乎採取了西征後路糧台的建議，在崇文書局刻了，所以叫做鄂刻。糧台原擬用杭連史紙，文襄公嫌其太費，囑改價格較便宜的。他說：只須質地堅韌，顏色不妨稍黯淡。文襄公又諄諄囑咐：校對工夫，最要詳慎。他也曾親自參加讎勘。當時第一批印一千部。文襄公說：

> 《六經》傳注，讀者少而刻者亦少。此次影刊鮑氏善本，即前浙所刊舊式而又重加復校者也，當為海內孤本，以視浙刻尤精。但願邊方髦俊熟讀深思，庶延關學一線，老夫亦不枉此一行也。（《批札》五卷一頁）

這裏所說《六經》，因為《樂記》包括《禮記》之內，實在就是通常所說的《五經》。《六經》以外，當然是《四書》。這兩部書的版子，後來運存蘭州，輾轉而歸今甘肅省立蘭州圖書館保管。中華民國二十八年（1939）為敵機炸毀一部分，三十二年（1943）在主席谷正倫氏提倡之下，由甘肅省政府撥款連同《甘肅新通志》版補刻齊全。作者曾往閱視版片和原書，版縱二百十公厘，橫二百八十公厘；字正文闊十五公厘，長十公厘，注佔正文之一半。每種刊明“同治十年夏月重雕”字樣。字體和句讀都很準確。西北自有這兩部書傳佈，考試命題，都把他們做標準。其餘刻的書，大概包括《小學》和《孝經》等，都是蒙童和士子誦讀所需。而《三字經》《四字韻言》《百家姓》《千字文》和《日用雜字》等，似乎也曾刻印，至少在新疆必曾刻印。至於供給一般人閱讀的書，是《吾學錄》《訓俗遺規》和《聖諭廣訓》（附《律易解》）等書。供給農人閱讀的書，是《棉書》和《種棉十要》等。供給官吏閱讀的書，是上面所說《學治要言》和《在官法戒錄》《佐治藥言》等。此外也刻詩文等書，像文襄公在張亮基和駱秉章幕府中代擬的奏稿，還有詩文聯語等雜稿叫做《盾鼻餘瀋》的就在西安刊刻，後來都編入全集。文襄公在福州創辦福建船政局的奏稿，似乎也在西安刻過。

光緒元年（1875），文襄公開始頒發甘肅各州縣書籍。這數目現在無可稽考。只知道對於安定縣，發過《六經》十六部，《詩經》《四書》《孝經》《小學》各二十六部。依此推算，全省六十多縣，統計已不在少數。但後來各處有請求加發的，即如靈州各義學加發《小學》四十部；安定育英書院另發《六經》八部，《孝經》和《小學》各三十部，《四書》和《詩經》各六十部，別處必然還有。新疆方面，喀庫善後局辦成義塾四處，文襄公准發《詩經》和《四書》各二十部。依此推算，前面說過當時設立義塾共有五十七處，統計也不在少數。對於陝西，也曾發過圖書，例如涇陽興辦義學四處，發給《六經》四十部。

說過文襄公在西北的刻書，又想從刻書中提示文襄公在西北興學的方針。《四書》《六經》和《孝經》都是當日士子的法定課本，這是不必多說的了。除此之外，文襄公似乎想把《小學》《吾學錄》和《聖諭廣訓》三種書來振興西北的文教。

《小學》一書是宋儒朱熹所輯。文襄公在醴陵淥江書院做山長時，便曾根據《小學》，規定學規八則，前已表過。他在西北興辦義學，又提倡把《小學》列入義學條規：

古人八歲入學，十五入大學，次第節目，一定不可易。故小成大成，各有規模。經正民興，人才從此出，風俗亦從此厚矣。須知自灑掃、應對，至希聖、希天、下學、上達，皆是一貫。今日入塾童子，先宜講求《幼儀》《弟子職》，而歸重於《小學》一書，方為得之。薛文清公有云："《小學》一書，我終身敬之如神明，以其為作人榜樣，表裏精粗，全體大用，無不具也。"（《批札》四卷一頁）

原來《小學》是濂、洛、關、閩學者所公認為人生基本功夫。後來陝西賀瑞麟輩提倡躬親實踐，關學得到一時的復振，也可說是文襄公在上導揚之力。

《吾學錄》是吳榮光在湖南巡撫任內所編印，文襄公還親睹其成書。及到西北，重為刊佈，在序文中發表他旨趣：

入關度隴，經理新疆，駐節邊塞，目見蚩蚩之氓失教已久。習俗相沿，不知大經大法為何事。馬牛襟裾，深用駭懼。不料含形負氣之儔，泯棼瞀亂，至於此極。蓋新疆得之準回，而河湟、月氏、伊吾、火州諸地，載籍以來，皆等諸要荒，未遑治理。軍府雖設，文治闕如。而謂民不興行，豈其然乎？戎事甫畢，聖化維新。讀法以外，學禮宜急。爰檢《吾學錄》所訂婚禮、祭禮、喪禮，列為上下卷，頒行各塾。俾為新民，共霑聖澤。自此異域，漸染華風。意者化民成俗，古治之效不難復見也。（《文集》一卷二十頁）

《聖諭廣訓》可說是一部宣傳標準書。起先清聖祖頒佈教訓人民的要點十六條：

> 敦孝弟以重人倫；篤宗族以昭雍睦；和鄉黨以息爭訟；重農桑以足衣食；尚節儉以惜財用；隆學校以端士習；黜異端以崇正學；講法律以儆愚頑；明禮讓以厚風俗；務本業以定民志；訓子弟以禁非為；息誣告以全善良；誡匿逃以免株連；完錢糧以省催科；聯保甲以弭盜賊；解讎忿以重身命。

這好比如今的標語或口號，當時叫做“聖諭”。世宗又把每條意義，用白話文加以闡發，這就是“廣訓”。用命令分發全國，責成地方官向人民宣講，務使家喻戶曉。文襄公既安插陝回於化平川，就囑咐向回民宣講《聖諭廣訓》，還如前面所說，把那邊的“聖女川”改名“聖諭川”，作為紀念。其後各義學也宣講聖諭，如秦州遇每月初一與十五各講一次。各地方也宣講聖諭，如皋蘭，特設講生兩人，遇每月初一與十五在城講，其餘日子赴各鄉講。在新疆，由張曜加注回文分發。

在文襄公刊佈的《聖諭廣訓》中，還附着《律易解》。《吾學錄》在每一種禮的後，也附着律例。這是要使人民大家明白怎樣一種行為，是犯了哪一條法律，就該受怎樣的刑罰。

用現代語來解釋，文襄公選定和傳佈的這幾種書，概括三種作用：一是指示生活標準；二是灌輸公民常識；三是齊一大眾思想，而歸結於以造成良好國民為最後的目的。其所用以達到目的的方法，則是把學校教育或兒童教育和社會教育或成人教育分途並進。

文襄公在西北，於刊發書籍外，還做了一個徵求書籍的工作。清代各府、廳、州、縣學官照例藏着官書，這是由清政府頒發。大致可分作三類：一類是關於本朝典章制度，像《會典》和《通考》；一類是欽定的載籍，像各種經史、各種方略和各種詞書；一類是清代各帝的諭旨和詩文集，可算是一個官立圖書館。甘肅變亂十多年，這些圖書大都散失。不但士子無可誦習，便是地方官考訂典禮，請求吏事，也茫無依據。光緒四年（1878），文襄公於是開明書單，奏准清政府命令禮部：每種刷印四十二部，分發失守過的和新成立的四十二個府、廳、州、縣。同時，文襄公自己在蘭山書院捐了幾種書。其後，各地捐存書院、義塾的書，也很不少。

（丁）甘肅分闈鄉試與分設學政

"紫芝朱草光芒在，留得楹聯百世新。"這是吳可讀歌詠文襄公創設甘肅貢院的詩句（《攜雪堂詩集》十三頁）。六十八年以後，作者到現在使用着貢院一部分屋子的甘肅學院參觀，看見禮堂上居然還懸着文襄公這副楹聯——"共賞萬餘卷奇文，遠擷紫芝，近搴朱草；重尋五十年舊事，一攀丹桂，三趁黃槐。"

說到文襄公創建甘肅貢院，必須回溯到從前甘肅的鄉試。原來甘肅雖在清聖祖康熙二年（1663）從陝西劃出，自成一省，然經過了二百多年，甘肅鄉試依舊和陝西合併舉行。貢院在西安，從甘肅各縣去，最近也有七八百里，寧夏二三千里，河西三四千里，至於新疆的鎮迪道則達五六千里了。來回時間，少則一兩月，多則三四月。需要費用，少則數十兩，多則一百數十兩。以甘肅交通的險阻，社會的貧乏，實在使人不容易參加。所以在有資格參加的士子中，能夠參加的至多只有十分之二三。這真是一種不幸。於是文襄公要來打破這二百年合闈的成局。他奏請甘肅鄉試分闈，單獨在蘭州省城舉行。這一個請求，既得到了清政府的允許，接着興建貢院。這就是甘肅學院和許多機關至今利用着的一片建築物。本來是在袖川門內，因後來於貢院外圍包筑了一垛城牆，於是又在萃英門內。其地盤縱一百四十丈，橫九十丈。號舍可容四千人。規模的宏大，在當日各省貢院中，也是數一數二。統共花了五十萬兩銀子，是從各州縣捐募而來。當時一力贊助這一個盛舉的，官吏中有甘肅按察使楊崇雅、平慶涇固化道魏光燾，本省士人中有吳可讀和曹炯（字鏡侯，皋蘭人）。光緒元年（1875），貢院落成，文襄公便奏請簡派考官，舉行甘肅分闈第一次鄉試。與試者約三千人，比較已往在陝西，多出兩三倍。文襄公以陝甘總督資格，照例入闈監臨。金榜發表，第一名解元，恰是文襄公平日所賞識蘭山書院的高材生安維峻（字曉峰，秦安人）。這裏就引文襄公給吳大澂的信，寫成這一段足以傳譽千秋的故事：

闈中秋宵，嘗倚仗橋邊，忽仰視而言：若此生得元，亦不負此舉。不虞監水官在後竊聞，後為慶伯廉訪言之。弟初不自覺。寫榜日，兩主司先以闈墨見示，掀髯一笑，乃如四十年前獲雋之樂。頻日宴集，必敍此為佳話，覺度隴以來，無此興致也。（《書牘》十五卷六十七頁）

雖然甘肅實行分闈，貢院在蘭州省城，地位比較適中。但甘肅寒士仍是無力參加。這一次鄉試士子，文襄公目中所見，衣衫襤褸，竟像乞兒，而調查他們的川資，還由地方官代為端整。第三次鄉試，文襄公在肅州，對於安西州去的十九名、肅州去的四十三名，都由他津貼用費，每人八兩。至於鄉試中後，到北京會試，當然格外困難了。文襄公在任時，也曾酌贈津貼，一次每人二十兩，又一次每人三十兩。文襄公說：我也是寒士出身，回想當初僕僕道途，金盡裘敝，人困驢嘶，種種痛苦，正還像在目前呢！

清代科舉制度，原是完全競爭考試性質。但各地區文化程度參差不齊，和文化較高地區合試，有時竟可在某一榜中完全落第。於是如會試就把各省取中名額分別規定，使無論如何，總可不致脫空。同時，某省預備取中的卷子，如果超過中額，也就得割愛。文襄公“三趁黃槐”的第二趁，就在這一種情形下，“額滿見遺”。甘肅鄉試中額，在陝甘未分闈時，原共六十二名，合兩省取中，沒有分析。至同治八年（1869）的鄉試，便是陝甘事變以後的第一回鄉試，先經文襄公奏准甘肅分中二十一名。換句話，這時，甘肅與試士子，至少定可取中二十一名舉人了。到分闈定議，由文襄公奏請將甘肅鄉試每科中額定為四十名，經部議駁，只准三十名。及至光緒二年（1876）鄉試，又經文襄公奏請，始准再加十名。從此每科鄉試，甘肅可以產出四十名的舉人，旗額三名在外。這對於一般士子，實在是一個巨大的鼓勵。又從前甘肅鄉試，因有幾個偏僻地方，文化比較落後，本訂有特別辦法。例如寧夏府、甘州府和西寧府三處，是一科共同取中，一科編號分中一名，寧夏編的字號是"丁"，甘州和西寧編的是"聿左"。又如安西州、肅州和烏魯木齊各屬，每科編號分中一名，編的是"聿右"。分闈以後，甘州和西寧兩屬取銷另編字號，歸入大號，公同取中。安西、肅州和烏魯木齊各屬，則改為一科公同取中，一科編號分中。都是希望有多中機會，免為中額所限。至甘肅回民士子，參加鄉試，原和漢民一體合試，也有不少中試的。但在甘肅分闈後，第一與第二次，回民子弟竟沒有一人取中。文襄公因軍事結束後，正在號召回民向學，不可使他們灰心，於是援例奏准，一科仍和漢民合試，又一科另用"良"字編號，取中一名。這樣，可使回民知道每間一科，至少必有一名舉人產出，大家樂於就學。

由於鄉試分闈的便利，中額的增加，蘭山書院肄業的多至四五百人。甘肅人文的漸盛，不能不歸功於文襄公的倡導了！

陝甘分省後，鄉試既沒有分闈，學政也沒有分設。陝甘學政駐在陝西的三原，每隔三年到甘肅按試一次。自從變亂發生，更有十年不到甘肅。文襄公於肅清中路後，便命該管道府州妥籌舉辦考試。同治十二年（1873），才見學政不避艱險的光降。文襄公在奏請甘肅鄉試分闈時，併奏請甘肅分設學政，同樣得到了清政府的允准。光緒二年（1876），原有陝甘學政任滿，清政府就在陝西和甘肅，各派了一位學政。甘肅學政衙門簇新地建起在城南，就是如今學院街前甘肅教育廳所在。陝甘學政既是每隔三年到甘肅一次，各處的歲試和科試原都是合併舉行。現在甘肅分設學政，除階州、肅州和安西州仍歲科併試外，其餘蘭州府、鞏昌府、平涼府、慶陽府、涼州府、甘州府、寧夏府、西寧府、秦州、涇州、固原州，都實行歲科分試了。

其學額像新改固原直隸州，新設化平川和平遠等廳縣，都從新分別規定；狄道雖久已於清高宗乾隆五年（1740）由縣升為直隸州，而學額還從縣例，這時也改依直隸州例，把廩生和增生學額各從二十名加到三十名。

甘肅各府州屬貢院，這時也有一番整理。鞏昌府和階州貢院都已廢於兵燹，分別在同治十三年（1874）和九年（1870）重新建造。涇州向沒有貢院，遇學政按試，士子須到平涼併試，同治十年（1871）也另建貢院。

分省就得分設學政和分闈鄉試，這是天經地義。譬如康熙元年（1662），江南分省，雍正二年（1724），便分設學政。康熙六年（1667），湖廣分省，雍正二年，便分闈鄉試。陝甘分省約和江南、湖廣同時，而分闈鄉試和分設學政，卻遠在其後。在這遙遙二百年中，竟沒有一位甘肅巡撫或陝甘總督想到。光從這一點看，就知道他們對於邊方政事，沒有放在心上。於是文襄公的舉措，格外值得人們的重視了！

結論 —— 左公經營西北的總檢討

概括文襄公經營西北經過情形，在這裏把有時期可考的，寫成一個大事記：

紀年	紀月	大事記
同治（1862–1874）		
五年	九月	奉調陝甘總督
	十一月	福州省城出發
	十二月	行抵漢口
六年	正月	奉命以欽差大臣督辦陝甘軍務
	二月	漢口出發
	六月	行抵潼關，始督辦陝西軍務
	八月	進駐臨潼
	十二月	臨潼出發，馳赴山西、直隸、山東，督剿西捻
七年	十月	回抵西安省城
	十二月	平定陝西北山土匪

紀年	紀月	大事記
八年	三月	平定甘肅董志原陝回；進駐乾州，陝境肅清
	五月	進駐涇州，始督辦甘肅軍務；開辦甘肅捐輸
	十月	接受陝甘總督關防
	十一月	進駐平涼；始整理甘南軍事和政務（派周開錫主持）
是年		始禁種罌粟；設陝西製造局；浚治平涼暖泉
九年	十一月	克復金積堡（戰事歷一年半）
是年		刊發《聖諭廣訓》（附《律易解》）；始佽助蘭山書院
十年	二月	始命兵隊種樹；奏定設置化平川直隸廳
	四月	刻《六經》和《四書》
	七月	進駐靜寧
	八月	進駐安定
是年		命各州縣試種稻穀桑棉；設甘肅製造局
十一年	正月	平定河州（戰事歷八個月）；刊發《學治要言》
	二月	奏定改寧夏府水利同知為寧靈廳
	七月	進抵蘭州省城──陝甘總督治所
	八月	始整理甘肅鹽務；鑿飲和池
	十月	始整理甘肅茶務
	十二月	克復西寧府城（戰事歷四個月）
十二年	五月	收毀甘肅錢鈔
	六月	奏定升固原州為直隸州；添設平遠縣；改鹽茶廳為海城縣
	八月	赴肅州督師
	九月	克復肅州城（戰事歷一年十一個月）
	十一月	巡視嘉峪關，回抵蘭州省城
	十二月	奏定甘肅分闈鄉試，並分設學政

紀年	紀月	大事記
是年		鑿挹清池；命恢復義學
十三年	正月	刊發《棉書》和《種棉十要》
	八月	奏定添設甘肅安化縣丞；奉命督辦關外糧餉轉運事宜
光緒（1875–1908）		
元年	三月	奉命督辦新疆軍務；奏定甘肅循化廳屬買吾八族改隸洮州廳
	五月	停辦甘肅捐輸
	十月	清丈甘肅地畝
是年		設蘭州火藥局
二年	三月	移節肅州
	六月	克復烏魯木齊城
	九月	新疆北路肅清（戰事歷四個月）
是年		貸款皋蘭和安西等人民，買種羊孳牧
三年	三月	克復吐魯番城，吐魯番境肅清（戰事歷半個月）；初奏新疆建省
	九月	克復阿克蘇城，新疆南路東四城肅清（戰事歷兩個月）；命甘肅各州縣勸辦社倉
	十一月	克復喀什噶爾城，新疆南路西四城肅清（戰事歷兩個半月）
是年		始籌設甘肅織呢總局；倡導鑿井和區田
四年	正月	再奏新疆建省；開鑄新疆銀錢
	二月	奏請領發官書
	三月	開鑄新疆制錢
	十月	三奏新疆建省
是年		設蘭川織紡局；設庫車火藥局（約在七八月間）；設阿克蘇製造局（約在七八月間）

紀年	紀月	大事記
五年	五月	建置酒泉園林，招待士女遊觀
	六月	試在肅州採金
是年		倡辦新疆蠶桑；清丈新疆地畝；奏定變更甘肅兵制（約在十月間）
六年	二月	規劃武力收回伊犁
	三月	刊發《吾學錄》
	四月	四奏新疆建省，請先派督撫籌備
	五月	移節哈密
	七月	奉詔回京備顧問
	九月	甘肅織呢總局開工（附設機器廠）
	十一月	回抵蘭州省城
	十二月	離蘭州省城入京
是年		以機器治涇水上源
八年	七月	五奏新疆建省，時在兩江總督任

就上述大事記歲月計算一下，從同治六年（1867）六月抵潼關，到光緒六年（1880）十二月離蘭州，除去在東方剿捻的一個時期外，文襄公實在西北十二年八個月。大體說來，文襄公在西北的成就，軍事多於政治。換句話，軍事是全盤成功，政治沒有多大成功。

從吾國四千餘年一部歷史觀察，吾中華民族雖肇興於西北，其先勢力卻沒有實際越過黃河以西。漢武帝始開拓河西走廊，勢力伸入西域。由晉及隋，又退出西域，只保有河西走廊；而其間五胡之亂，河西走廊且先後陷於氐、鮮卑和匈奴各族。至唐太宗，勢力重行伸入西域。然由唐末至五代，又退出西域，而河西走廊被佔於回鶻。有宋一代，不但勢力不及西域，便是河西走廊和河東之地也歸了西夏。元始併有西域。明初勢力僅及吐魯番，其末又退入嘉峪關以內，只保有河西走廊。清又併有西域，然同治以後，陝、甘、新在混亂和割據的局面下，先後幾及十年之久。說得嚴格一些，這西北一隅之地，早已名存實亡。換了幾位統兵大員，沒法收拾。倘再遷延下去，陝甘可能成為西夏；新疆可能給人家瓜分；陝、甘、新也可能通為一氣，而另建一個新國家。虧得文襄公堅忍奮鬥，才算給吾們保全了這一百六十多萬平方公里的疆土，同時也是保固了西北毗連各省區。且新疆自用文襄公主張而建省，由軍府制度進而為郡縣制度，從前屬國性或者羈縻性地的西域，永為吾國本土的一部。這一個軍事上的成就，在吾中華民族籌邊史上，實佔着空前的一頁。然而有些議論，對於河州一役，認為不徹底。不錯，河州之役曾死了兩位將領，大軍一度潰敗，可是不要就誤認文襄公當時沒有力量攻破河州。金積堡之役，也曾喪亡了簡敬臨、易德麟等幾位提督；在峽口地方也曾敗退過雷正綰部隊；而當劉松山陣亡的當兒，形勢更要危險，文襄公實在已密示前敵將領，於必不得已時，暫行後撤。至於河州之役，只退三十里，依然佔有三甲集和董家山之險；經文襄公派員馳往鎮壓後，立即繼續向前推進，並沒有一蹶不振的模樣，文襄公也沒有打算退兵。吾們看到，以後克復巴燕戎格和循化的正是進攻河州部隊，就可知道軍威依然十分旺盛。況其時擅長山谷之戰的老湘軍沒有參加，老湘軍統領劉錦棠新從湘鄉另募新勇回來，不怕沒有後援的生力軍。所以文襄公要用武力攻下河州，實是不成問題。不過文襄公這回以國家重臣，銜命西征，不挾種族的偏見，且排斥抑回揚漢的謬舉；雖因此不為一部分人所喜悅，他也不管。文襄公早明白公佈："只分良莠，不分漢回。""當剿則剿，可撫則撫。"那麼，馬占鰲既真心求撫，又願意完全接受文襄公條件，當然便可撫定，何必定要剿洗呢？加上俄人佔領伊犁，新疆吃緊，正調大兵出關，關內軍事，自應在可能範圍內求其早日結束，而河州逼近省城，那邊局勢更應早日穩定，何必定要延長戰爭呢？從來經營西北，要控制西域，必先把握河西走廊；要把握河西走廊，必先鎮定河湟。這是一定之理。文襄公在把金積堡和河州解決後，分明指出兩個特顯的榜樣：當剿則剿的是馬化隆，可撫則撫的是馬占鰲。換句話，文襄公能攻堅，也能納降。像西寧的馬桂源、馬本源兄弟，肅州的馬文祿，沒有誠意求撫，還想取巧圖存，定要自蹈金積堡覆轍，文襄公也就毫不躊躇，攻剿到底，教他們做馬化隆第二。既能用兵克復西寧和肅州，其能攻下河州，不問可知。但文襄公自認應付河州一案，不免失之寬大，未能使當地一般回民認識兵威，致不久更有小小叛變。至於光緒二十一年（1895）的河湟大亂，一由於地方官吏處置失當，不能及早收拾；二由於地方武備廢弛，加上中日戰事發生，得力軍隊抽調赴京，實力空虛。時隔二十年，似乎不能歸咎於文襄公。然而平定這次亂事的，一部分就是在文襄公扶持下長成由京趕回的董福祥部隊。文襄公原要以甘肅的武力，維持甘肅的治安；這個佈置，在二十年後收效了。大抵西北的每一次變亂，必發生或擴大於當地武力不足控制之時。而每一個武力平定變亂之後，必不久又復腐敗衰落，以致引起第二次變亂。所以要確保西北地方的安謐，在建設沒有完成，或政治沒有清明以前，必須先保有隨時可用之足夠的武力。不過如果沒有建設，或政治不夠清明，任何武力怕不能永保其不會腐敗衰落。這又是觀察過去情形，在這裏順便一說，值得人們注意的。

何以說文襄公在西北政治，沒有多大成功呢？須知文襄公雖在西北有十二年八個月之久，實在他的精神和時間，可說百分之九十以上用在軍事。吾們看上邊的大事紀，所有政治上實際的設施，大部分在同治十一年（1872）甘肅肅清，和光緒三年（1877）新疆肅清以後，就可明了。況文襄公接受陝甘總督關防，已在同治八年（1869）十月。照例，沒有接任總督，就只是以欽差大臣督師，不便過問地方政治。又依清代政制，陝西設有巡撫，本省政治應由巡撫主持；文襄公雖為陝甘總督，不應多所干預。新疆則收復不久，文襄公即去任，又不及多所顧及。故文襄公對於西北地方政治，盡心力較多的，只限於甘肅。這樣，文襄公在西北政治工作的歷史，實很短淺，範圍更較狹窄。並且政治工作和軍事行動不同：軍事行動，一經把對方抵抗力量消滅，就算確定成功；至於政治工作的成功，應看效驗，而這個效驗大抵決不是短時期可以表顯。文襄公經營西北，本有一個心願，就是：“思規百年之安，不敢急一時之效。”（《書牘》三十一卷三十三頁）以前已經表過。可惜文襄公這心願，沒有完全實現。文襄公只完全恢復了這一個地區的主權，卻沒有完全改善了這一個地區的政治和社會狀態。現在把文襄公各種設施研究一下：教育有書院，有義學，有書籍，足供肄業；有學政按期舉行歲科試，有分闈鄉試，足資策勵。這於提高甘肅文化，影響着實不小。民政如整頓吏治和振作政風，當文襄公在位，只是矯正了多少過去的惡例，新的、良好的習慣沒有完全養成，所以文襄公一去，地方弊政很容易回復了原狀。財政在甘肅，根本因為經濟力量所限，本是不易積極開源，所以文襄公離位的次年，竟不惜破壞文襄公禁煙的成規，公然徵收煙厘。至於文襄公的物質建設，人力多靠楚湘各軍，財力都就軍費挹注，甚或由他自己捐廉，而這種軍費，又是特准開單報銷，不按則例。後來的人沒有這種機會，或不會運用這種機會，又不能像他慷慨，只好聽他們停廢。雖是有些建設，文襄公曾顧及日後的維持，曾規定辦法，例如關外沿路官店，對於來往客商，准許酌收費用；又如有幾個機關，指撥公地取租，但怕仍難持久。至如甘肅織呢總局，沒有流動資本，更是無從經營。不過吃虧還在人才缺乏，如有人才，就應有辦法。文襄公雖曾幾次要求清政府早早物色，多多準備，怕清政府夾袋中也很寥寥。文襄公也曾四面羅致，但像李雲麟等來而復去，吳大澂等去而不來。僅僅有的，未必完全滿意，也不夠支配。不過，清政府在文襄公去後，所用西北大員，像陝甘總督一席，從楊昌濬（護理）而譚鍾麟，而楊昌濬，而陶模，而魏光燾；新疆督辦和巡撫一席，從劉錦棠而魏光燾（護理），而陶模，而饒應祺，無不和文襄公有深切的淵源。便是其下的布政使和按察使，也幾無一不是文襄公所識拔。這一個情形，一直延續到光緒三十年（1904）左右。照理他們該能擴展文襄公的設施，或至少該能保持文襄公的規模。然而事實則不盡然，或因他們的人格，不夠轉移風氣；或因他們的氣魄，不夠支持困難；或因他們的眼光，不夠擔當大事；或因他們的資望，不夠籠罩一切，以致文襄公的志業，沒法繼續或完成。記得文襄公交卸閩浙總督任後，繼位的吳棠把文襄公草創的規模，像取締陋規，像整理台灣，一概推翻，使文襄公常歎息着：“一腔熱血，洒向東流。”然而吳棠對於文襄公所創的福建船政局，沒法搖動，就為船政大臣沈葆禎是一位有氣骨而敢作敢為的人物，不允許吳棠下手。從這看來，創業之人，固屬重要，繼事之人，尤為重要。文襄公平日常說天下到處有人才，只怕人家不去求，不能識。然而他晚年在西北，卻也抱着悲觀，如說：

> 軍興已久，人材日益衰耗，思之令人心痛。所至之處，亦嘗極意訪求，而迄鮮所得。因思陶桓公歿後，只一王愆期；諸葛武侯歿後，只一姜伯約。古人遺恨，且有難言者，得非氣數足以限之乎？何況今人。（《書牘》十九卷五十一頁）

又說：

所慮者，人才太乏，此時得手後，仍拱手送之耳。書至此，惟有仰天一歎。（《書牘》十七卷三十六頁）

究竟是為“氣數”所限麼？怕還是為“氣度”所限吧？平心而論，後人對於文襄公收回的西北這一片土地，雖然徼幸沒有“拱手”送去，卻沒有能像文襄公理想中的好好經營，總是事實。

話雖如此，還有許多內在的原因，不能光怪缺乏人才。現在把文襄公經營西北情形，綜括的復述一遍，提出幾個要點，供今後建設西北的人們的參考。

文襄公以新疆為我國的生命線，又以甘肅——包括現在的寧夏和青海——和陝西為經營新疆的基地。他明了國際的危機，他懂得內在的亂因。所以他於以武力收回這一個地區以後，更加以苦心的經營。他築路，築城，改兵制，製造新兵器，一方面鞏固國防；他開闢河渠，提倡種棉織布，育蠶繅絲，以機器織呢，一方面開發資源；他設書院，設義學，刊發書籍，一方面又發揚文化。現在西北形勢的重要性，沒有變更。我們要建設西北，要保持西北，那麼，鞏固國防，開發資源和發揚文化，都得同時並進。沒有國防，就不能維護資源；沒有資源，就不易樹立國防；沒有文化，也就無從齊一民眾的心志，提高民眾的知識水準，共同負起這一個鞏固國防和開發資源的使命。

文襄公經營西北，以愛護老百姓為主。他最痛惡官吏和軍隊的剝削老百姓。他幾次豁免甘肅錢糧，他要使老百姓有休養生息的機會。他認為沒有老百姓，光有這個西北地方，有甚用處？“國以民為本”一句話，永遠含有真理。不是上面說過，文襄公興辦屯墾，苦於人力不夠嗎？如果今後大規模的從事國防建設、經濟建設，人力不夠，怕還是很嚴重的問題。文襄公當日為欲保持人口，盡力防止流亡。今後的開發西北，當然不能以防止流亡為滿足，進一步還要招徠移民。不過要招徠移民，第一步先得防止流亡。流亡的原因，不是天災，便是人禍；而所以招致天災人禍，又常為政治不良。人民流亡，是最慘痛的一個現象。大概一地方人民被迫而流亡，那流亡的不外三種：一是有錢的；一是身體精壯的；一是有氣骨、有知識的。這些都是地方的菁華。菁華去了，剩下的就只是人類的渣滓：一是地痞流氓，他們可以做漢奸，可以做貪官污吏的走狗，可以做綠林好漢，雖然不一定有綠林；一是老弱無用之徒，只為強暴者俎上之肉。在別個地方，流亡的因素不存在時，人民流亡後，還會回來。像從窮苦而黑暗的地方流亡出去的，既在別處可以生存，怕就“此間樂，不思蜀”了。這樣，這個地方沒有優秀分子，正氣消沉，人才不出，或許可以繼續腐敗，永遠衰落。

要保持西北人口，要再增加西北人口，必先對於人民日常生活所需要，能有最低限度的供給。古語說：“民以食為天。”當然，糧食的供給是最要。又說：“民非水火不生。”當然直接有關民生的供給飲料，供給熟食，供給洗滌，供給暖氣；間接有關民生的滋長農作物，繁殖牲畜，都要有水有火。文襄公對於維持人生需要的食和衣，都能很仔細顧到，就是對於飲用的水，也能注意，這是極為難得。然而"一領羊裘冬夏着，半房馬勃雨晴燒。"（用安維峻詩句，見《望雲山房集》上卷二十頁）像這樣的西北一般平民的生活，還得改善。況至於今日，不但人生需要水火，就是發動生產機器和交通工具，也是哪一件不需要水火？文襄公當日所籌供，決乎不夠。不過吾們要開發西北，要保持人口，只要在供給水火兩字多做工夫，似乎一切問題也就思過半了。

文襄公在西北最感苦痛的，是運輸艱阻。試看他當日用兵，對於軍運，費了多少籌劃，費了多少金錢。不要說遠在河西和關外，就說陝南和隴南之交吧，諸葛亮六出祁山，為甚常半途退卻呢？也為是糧運不夠接濟。為甚造木牛流馬呢？也為是要疏通糧運。為甚教兵士在渭濱和百姓雜居着種田呢？也為是要減省糧運的勞費。文襄公自比諸葛，這一段歷史的教訓，當然讀得爛熟。諸葛亮北伐，文襄公西征，途徑雖不同，困難實相等。不光是軍事，就在國民經濟上，文襄公也發覺到因為運輸艱阻，有無不能相通，供求不能調節。這在西北農業社會，特別吃虧。歉收誠有"粒食維艱"的恐怖，豐收也有"穀賤傷農"的痛苦。下面的記載，就是一幅代表的寫真：

慶陽僻遠艱阻，移粟出境，運價倍於糧價，商販裹足，他邑穀貴，莫來購取。農民逋負累累，輕粟重銀，賤糶償債。或輦至城市，求售不得，輦還苦無資，竟向坊肆易一飯而歸。或以飼豕，驅販鄰境。年書大有，十室九

> 空。猝遇饑饉，不能移粟入境，死亡接踵。同治季年，慶陽麵價，斤值錢五六文。光緒二三年大旱，即便絕糧。蓋小民窮極，無力囤貯。運道不利，病民特甚。（陶葆廉《辛卯侍行記》三卷四十一頁）

這一次大旱，便是文襄公在西北所親歷。原來西北物資，本已缺乏，而因運輸艱阻，使這種缺乏的現象，格外嚴重。倘有良好的運輸系統，迅速的交通工具，省內貿易，省際貿易，乃至國際貿易，都得通暢，何致貧乏到這地步。文襄公用兵，總算勉強把運輸問題解決。但對於國民經濟上的需要，文襄公雖也認識，還沒有辦法。他所想到的，像開涇水上源，築壩行船，當然希望很少，效用不大。現在西北交通，雖已有公路，事實上還在艱阻情形之下。那麼，現在建設西北，無疑的仍以發展交通為首要。有了充沛的交通，然後說鞏固國防，則運兵，運軍需；說開發資源，則運生產器材，運原料，運成品；就是為充實人口而招徠移民，收容戰後復員的士兵；乃至為發揚文化而輸入圖書、儀器、標本、模型，都有辦法。便是地方政治的黑幕，人民進步的魔障，都可因便利的交通而容易打破。不過西北車馱只能勉強供給文襄公時代的需要，今後必須對於建設足以勝任長距離大量運輸的現代交通工具，迎頭趕上。一輛卡車載重量，抵八十頭駱駝；一輛火車的載重量，抵八十輛卡車。文襄公在日，早能欣賞和利用西洋機械。如當時知有這般的交通利器，將如何感覺痛快。至少就想從潼關經過西安、蘭州，出嘉峪關，通哈密、烏魯木齊，直到伊犁和喀什噶爾，筑一條鐵道，可以深信不疑。

文襄公以為甘肅地方太窮，軍政各費，本身不夠維持，所以他主張要運用別省協款。文襄公對於新疆，以為利源僅夠開發，起先雖也需要別省協款，以後可望獨力自給。實在甘肅富源並不過於瘠薄，如能切實開發，也可化貧為富。可是要單靠西北自己財力來建設，真如古語所說："俟河之清，人壽幾何？"必須用全國力量來幫助，繼續幹上數十年，乃至一百年，一氣呵成。這樣，數千年來，我中華民族經營西北的一件大事，才可真正告一段落。好在現在國庫收支統一，可以通盤支配。不像文襄公時，要由各省分別負擔，往往推三阻四。至少這一點，應比文襄公時代強得多了。不過這一筆巨大的投資，要放開眼光，要咬緊牙關，每年提供一個適當數目的預算，不能打小算盤。非至完成實現，無論財力怎樣困難，不容停頓；也決不許用一二人的私見，加以變更，或突然停止。像文襄公苦心經營的製造局和織呢局等，後人隨意裁併，實不應該。更像文襄公禁煙，楊昌濬來開徵煙厘；文襄公辦到甘肅鄉試分闈，陶模來又議併入陝西，這是笑話。

總之，文襄公當日建設西北，深深感受四種困難：交通艱阻；物資缺乏；財力薄弱；人口鮮少。一切的一切，事倍而功半。實在不光是文襄公，便是文襄公以前數千年中許多雄才大略的帝王將相，豈都見不到要保全西北，必要建設西北？也正為這四種困難，無法解決，至多只能做到軍事上一時的成功。軍事成功以後的百年大計，就不能繼續求其實現。所以吾們試看已往經營西北的一個歷史，似乎總在征服、羈縻和放棄三者之間繞圈子。征服不行，羈縻；征服已成，還是羈縻；羈縻不住，征服也不行，放棄；放棄不了，再征服和羈縻。由此吾們不妨武斷：文襄公經營西北所遇的困難，就是前人已遇的困難，還是後人要遇的困難。這些困難一天不解決，西北的建設依舊一天不能實現。而說來說去，其主要關鍵，總在交通艱阻的一點。文襄公當日所要解決，也是後人該求解決。文襄公當日要求解決，而沒有知道長距離大量運輸的工具，現在吾們已經知道了，為甚不就去解決呢？當然，這一步建設，最費錢，最費時；可是要知沒有這一步建設，旁的建設，還要費錢費時。吾們試再回看文襄公當初用兵新疆，知道敵人有充分的新兵器，因此也儘量準備新兵器，而比敵人還銳利，且在蘭州自己修造，以便就近供給。事實上，文襄公並沒有許多錢，他常在一個窘迫的境界，常以索餉和借貸度日。然而他還是苦幹和窮幹，這是文襄公“迎頭趕上”的遠見和魄力，終於勝利在我中華民族。假使文襄公的出關部隊沒有這些新兵器，光要用刀矛和槍炮拼，相信文襄公雖有諸葛錦囊妙計，勝敗之數，不問可知。現代化的國家，無論民生建設也好，國防建設也好，都得靠現代化的交通工具，而在像河流不能供運輸的西北大陸，更非有鐵路不可。那麼，人家有鐵路而我還沒有，要把大車駱駝和火車賽跑，勝敗之數，也可想而知。從前沒有科學，要征服自然環境，當然困難重重。不過吾們的祖宗，為要保持吾中華民族的安全，在經營西北的大業中，還不惜用盡人力和獸力。如今科學的發明，早已給吾們證明確有克服自然的困難的效力。吾們倘再遲回卻顧，不能“迎頭趕上”，利用機力來完成吾們祖宗未竟的大業，豈真要像文襄公所慮，把他得手的西北一片土，從吾們一代“拱手讓人”嗎？真對不起文襄公和文襄公以前經營西北的列祖列宗了。

最後更有一點，必得提及的：建設西北，政治首要清明，要長期的清明。就是先要造成一個安定的社會，進步的社會。因為建設工作，不是短時期所能辦到。只有在長時期的清明的政治下，在安定而進步的社會中，建設工作才有長成的可能。刷新吏治和振作政風，是文襄公當日所極端注意，仍值得後人的注意。可惜文襄公為要顧到軍事，不能充分實現他的主張。又因為軍事告一段落後，文襄公沒有久於其任，不能貫徹他的主張。今後吾們建設西北，必須同時積極的把政治弄得清明。刷新吏治，振作政風。使西北人民安居樂業，這是最起碼的條件。不然，地方秩序不穩定，建設工作不免要受摧殘破壞，不能順利推進。即不然，一切建設只是給不肖者造成斂錢發財的機會，把持作惡的工具，便是幸而成就，也決不能垂之久遠。

結束這一本書，我想不嫌重複，再把文襄公經營西北的所以成就，就以前所說，歸納為下面幾點：

第一、文襄公從《天下郡國利病書》《讀史方輿紀要》，研究到《新疆識略》《海國圖志》，於西北險要阨塞、風土人情和西北境外情形，了如指掌。文襄公又從漢武帝以後的追擊匈奴和羌，唐太宗以後的應付突厥、回紇和吐番，研究到清聖祖、世宗、高宗三朝的平定準、回兩部和青海，同治朝楊岳斌輩在陝、甘、新用兵的情形，於他們政略和戰略的得失成敗，了然於胸。文襄公根據研究所得，消化了前人的良法美意，同時注意儘量避免重蹈前人的覆轍。這樣，才成立了他自己的經營西北的方案。文襄公在西北的成就，就是這一種對於西北大勢健全的、準確的和實際的認識在起作用。

第二、文襄公是一個忠貞的人："可以託六尺之孤，可以寄百里之命。"所以他既奉命西征，便自誓"與西事相終始"。文襄公是一個剛強的人："富貴不能淫，貧賤不能移，威武不能屈。"所以他能敢作敢為，排除了當地一般驕兵悍將、貪官污吏、土豪劣紳，乃至國外強鄰所給與他種種困難。文襄公是一個謹慎的人："臨事而懼，好謀而成。"所以雖說："每一出兵，鬚髮為白。"到底算無遺策，戰無不勝；而在政事上的一切措施，經他深思熟慮的結果，也決不鬧亂子。文襄公又是一個清廉的人："一介不取，一塵不染。"布衣蔬食，度他淡泊的生活；所以雖經費支絀萬分，時鬧饑荒，而仍能號召朋僚部屬，收群策群力、一心一德之效。文襄公在西北的成就，是這一種吾國向來所貴重的士大夫的素養在起作用。

第三、文襄公在上海設一個採辦轉運局，採運槍炮彈藥和機械，籌措華洋商借款，探報中外重要消息。文襄公在漢口設一個後路糧台，採運土產器材，照料新募和遣散的過境的勇丁，轉運上海軍需，籌措華商借款。文襄公在西安設一個總糧台和一個軍需局，催收和轉解各省協款，接運和分配滬鄂軍需，照料新募和遣散的過境勇丁，籌措華商借款。文襄公在用兵關外時，更設幫辦一職，坐鎮蘭州。而從老河口以上，一路還有絡繹不斷的運輸的機構，供應的設備，防護的部隊。文襄公本人先以平涼為大本營，嗣以肅州為大本營，最後以哈密為大本營，居中指揮前敵，照顧後方。兵事一了，更跟着趕辦善後。於是當大軍直搗新疆南路西四城時，從上海而漢口，而西安，而蘭州，而肅州，而喀什噶爾，數千萬里綿延一線，宛如長山之蛇，節節呼應。文襄公自已闡發這一個"一氣捲舒"的局勢說："如琴瑟然，手與弦調，心與手調，乃能成聲，此理易曉。"(《書牘》二十卷五頁)這好比如今所說的"工作配合"。文襄公在西北的成就，就是這一種前後方圓滿的配合在起作用。

第四、當然還要說到清政府。他們能信任文襄公，給他完全的權力；撤回了景廉、袁保恒和穆圖善輩和文襄公不能合作的人；容納了劉典、周開錫、劉松山、劉錦棠、張曜、王加敏（字若農，浙江人，管後路糧台）和沈應奎（管西安軍需局）輩文襄公所引重的人。他們能採納文襄公眼光遠大的主張，摒棄了李鴻章輩反對的議論，拒絕和修正了英俄兩國的無理的要求。文襄公的成功，也就是這一種內外一致的局面在起作用。

於是吾們可採《三國演義》中"後人有詩讚曰"的方式，引下面一首宋伯魯（字子鈍，陝西醴泉陵人）的七律來歌詠文襄公，懷念文襄公，並作為本書的尾聲：

左侯崛起中興日，誓掃天驕擴帝仁。

萬里車書通絕域，三湘子弟盡功臣。

鳳林魚海春風遠，王塞金城柳色新。（原注：戡定回亂後，分省開科，列樹表道，直接玉門。）

今日西陲需保障，九原誰為起斯人！

（《西輳瑣記》二卷十九頁）